戴旭
作|品|系|列|Ⅱ

决胜新空间

世界军事革命五百年启示录

戴旭 | 著

新华出版社

图书在版编目（CIP）数据

决胜新空间：世界军事革命五百年启示录 / 戴旭著.
-- 北京：新华出版社, 2020.1（2020.11重印）
ISBN 978-7-5166-5027-1

Ⅰ.①决⋯　Ⅱ.①戴⋯　Ⅲ.①军事史－世界　Ⅳ.①E19

中国版本图书馆CIP数据核字(2019)第285876号

决胜新空间：世界军事革命五百年启示录

作　　者：戴　旭	
出 版 人：梁相斌	选题策划：许　新
责任编辑：江文军　陈君君　马大乔	封面设计：李尘工作室

出版发行：新华出版社	
地　　址：北京石景山区京原路8号	邮　　编：100040
网　　址：http://www.xinhuanet.com/publish	
经　　销：新华书店、新华出版社天猫旗舰店、京东旗舰店及各大网店	
购书热线：010－63077122	中国新闻书店购书热线：010－63072012
照　　排：六合方圆	
印　　刷：河北鑫兆源印刷有限公司	
成品尺寸：170mm×240mm	
印　　张：19	字　　数：217千字
版　　次：2020年1月第一版	印　　次：2020年11月第四次印刷
书　　号：ISBN 978-7-5166-5027-1	
定　　价：58.00元	

版权专有，侵权必究。如有质量问题，请与出版社联系调换：010-63077124

序一

南高加索：老战争中的新亮点

由复杂的宗教矛盾和历史遗留问题所引发，南高加索地区曾经是苏联两个加盟共和国的亚美尼亚和阿塞拜疆，于2020年9月27日爆发了又一轮战争。

就战争性质而言是两国交战，但由于双方国力相当且都属于轻量级，双方使用的最大兵力规模相当于多兵种联合的加强团。因此，观察这场"战争"的军事特点，也只能局限于战术层次。

由于积怨甚深且冲突不断，双方战备程度都比较高，冲突一开始，双方就同时重拳出击，使用多种战机和陆军机械化部队对攻。在不到一个昼夜的时间内，亚美尼亚宣布击落阿方27架军用无人机、4架武装直升机、33辆坦克和步兵战车；阿塞拜疆则宣布击毙亚方16名士兵，并打伤超过100名敌军。第二天，阿方又公布摧毁亚美尼亚7部防空系统和一批装甲车辆。

由这个场景看，这是一场"苏军的内战"。双方使用的都是从苏军中分得的军事遗产，虽然各自独立后都从外部购买了一些作战平台，但其主要装备和军事思想，都源自苏军。由于双方经济实力和科技实力有限，其总体装备水平和俄罗斯军队比起来，有相当大的差距——比如俄军已在前不久的叙利亚战场使用无人坦克进行实战，而亚军和阿军则无此类装备。至于战术方面，也与参加了多次较大规模多类型战争的俄罗斯军队无法比拟。

由于总体装备落后，所以，看双方战斗的视频就像看一部苏军在阿富汗战场的影片：坦克、武装直升机、火箭炮是战场主角，戴钢盔的士兵使用固定火炮射击，偶尔有地对地战术导弹飞过。总体看，这是一场新时代的过时战争。其场景在过去50年间屡见不鲜。其新技术特征不仅远不如2003年的伊拉克战争、2001年的阿富汗战争，甚至不如初露精确制导武器特点的1982年的马岛战争。

但是，亮点也是有的：那就是无人机的大规模战术应用，这在亚美尼亚第一天的战报中体现得非常明显。

阿塞拜疆凭借从以色列购买的察打一体无人机，在战场上给亚美尼亚军队造成巨大损失。阿塞拜疆曾透露，通过准确情报，他们锁定亚美尼亚一名将军，从而搜索到数名上校和其他亚美尼亚武装部队高级官员聚集的哨所，立刻出动哈罗普无人机发起进攻，将哨所内人员悉数击毙。而亚军的很多坦克、火炮和防空系统，都是毁于无人机攻击。

我要多说几句防空系统问题。在整体机械化的陆军编制中，防空系统都是标配，但这些防空系统主要是防御对方大型攻击机、武装直升机和巡航导弹的，相对于以"低慢小近"为基本特征的无人机，这些系统就显得笨拙、迟钝和难以招架。亚美尼亚军队的大量防空系统被摧毁是一个警钟。这个警钟，在前年沙特油田被无人机袭击时，美制防空系统无所作为的情形很类似。

序一

南高加索：老战争中的新亮点

这是一般机械化陆军需要格外注意的地方：无人机已经如无后坐力炮一样普遍应用于战场。或者说，无人机就是飞行的无后坐力炮。新矛已经出现，新盾也必须尽快装备。不难想象，未来的坦克、装甲车以及连级规模的作战分队，无人机和反无人机系统，将成为基本装备。

其实，美军早在2001年的阿富汗战争中就使用无人机精确猎杀塔利班指挥官了，以后更在其他军事行动中广泛应用：比如2020年1月3日在伊拉克国际机场斩首伊朗特种部队司令；2018年8月4日，一架载有4枚炸弹的无人机，对委内瑞拉总统马杜罗进行暗杀。无人机还被用于攻击大型战略设施，如2019年9月14日，全球最大石油企业沙特阿美两处石油设施受到十几架无人机攻击后起火，迫使沙特阿拉伯削减了近500万桶原油产量（约占世界每日石油产量的5%），引起世界石油市场震动。这都属于无人机的"战略性攻击"。

阿塞拜疆和亚美尼亚的低烈度战争透出的军事信号是：旧时王谢堂前燕，飞入寻常百姓家，无人机正在成为一般性军事行动的普遍性武器，如同步枪和手雷。无人机的种类和功能林林总总，这次阿塞拜疆使用的无人机被称为"游荡弹药"，既能侦察目标，也能打击目标，实际上承担了前线陆军的两大基本任务。这必将大大地改变传统的陆军战术。

透过南高加索的硝烟，世界看到，由于军队的信息化水平的不断提高，特别是智能技术大量应用于军事，无人兵器将会大量用于战场，甚至取代人成为战场主力。血肉之躯在"武装机器"横行的战场上，显得越来越脆弱，所以，其未来直接暴露于战场上的机会也必将越来越少。

"血火战场"中"血"的部分将越来越淡,但战争的血色将越来越浓。陆军满天飞是一个大趋势,而陆军满地飞则是这个大趋势中的一个小序曲。

戴　旭
2020 年 10 月

序二
战争形态加速"变异",思维必须超越科技

——2019—2020年几个重大事件的预示

人类历史上所有的战争形态,都是由技术决定的,每一个历史阶段的开辟,也都是由当时的主导性技术推动的。

谁来推动这个主导性技术应用于军事呢?是当时占主导性的政治大国或想当主导性政治大国的国家。

也就是说,光有主导性技术还不行,还要有一个想主导世界的国家。二者结合,则军事革命发生。新型军兵种应运而生,新的战争样式随之出现,新的世界格局形成。有的兴,有的衰,时代进入新的循环。

本书要揭示的就是这个历史规律。

中国历史上也曾经一度技术领先,但因为没有主导世界的愿望,所以没有开辟更没有引领世界军事革命。一次都没有。中国近代所有的悲剧都是被主导——而且从时代新技术到时代政治双重被主导——的结果,特别是后者。开天辟地本是中国名词,其中包含着一个国家和民族兴盛的全部密码。古往今来,所有伟大的国家和民族,无一不是开拓奋进者,而所有衰退覆亡者,无一不是固守老生

存空间以苟延残喘者。这其实是自然规律。不幸的是,近代历史上,中国得到的多是教训。

为此,痛彻之下,思考成此书。

当下,新世纪的"开天"事件又在发生。我之震惊,实难名状。我希望我的同胞和国家,面对即将到来的巨变,能早些警醒。

就在此书2020年1月初出版的时候,世界又发生了几件主导性技术与当代主导性国家相结合的事——在我看来是惊天动地的——

一、新型战争与新型国防

2019年底到2020年初,武汉突然爆发新型冠状病毒肺炎疫情。为了迅速切断病毒蔓延,中国宣布武汉市"封城"。武汉是中国华中地区拥有1000多万人口的大城市。举动之大,影响之大,不仅在中国,在世界也是史无前例。中国最高领导人亲自指挥,全国各地快速响应。

这是新中国成立70多年来前所未有的真正的全面动员的"人民战争"。即使是抗美援朝战争中,即使是面对两霸核讹诈,新中国"深挖洞、广积粮"的时候,也未曾如此。

换言之,美国加上苏联的数百万常备军,几万辆坦克、上万架战机、上万枚核弹头都没有做到的事情,一种小到肉眼看不见的病毒却做到了。

也许医学家看到的永远只是病毒,但思考战略的人就不能只见到树木不看到森林。

其实,本书第九讲《生物国防与基因战时代——战争与和平界限的消失》说在了前面。在这一讲中，开头是美国未来学家的话："美国未来学家阿尔文·托夫勒说过'人类用什么样的工具生产，就使用什么样的工具战斗。'这句话几乎可以用作对整个世界军事革命史的观察指南。回顾历史，不难发现，新技术催生新的生产模式和战争模式，新的战争模式又催生出新的国家安全架构。这一组逻辑反应链条贯穿了整部人类文明史。每一次变革都是由新技术推动，新思想完成。"

这一讲使用了大量的史料来进行未来预测，唯一没想到的是，未来来得这么快。

新型冠状病毒感染的肺炎疫情一爆发，关于病毒来源就有"蝙蝠说"说和"阴谋论"，前者说病毒是野生动物自身携带，后者说是人为改造病毒合成新型病毒。双方都没有确切的证据证明自己的观点是正确的。不过，有一点谁都不能否认，那就是这个病毒的确是造成了相当程度的国际性恐慌，同时也对中国经济和世界经济带来巨大损失，甚至导致局部和一定时间的瘫痪、停滞。因为瘫痪和停滞，恰恰是切断病毒传播的必要措施。人们的目的是防御病毒，病毒（或病毒释放者）的目的则是瘫痪社会，双方都达到了目的。

问题在于代价。

战争的核心问题不就是代价问题吗？

我在本书中讲"生物国防与基因战时代"，所依据的不是幻想，而是现实。中国自2003年"非典"爆发以来，禽流感、非洲猪瘟相继发生，每次都让中国社会和经济深受影响，事件发生得实在是过于频繁。原因固然有病毒的自然进化，但有没有生物技术进步带来的副作用？霸权幽灵无处不在，大国博弈时刻进行，国际政治无孔不入，我们不管善良到什么程度，也不能幼稚到认为不会有人为因素吧？

在我杞人忧天的时候，中国也有不少先知，同时也在说着同样的话题。因为，这个时代——生物科技或曰生物防御、生物战争的时代真的到来了。

到了2018年的时候，一直念念不忘"让美国伟大""让美国再次伟大"的特朗普，也成了"先知"，他居然签署了一个非常不一般的法案：9月18日，特朗普签署第14号国家安全总统备忘录，公布美国《国家生物防御战略》。

你、我都没有看错，是《国家生物防御战略》！

"防御""战"字出现了。这都是军事和战争词典里的用语。世界上、历史上从来没有仅仅依靠"防御"就能战胜的战争。但是，"防御"一词容易把自己置于道德的高处，因此可以遮蔽、藏起真正的意图。

我不愿意联想2018与2019的时间关联，我也不愿意再联系2018年至今，美国一直把中国列为"主要战略对手"，在对中国进行全面压制、围堵和捣乱。

但我不能不说一个基本事实：美国是当今世界主导性国家，而生物技术是当今世界主导性技术之一，堪与网络和智能技术并列。而美国是世界公认的生物技术的先进大国。

和特朗普公开宣布成立美国太空军不一样，他签署的这个《国家生物防御战略》虽然很系统，包括前言、愿景、意图、威胁与后果、生物风险管理、假设、管理、目标、结论、附件等内容，却没有军事和战争两个关键词。

但这个战略最重要的第一部分的"形势判断"中这样说:"生物威胁是美国面临的最为严重的威胁。这种威胁分为两类:一是自然发生的生物威胁,即传染病可能在全球迅速传播,直接影响美国人口健康、安全和繁荣;二是蓄意和意外的生物威胁,主要是国家或非国家行为体使用或扩散生物武器,对国家安全、人口、农业和环境构成重大挑战"。

没有之一!是"最为严重"!一个是生物威胁,一个是生物武器。尽管特朗普总统同时也在加强美国的常备军,并为美国海军列装小当量战术核武器,还宣称要加强战略核力量。但他还是认为"生物威胁是美国面临的最为严重的威胁"。如果是这样,那"生物威胁"是不是别的国家的"最为严重的威胁"呢?

从技术的角度说,生物威胁永远都是有的,因为在人类诞生之前,世界就是病毒和细菌的世界。但生物武器,则纯粹是人类制造的。所以,本讲不进行病毒科普(美国有学者专门写了《病毒星球》一书),而只分析生物武器和生物战争时代,即人类利用生物技术进行战争,将会是什么情形。分析战争,预见危险,为国家和民族报警(2019年的时尚术语是"吹哨"),这是我的职业和使命。

这个《国家生物防御战略》说,管理生物事件风险,是美国的战略利益,并对生物威胁形势作出了6个基本判断:1.生物威胁具有持久性。自然发生的生物威胁持续发展;国家行为体和恐怖组织已认识到生物武器的价值,其技术门槛也在不断降低。2.生物威胁来源多样化。包括蓄意的、自然发生的和意外爆发的生物威胁。3.传染病无边界。在互联世界中,任何地方的疾病威胁都可能全球扩散。4.多部门协作对于预防和应对至关重要。这需要各级政府的参与和协作,涉及医疗、科技、执法、外交等多个部门，此外还应重视与非政府组织和私营部门的合作。5.多学科方法有助于预防疾病发生。人、动植物与环境相互影响，多学科方法对于早期预防和发现传染病的跨物种交叉传播非常重要。6.科技在全球的持续推进，既会带来解决方案和医疗进步，也会引发生物技术的恶意滥用。

我更关注的是第1点和第6点：即"国家行为体和恐怖组织已认识到生物武器的价值，""科技在全球的持续推进，既会带来解决方案和医疗进步，也会引发生物技术的恶意滥用"。枪炮的发明，既被国家行为体，也被恐怖分子、犯罪集团利用；核技术、化学技术和细菌研究早就出现武器化的事实，那生物技术为什么不会呢？

我又要引用恩格斯的话了："一旦技术上的进步可以用于军事目的并且已经用于军事目的，它们便立刻几乎强制地而且往往是违反指挥官的意志而引起作战方式上的改变甚至变革。"

近代世界历史，除了中国军队，西方各国以及日本军队，谁没有使用过化学武器和细菌武器？美国还使用了核武器。可以说，当时最先进的科技都被他们用于战争了。现代，网络时代到来，网络攻击又出现在国家敌对行动中，无人机和智能技术结合，已经发生了美国在伊拉克首都斩首伊朗将军的恶性国际事件。

中国人是仁义的人民，中国军队也是文明的军队。

但是，我们不能以君子之心度小人之腹。历史上的教训多到罄竹难书。兵者，诡道也。高技术、新技术的发展让诡道更加诡谲。

令人欣慰的是，在抗疫进行中，中国也宣布把生物安全纳入国家安全体系，尽快推动出台生物安全法。

中国在制度和法律层面开始高度重视生物安全。如果说2019年岁末至2020年初的这场疫情对中国有什么正面意义的话，那就是它在让中国付出一定代价的同时，也让中国人强化了生物安全意识，并积累了对付病毒和生物威胁的经验。中国新时代的"人民战争"，对于未来的国家安全、民族安全乃至人类安全，都是一次伟大的成功实践。

我更把此次事件，看作是一次深刻而全面的新型国防教育的良机。

始于学术，终于国家。国家之安，军人唯一之天职也。

二、美国"太空军"及万星覆盖地球：21世纪的军事巨变

2019年12月21日，美国总统特朗普在2020年美军预算签署仪式上正式宣布："今天，是美国军事领域一个重要里程碑，今天我们正式组建一个新的武装力量分支，它被称为太空军！"

让我们想想，整整一百年前英国于1918年成立皇家空军之后，世界军事和战争领域发生的巨变。

那我们现在可以用更高的维度和更快的速度思考一下，美国太空军的成立，将对当代及整个21世纪军事体系的影响。

但是，真正引起我震惊的还不是美国太空军——那是美国半个多世纪太空技术和军事准备的水到渠成。我真正感到紧迫的是半年前的另一个事件——

2019年5月24日，荷兰卫星跟踪者马可·兰博埃克，被近似魔幻的一幕惊得目瞪口呆：一长串白球在幽暗的天空中鱼贯而上。同一时刻，澳大利亚、英国、美国、肯尼亚，很多地方都有人目睹

决胜新空间
世界军事革命五百年启示录

60 颗堆叠在一起的 Starlink 卫星

SpaceX 猎鹰 9 号及 60 颗卫星

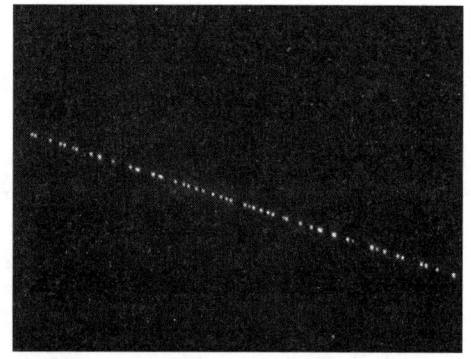

60 颗星在空中散布

这是美国洛威尔天文台于 2019 年 5 月 25 日晚拍摄的一张宇宙观测照片,画面上原本应该只有一个遥远的星系,可是 SpaceX 的星链卫星们恰好划过上空,在长时间曝光的照片上留下了珠帘儿似的痕迹。

了这一星空奇观。很快他们知道,这是美国 SpaceX 公司的猎鹰 9 号火箭,将 60 颗卫星一次性成功送入 440 公里的近地轨道。而这 60 颗卫星,只不过是 SpaceX "星链"星座计划的开幕。SpaceX 准备将 42000 颗卫星送入近地轨道,以覆盖全球的自组网

序二
战争形态加速"变异",思维必须超越科技

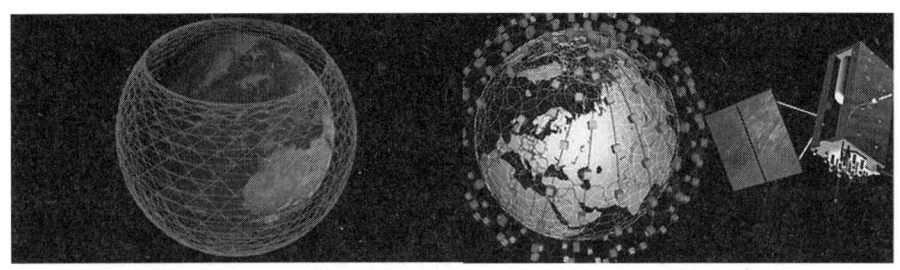

络,摆脱地面光纤和基站的区域限制。

预计到2024年,SpaceX会将4425颗卫星部署在地球上方1150公里至1325公里处,通过Ku与Ka波段之间传输数据,另有7518颗卫星部署在地球上方335公里至346公里处,以V波段传输。在SpaceX之前,OneWeb就发射了首批6颗卫星,其计划总共包括648颗卫星。而Telesat公司的目标是建立一个由292颗卫星组成的网络,亚马逊公司也已经公布了一个拥有3236颗卫星的卫星群计划。Starlink项目最早提出于2015年,计划利用卫星取代传统的地面通信设施,来帮助全世界尤其是偏远的地区接入高速的宽带互联网。

算起来,仅美国民间就准备把5万颗卫星打上近地空间。美国几家公司的这种举动会不会带动更多美国公司以及世界其他国家的公司跟进,值得关注。

2020年1月7日,SpaceX完成第三次正式发射任务,运营卫星超过180颗。从数量上来看已经超过了NASA(67颗)、美国空军(98颗)还有铱星公司(106颗),成为世界第二大卫星运营商,仅次于美国卫星公司Planet(该组织目前运行着197颗遥感卫星)。在SpaceX的设想中,800颗卫星也是该星座能够开始提供商业服务的最低标准,而实现商业服务的时间点则可能在2020或2021年左右。目前全世界在太空上的卫星总共才有2000颗,而SpaceX

决胜新空间
世界军事革命五百年启示录

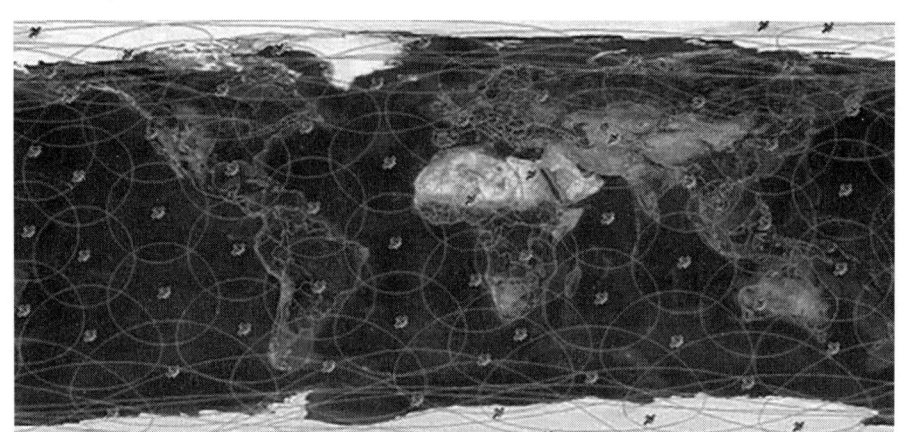

60 颗堆叠在一起的 Starlink 卫星

的星链计划第一阶段就达 12000 颗!

表面看起来,这是美国人以太空基站取代地面基站的"6G"计划。有人认为马斯克很疯狂,而我一点都不感到意外。科学研究,科技发展,一定要敢想。我从 42000 颗卫星中,看到的是对当今世界军事领域的毁灭性冲击。

我担心马斯克的太空"星链"计划,会被美国同时成立的太空军征用,以轻而易举地实现美国真正称霸太空和地球的野心。

近 5 万颗美国卫星密密麻麻包裹着地球,如同无数只马蜂盘旋在头顶。想想这种场景都够恐怖的,但它不是科幻,而是实实在在、快速推进着的真实。

这些卫星仅仅只是通信和组网吗?它们为什么不会具有监视和定位、甚至攻击功能?如此,美国在太空中一下子有了几万只眼睛,地球上的一只蚂蚁都难逃它的监视。在这样的监视下,现在各国都在耗费巨资打造的隐形战机、潜射导弹、洞库等以及隐蔽设施和作战平台,都将成为太阳底下的蝙蝠,无所遁形。地球对于美国不再

序二
战争形态加速"变异",思维必须超越科技

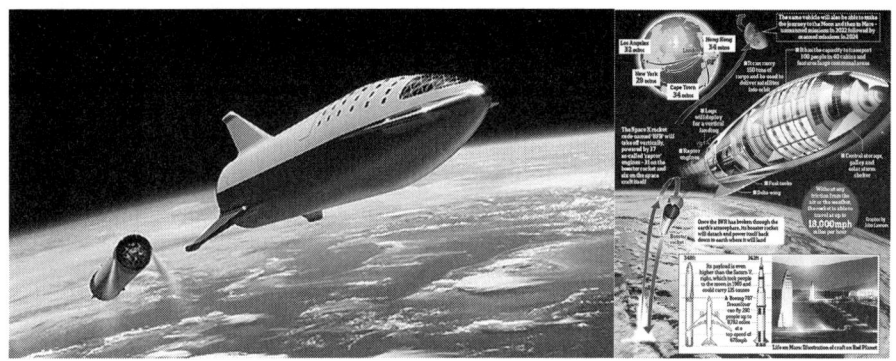

有死角。

而且近地轨道本身就是紧缺有限资源,美国提前占据了,后来者即使拥有卫星发射能力,也无法再占有一席之地。换言之,美国以5万辆汽车提前把本应属于全世界的停车场占满了。后来者要么从美国手中购买停车位,要么发动战争。当然,美国人说这是商业,近地空间是人类公共空间,如同公海,理论上说谁都可以通过或停留。但是,谁有这个能力?另外,一旦先到者占据,后来者怎么办?

早在2017年,当SpaceX介绍其火星殖民计划的巨型火箭(Starship)时,马斯克提到希望利用火箭和宇宙飞船在地球上建立一套交通系统,可以在30分钟到达地球上的任何地点。

2018年,马斯克再次重申这一计划。他说他们计划将Boring公司(马斯克创建的隧道公司)的超级高铁(也称超回路列车,理论时速能达到1200公里)与SpaceX最新的火箭项目结合,打造一套快速交通运输系统,能够在不到一小时之内到达地球上的任何地方。

在马斯克提出一小时全球交通圈之前,美国军界就已经提出"一小时打遍全球"计划。

也许我不应该对一个科技和商业计划作关于军事的联想。但是,

决胜新空间
世界军事革命五百年启示录

美国人发明的飞机最初也是用于体育和交通的,今天呢?美国人发明的计算机最初也是用于科研的,网络也是用于商业,现在呢?美军为什么成立网络司令部?

华为公司是一家完全的民营公司,生产民用产品,为什么今天美国以举国之力围剿华为?因为美国认为5G是改变国际规则的战略工具,因为华为是中国公司。顺着美国的逻辑,我们可不可以说马斯克和美国公司包围地球的卫星计划也是"改变国际规则的战略工具",而且是更重要的?

我现在对马斯克及其美国公司卫星包围地球的星座计划作军事联想的时候,特朗普刚在几个月前宣布美国太空军成立。

美国早已控制了远地空间。现在,他们又大举挺进和占领近地空间。

近地空间,在我看来乃大国的夺命空间。开辟、开发这个空间的重要性,比当年开发海洋空间和大气层空间的重要性有过之无不及。

近代中国,总是对发生在自己身边的大事不抬头关注,如同牛羊不关注悄悄逼近的狮子和豹子。当年清朝不关心拿破仑对俄罗斯的进攻,所以失去观摩并追赶世界军事革命的机会,民国也不关注第一次世界大战的军事技术和战术水平,因此在随后的日本进攻面前损失惨重。

序二
战争形态加速"变异",思维必须超越科技

现在,21世纪,又一件非常重大的事情发生了,它不是发生在我们身边,而是发生在我们头顶。因此我很有紧迫感。我搜遍互联网,居然没有一篇对美国包围地球感到忧虑的。我并不对美国感到恐惧,但我对国人的无动于衷感到不安。也许马斯克只是一个商人的经营思维,但美国的政治家和军事家显然不这么思考问题。

我更希望中国的军事体系,尽快打通所有的空间界限,实现空天攻防一体化。20世纪,我们一直在追赶世界现代化,21世纪,我们的脚步还要加快,因为新军事革命前进的速度更快了。

三、思维必须超越科技,才能赢得未来

科技推动着战争以超乎想象的速度向新空间前行。

根据战争永不重复的基本规律,20世纪发生过的大国战争样式,那些用枪炮、坦克、飞机、航空母舰、导弹、核武器进行的战场直接杀死对方军队和平民的战争样式,基本上不会再出现在大国的战争中,取而代之的,是以前没有出现过,现在一直在发生的网络战争、颜色革命、智能战争、生物战争。

道理很简单,还是阿尔文·托夫勒说的:人们用什么工具生活,就用什么工具战斗。

而21世纪是网络技术、智能技术高度发达的世纪,是生物技术高度发达的世纪。

机械化时代和核时代虽没有完全过去,但正在被新技术时代甩在身后。普京就说过,未来核武器也许会过时,但它会被更新的武器取代。被什么新武器取代呢?普京没有说。但我们必须思考。

自然界的病毒永远在发生着新的变异，战争——这种人类意识层面的病毒，也永远在发生着新的变异。这是一场永不停歇的矛盾运动。人类为了在自然界生存，必须让自身发育得更强壮、更聪明，以在病毒疫情发生时及时遏制病毒的肆虐，或提前预防或发明针对性药物彻底消灭某些毒菌。但正如目前还没有一种万能疫苗一样，人类目前也没有一种方法制止战争以全新的面孔出现。人们只能努力做到提前预见新型战争的变异，并为之准备相应的防御手段，以免灾祸突然爆发时措手不及，在惊慌失措中付出惨重代价。

戴 旭

2020 年 4 月

序三

纵观人类历史，那些最有效地从人类活动的一个领域转入另一个领域的民族，总能获得巨大的战略利益。

——美国陆军中将格雷厄姆

这就是欧洲人地理大发现的开拓精神。他们先是从陆地到海洋，然后又到天空，现在又到太空，到网络，不断开辟新空间，占据新的技术优势、工业优势、军事优势，最后夺取最大的利益。而所谓的美国，就是英国建在美洲的一个"分国家"，他们都是一个民族，盎格鲁－撒克逊人，说同一种语言用同一种文字，拥有着同样的思维。从地理概念上说，英国是历史上老牌的海洋帝国，美国是历史上的空中帝国，现在又在向太空帝国迈进。

而中国自明朝到民国，所欠缺的就是开拓新空间的精神。郑和之后再无第二个郑和，从陆地走向海洋的努力浅尝辄止，更没有从地面到空中的动力和欲望，这是三个时期中国统治者没有抓住技术和军事革命机遇的根本原因。历史对这三个时期都进行了残酷的惩罚。国家必须要有远大的目标，才能激励其军队和整个民族永不停歇地前进，亡国灭种的危险才能得以避免。

戴　旭

2019 年 12 月

前 言

军改与国运：中华血路五百年

当下中国军队开启划时代军事变革。在此之前，美国和俄罗斯军队已相继完成变革，并向着新的战争领域开进。

和历史上的场景类似，各国都在动荡的年代"备战"。有的是为了自强以自保，有的则是为了更强以称霸。千年老故事，从古写到今，没什么稀奇。

20世纪打了人类历史上仅有的两场世界大战。欧洲、亚洲，陆地、海洋、天空，到处都在血火中燃烧。如果有外星人，他们会被人类的勇敢惊得目瞪口呆。人类只使用了简单的智能和暴力就征服了大自然，但人类不同部族之间的互相征服，几乎用尽了一切心力，却仍然"在路上"。

上一场战争结束的同时，下一场战争就开始孕育。新军事变革连一刻的喘息也没有。谁都想抢占制高点，远离死亡的恐惧。

决胜新空间
世界军事革命五百年启示录

2007年10月9日,在美国首都华盛顿国家记者俱乐部举行的新闻发布会上,美国空军网络战争司令部的高级官员向新闻界阐述了网络战争的理念。这是美国空军网络战争司令部的宣传册。(新华社记者 张岩 摄)

这没有终点的征途,推拉着世界技术的日新月异,由此又引发人类社会的更多变革。变革反过来又作用于战争,导致各种新型的杀戮和征服方式。一方面,被新技术武装的国家永不停息地开拓着新空间,同时又怀揣老雄心从新空间俯冲下来,把世界战争的残局延展成新局。

从石器时代、冷兵器时代的面对面砍杀,到现在的无人化、太空化、网络化、激光化等战争及意识影响战等类战争,不就是直接的证明吗?

因此,在人类的社会分工中有了军人——"职业战争人"。不管他们的外观多么不同,职责和目的都是一样的:研究战争、准备战争、赢得战争。

21世纪的第一个十年,不仅延续了20世纪刀兵相向的历史,还前所未有地出现了"伊斯兰国",并因此出现一个非国家组织大战世界联军的"军事奇观"。战争史上这一幕,甚至让连续百年来走在世界军事变革前端的美国陷入军事困境。

前言

所有的战略家们都在思索战争演进的方向，力图看清它的真面目。中国因为远离现代战争最久，因此需要更多的思索。过去的一百年，中国是承受战争最多、付出人员伤亡最多、财产损失最多的国家。21世纪，中国将面临什么样的战争？面临多少场战争？

思考这个问题的中国人似乎不多，但正因此，这一问题才更加重要和紧迫。因为，历史上的中国就是因为这种集体的疏忽，错过一次又一次国家和军队变革的机遇，而遭受域外无情的踩躏，留下那么多耻辱的纪念日。

当20世纪最后一个十年即1991年到来的时候，中国人是以电视观众的身份"欣赏"海湾战争的；当21世纪第一个十年2001年开始的时候，中国人还是以电视观众的心态，观看真实版美国"军事大片"——阿富汗战争。很少有人意识到，战争其实就在中国门口。于是，当21世纪第二个十年即2011年到来的时候，美国宣布战略东移，实施对华空海一体战，日本以"购买"钓鱼岛为由，挑起对华冲突，担当起美国对华战略急先锋的角色。

中国人忽然意识到，也许自己这次要成为那部现代战争连续剧的主演之一了。

孙子曰："兵者，国之大事。死生之地，存亡之道，不可不察也。"可惜的是，历代中国王朝都没有真正记住这句话，否则，中国就不会有城头变幻大王旗的历史景观了——黑格尔说"中国的历史从本质上说是没有历史的，它只是君主覆灭的一再重复而已。任何进步都不可能从中产生"。甲午战争，清朝败于日本，中国总结了一百多年，还在不停地瞎子摸象，而一个日本人一针见血地指出，那是因为中国是文人治国的传统，而日本是军人治国。文人对外部威胁很迟钝，而军人则很敏锐。这也是双方国家改革成败的原因所在。

生存是第一要务，发展是为了更好地生存。兵事因此就成为一个民族和国家全部事务的基础。军事与经济的关系不是不可以辩证，但落脚点必须在军事上。美国就是最好的证明。美国的强大首先体现在军事上。它的一切都围绕着这一点。对于儒家文化——其实是变异的文儒化——思想主宰下的中国，明白这一点至关重要。中国近代百年屈辱史，主要是由一个字写成的：弱。而这又是最荒谬的：因为中国人口最多，幅员曾经最大，财富最多，无论从哪个物质层面看，都不弱。一个不弱的国家和民族，为什么被自己和世界写成了弱？

因为心弱。心弱则一切皆不强。一头牛，无论体格还是武器，都远远胜于狼。但从来只有狼吃牛而没有牛吃狼的故事。

强弱之要，首在于心。

当年美国总统格兰特的助手杨格在写给李鸿章的信中说："中国之大害，在弱之一字，我心甚敬爱中国，实盼望中国用好法，除弊兴利，勉力自强，成为天下第一大国，谁能侮之？"

强，主要体现在民心和军队。民骁勇，军善战，天下威服，何患之有？

一虎举步，百兽望风披靡。此之谓强。

一、21世纪，中国要面对的是新（心）战争

19和20世纪，钢铁武器的战争几乎把中国撕成碎片，沉重的核武器压得中华民族几乎喘不过气来。新中国以战天斗地的豪情，

把这种威胁推到九霄云外。放眼今日世界，已没有任何国家的军队敢以核武器和常备军威胁、袭击和入侵中国。

但是，魔鬼又换了一副面孔，并且卸去了原来的全副披挂。此情此景颇似《西游记》之三打白骨精。是做唐僧还是做孙悟空，这是对中国人战略智慧的考验。

2014年是甲午战争120周年，而日本军国主义嚣张一如既往。2014年还是第一次世界大战一百周年，欧洲和美国，多少人在暗暗地注视着亚洲是否会重演当年欧洲同归于尽的一幕。

在中国东海，几乎集结了当今世界最先进的海陆空的兵器。各类战争预演甚至蔓延到印度洋。就在外部战鼓擂响的同时，2013年中国互联网由境外某种神秘力量操纵，国内外反华势力群起响应，啸聚在一些外资控制的中国门户网站上，连续发起围攻军人和爱国人士事件，笔者因为军人身份和多年来揭露美国对华战略图谋以及抨击日本军国主义，而被列为主要靶标之一。在最紧张的时刻，笔者喊出网络是捍卫"国家利益上甘岭"的口号，与广大的自发爱国的"网络义勇军"，一起阻击。文化搏杀、思想争夺，网络大战虽无硝烟炮火，其实一样惊天动地，惊心动魄，对中国军事思想界的震动和启迪将日益凸显。联想到二十年前拥有几万枚核弹头和近400万大军的苏军，被无影无形却无处不在的信息思想战彻底侵蚀、肢解的场景，联想到被"推特"轻易推倒的突尼斯、利比亚和埃及，国家倾覆始于思想瓦解，网络时代"政权一夜垮台"的事实，让人不寒而栗。正所谓静水流深，中国打击网络谣言引发境外"非民间力量"大举网络攻击等，已经显露这种新形态战争的端倪。而美国政要试图依靠几亿中国手机用户和网民"扳倒中国"的公开演说，也从一个侧面证明"第五纵队"应该成为中国军事研究者关注的焦点。军事、政治、经济、文化，舰、机、键盘，历史、现实，一切都交织在一起，构成一幅前所未有的新战争景观。

电视和美元时代的信息心理战，是唯一能够打败苏联的战争样式，网络和美元时代的信息思想（舆论）战，也是唯一能够从理论上毁灭中国的样式。中国军人的眼睛，不能只盯着看得见的敌人和他们手中的金属武器。网络时代需要全新的战争和反战争知识。

"二战"结束以来，几乎每一次美国的战略转移都包含着一场由新技术引起的世界军事革命，"冷战"是核武器，海湾战争是信息化，此次美国战略东移包含着的是由网络技术引发的网电空间战和信息思想战的混合物。前者被局限在传统军事领域，而后一种隐然成形的战争形态则突破军事概念。当中国人从漫天的沙尘暴和雾霾当中抬起头来，打量逼近眼前的对手和威胁的时候，战争的模样已经似是而非：看起来常规战争和核战争的轮廓还在，但实际上真正发生着的却是信息思想战。这是一种似曾相识但又说不清道不明的战争。中国人清清楚楚地看到眼前躺着苏联的"尸体"、中东列国的"尸体"。但是，我不能不说，这的确是中国所面临的真正的"现代"战争，而且这种战争正在不分昼夜地进行着。相当多的中国人，对于战争的概念还是飞机对飞机、航母对航母甚至卫星对卫星、导弹对导弹。如果我们只按照这种样式准备战争，极有可能会像马其诺防线里的法国军人操作火炮，守株待兔地等待德军的坦克出现一样。我说这话的依据是那具已成僵尸的苏军。我在为祖国效力的几十年中，每天枕戈待旦。但是，苏联的解体和海湾战争的爆发让我如梦初醒，恍然大悟新战争已经来临。这不仅是一个需要新技术的时代，还是一个需要新思维的时代。当互联网技术出现，战争进一步嬗变：战争不仅从此将进入无名将时代，战争平台和战役、战术的概念与原来相比都将脱胎换骨，而原来泾渭分明的军事、政治、经济、外交、文化等概念则似乎混成为一个民族综合体。战争与和平的界线也早已突破，超越军队和军事层面，省略血战阶段和成本对抵，直取对方人心意志……文明的融合与博弈，更适合对信息思想战的本质进行描述。

美国著名的政治学者亨廷顿在《变化社会中的政治秩序》一书中说："对一个传统社会的稳定来说，构成主要威胁的，并非来自外国军队的侵略，而是来自外国观念的侵入，印刷品和言论比军队和坦克推进得更快、更深入。"

"二战"后美国国家战略已经根据时代的最新特点，从军事帝国主义转向经济帝国主义和文化帝国主义；在对苏"冷战"胜利之后，又在中东进行了文化帝国主义和军事帝国主义配合使用的实验。现在，美国将这三种帝国主义战略同时用于对中国的立体夹击。也就是说，进入中国不仅面临着"五维一体"的物理空间的威胁，还面临着超物理空间的社会和心理空间的全方位合击。对此，只从纯军事的层面强调国防意识已经远远不适应新的安全现实。中国的经济需要抓住新型工业化和信息化的时代技术特征布局发展；中国的文化、教育需要从抵御入侵、捍卫族群特征的角度重建、振兴，意识形态不再仅仅是一种政党政治教育，而是国家和民族安全的重心。中国的军事，因此也已经成为一个具有许多新内涵的大安全概念。

在这个时候，意大利政治哲学家马基雅维利的话听起来就如暮鼓晨钟了："造就最强大国家的首要条件不在于造枪炮，而在于能够造就其国民的坚定信仰。"我们因此也理解了伟大的毛泽东主席注重政治思想教育的跨时代意义。

由于网络把世界事实上组织在一起，世界不同政治制度，不同文化和政治理念，不同价值观念对某一个国家传统意识形态的冲击，已远远大于对于一个国家领土、领空、领海的直接武力威胁。换言之，其政治安全，远比国家安全面临的威胁和挑战更严峻、更致命。因此，加强"心防"，就成为国防建设的第一要务。

长久以来，世界上不少国家跟在美军的背后亦步亦趋：学他们搞C4ISR，搞航母和隐形飞机。现在美国军队的作战理念已经从网络中心战发展到社会网络中心战；美军已经创立正式的特种媒体部队，24小时开展网络舆论战。

学习美军的武器技术和战术是必要的，但美军最值得学习借鉴的是开拓新空间的精神。

二、世界征服史的胜利秘籍：开拓新空间

世界意义上的大国，是世界近代史开始之后才出现的——之前即使被称为帝国，实质依然是地区大国，如版图创下历史之最的蒙古帝国。但是，到了大英帝国已具有世界帝国的轮廓，而其帝国的建立和统治经验中，已经包含了很明显的"经济""文化"成分。

总结这些大国之所以为"大"为"帝"的经验，共同的、根本的一点，都是开拓新空间意识——即中国古人所说的"开疆"。故，凡有开疆精神者，虽小必强，终必称雄，人类历史上诸帝国莫不如此。开世界近代史先河之西方列强如葡萄牙、西班牙和荷兰是如此，英

国是如此,后来至今的美国也是如此。未来如有强者兴,也仍将如此。

反之的教训是守成者必衰。人类社会发展如逆水行舟负重登山,不进则退不上则下。秦统一六国后不思远图,垒院墙(长城)建宫室(阿房宫)以穷奢极欲,故民心散而内乱起,数十年基业一夕瓦解。汉唐之后,中国之兴衰轮回,无不是在开疆与守成之间转换。

近代以来,由于技术进步而致军备毁伤力巨大,遂使帝国——引申为强国——盛衰律的展现更加触目惊心。

俄罗斯没有赶上开拓地理新空间的历史步伐,所以衰落,被欧洲雄狮拿破仑肆意践踏,且被其他小强屡次"羞辱"。但其后来意外地开辟了政治新空间,在全球率先实行社会主义,所以一举从一个二流的欧洲农业国,通过工业化快速崛起为世界超级大国,巅峰时二分天下有其一。之后,苏联渐弃最初理想,丧失方位感,难寻新空间,进取意志日堕,终蹈帝国倾覆之辙,土崩瓦解。

最悲惨的是近代中国,不仅没有开拓新空间的意识,失去开拓新空间的机遇,自己还成为世界和地区开拓者的猎物,一次次被掠夺、洗劫,经历百年后终于失去了1800年积累下的全部财富、全部的势力范围、大片的土地,最后自身还被肢解。在世界史上,这一幕仅次于印第安人的悲惨。

直到公元1949年,中国共产党人领导人民取得政权建立了新中国,才算把这一页历史彻底翻过去。新中国在一个美好理想的指引下,不可思议地还清了500年的历史欠账,一举赶上大空间军事革命,掌握了"两弹一星",从历史的低谷重新回到令人敬佩的世界位置。根本原因,是中国共产党人有着要实现共产主义理想的远大目标,他们有着开拓人类精神新空间的意识!他们也许没有到达目的地，但他们创造了"历史"，创造了奇迹。

所谓"新空间"，是指"人迹罕至之所"，我来人未来，故此处绝无凡俗之阻力。人来我再来，则血腥征战必起，成败未知。秦所以成帝业，乃在于六国只思各安其国，唯秦欲霸；中东、欧洲之博弈，乃在于帝国不能并存。

美国能成就今天傲睨全球之帝业，是集当今人类历史上所有帝国经验、教训之大成。美国从不与实力相当之强国倾力争霸，而屡以渔翁自居。令人同归于尽，而己不战而胜。聚世界之力为一国之力，借科技以次第开拓空中、太空、网络、心理之空间，以此作为占位优势，回头笼罩地球老空间，将当今世界诸强一举置于地域"栅格"之中，只能做棋子，不能动棋盘。21世纪世界大势大抵如此。

但是，时代还在前进，开拓新空间的进程越来越快。由信息技术带来的太空空间、网电空间和思想空间，同时踏进了人类的足迹和战争的阴影。中国重新感到新开拓者空间优势的挤压——而且相比于历史上的海上威胁，这种挤压呈现立体化特征。

不仅如此。500年来的世界军事革命一直发生在工业科技领域：火药、蒸汽机、内燃机、计算机。但是，在工业科技领域的军事革命呈爆炸式发展态势的同时，一直寂静的农业领域也发生了科技革命——那便是转基因技术的发展和应用。这一革命，同步出现在生命科学领域，人类最后一个避难所——卫生医疗领域被笼罩在一片不祥的阴云下。由于这一技术革命和战争本质——消灭生命如此吻合，于是希望统治世界的某些西方精英，想到大规模清除垃圾人口。可以从很多角度认识、谴责这一疯狂的反人类想法。但是，在战争的逻辑下，没有什么手段是不合理的——核武器人道吗？与其空怀愤怒，不如理性面对：生物基因武器已经是一种不容忽视的存在，这是一种让信息化精确制导武器相形见绌的生物精确制导、大规模种族灭绝的武器。人类毫无疑问正面临着远比核武器更大的危险。

一如历史表明的那样，拥有开拓新空间的意识，拥有同时代最先进的技术，是最安全的自卫武器。在中国落后于世界的每一个时代，如果允许我们有一个假如——历史都会是另外的样子。这样的假如对于历史已经完全于事无补，但对于未来的鞭策却不失其意义。

我，一个普通的国家捍卫者，因此一直以来以微弱的声音，声嘶力竭地提醒着像隆隆列车一样前行的祖国：不要忘记历史的教训！中国改革开放40年，建了太多的高楼、公路和铁路，但与此同时，中国进口的芯片却是世界第一，并超过巨大的原油进口额。从最小的电子产品到最大的电子产品，从单个到系统、U盘、电脑、照相机、摄像机、手机……从普通家庭用品到大型工业体系设备，但凡与现代信息技术沾边的，或者是直接进口或者是进口组装，原创发明少之又少。也许从经济的角度看这是正常的，但是，如果从军事和战略的高度看，这是十分可怕的：中国并不掌握现代信息技术的核心！而现代技术是生产力，是战斗力，是毁灭力！

西方早就深谙竞逐富强的要义是技术和工业——因为那正是武器装备和军队的物质基础。但是，资本主义的逐利趋势让中国的大多数地方在相当长时间内，转向了低技术而暴利的房地产行业。就在很多中国人痴迷于急功近利致富梦想的时候，美国世界帝国计划推进到了最后的阶段——以围堵、肢解中国为核心的阶段。

美国已经发现了中国的致命漏洞：中国在途中。美国准备以逸待劳，对中国进行战略伏击，让中国的现代化再一次归零。

而日本，或许在等待着这一机会，以恢复其帝国主义的荣耀。

在此危局中，中国对于军事变革的思考已经不能局限在"军事"二字上。

军事革命失败的代价和成功的回报，都巨大到无法估量。中国近代五百年的国运兴衰都与是否抓住新军事革命机遇相关。洋务运动新军事革命30年失败、新中国核武器革命十年成功的例子证明，中国国家和民族的命运，取决于新空间的思维和开拓能力。

当前世界战争的现代化特点是信息化，但这只是最低端的战争。

新军事变革必须追赶信息化，但必须认识到，另外三场新军事革命在同步发生着，它们是太空空间战、网电空间战和信息思想战。

国防的概念早已被突破。战争的概念也早已被突破。新战争每时每刻都在进行。

不远处，生物基因战若隐若现。

美国几乎不与对手在势均力敌的状态下作战。当7个国家都有核武器的情况下，美国一边在加强自己的核优势，同时也准备放弃在这个领域决战；当1991年发起海湾战争的时候，美国拥有精确制导武器的优势，但20年过去，中国和俄罗斯都在精确制导武器方面追赶上来，于是美国也准备放弃在同等技术条件下决战，转而扩大太空、电磁空间和网络优势，准备以"第三次抵消战略"重新占据新军事革命主导权。

因此，新军事变革，不能只是关注眼前。只要战争差距和美国不太远，美国就没有对中、俄动手的胆量。

现在，美国对中俄采取的是网络舆论战，其实质是以最新技术手段实施的思想战，同时在常规军事领域准备智能化战争，迫使中俄进行新军备竞赛。根本目的是在中国和俄罗斯身上复制解体苏联的政治巨作。

中国近代史是一部血与火写成的、落后挨打的历史，放在世界近代史的大背景里观察，中国近代史的实质也是一部社会变革和军事变革的失败史。

世界近代史从1500年前后开端，是以欧洲的地理大发现为标志性事件。至今500年里，世界从农业时代进入资本主义工业时代，又在20世纪末进入信息时代。伴随着时代的进步，世界军事领域连续发生了六次革命：分别是海权热兵器时代；铁路、半机械化时代；陆海空一体机械化时代；核武器时代；空权信息化时代，以及今天的太空、网络复合时代。

500多年的世界近代史中，中国政权经历了三次更迭：从明朝到清朝、到民国时期再到中华人民共和国。

500多年中，六次军事革命，中国只赶上了一次：那就是中华人民共和国时期的核武器革命。

由于屡次在军事革命中落伍，所以，以农耕民族汉族为主体的中华民族，在世界近代史的500多年中，受到的打击和蹂躏最多。

中华民族领先世界1800年的历史被彻底终结。

中华民族积累了千百年的财富被掠夺一空：1820年的时候，中国GDP占世界1/3，1949年新中国建立的时候，中国已接近赤贫。

一切都是因为中国没有跟上时代前进的步伐，落在世界军事革命的后面，而招致的后果。

武力的"力"似乎可怕，但文化的"化"更可怕。

由此，中国人记住了"落后就要挨打"这句话。

决胜新空间
世界军事革命五百年启示录

  本书就从这里开始，反思这500多年中，中国是怎样错失世界军事革命机遇的，希望个人的一点浅陋之见，能对当下正在进行的军事革命之理论创新，起到一点抛砖引玉的作用。

  夙夜忧思，写下此书。回望过往五百年，世界历史一片血海，而中国是所有大国中最为悲惨的。

  所幸，新中国让中华民族又站在眺望未来的起点上。

  大国博弈在继续，有惨烈的悲剧做垫底，有辉煌的胜利做支撑，未来的历史，就看这一代和下一代中国人如何去书写了！

目 录

序一　南高加索：老战争中的新亮点 / 1

序二　战争形态加速"变异"，思维必须超越科技
　　　——2019—2020 年几个重大事件的预示 / 5

序三 / 19

前言 / 1

第一讲　明朝挽歌：错失"海权 + 火器革命"时代，失去政权
　　　——欧洲开辟海洋空间，终结千年中华帝国体系 / 1

第二讲　晚清坐失蒸汽机工业时代的军事转型机遇
　　　——欧洲以铁路、火炮开辟新陆地空间，将中华民族挤压到亡国灭种境地 / 25

第三讲　民国在"工业化总体战"与"内燃机革命"中落伍
　　　——欧美开辟空疆将世界带入立体战争时代，
　　　中国人口的军事优势历史性消失 / 53

第四讲　新中国赶上核武器革命时代
　　——中国彻底解除千年以来外部军事入侵威胁，并重返世界历史舞台 / 73

第五讲　第五次军事革命：实质为精确制导武器的"空权信息化战争"
　　——宇宙空间开辟前的"现代"战争过渡形态 / 97

第六讲　太空军诞生——太空战蓄势待发
　　——新"冷"兵器"高"战争的序幕 / 133

第七讲　电磁空间战和独立网军的诞生
　　——战争进入无国界时代 / 157

第八讲　心理空间的开辟和信息思想战
　　——当代大国博弈的主战样式 / 189

第九讲　生物国防与基因战时代
　　——战争与和平界限的消失 / 203

第十讲　智能化时代：正在来临的战争
　　——机器人军团与无人战区 / 233

后　记 / 255

第一讲

明朝挽歌：
错失"海权+火器革命"时代，失去政权

——欧洲开辟海洋空间，终结千年中华帝国体系

第一讲
明朝挽歌：错失"海权+火器革命"时代，失去政权

近代中国一再吃军事落伍的亏，却总是没有找到有效的解决途径，甚至缺乏足够的重视和反省。1592年明朝军队在朝鲜尽得地利之优，竟然不能全歼渡海入侵的日军；1840年清军在岸上又占尽地利、人和，仍然没有挡住兵少船少的欧洲军队入侵。

直到20世纪初，斯大林还充满怜悯地说："中国没有军事工业。今天只要谁高兴，谁就可以蹂躏它。"

造成这种结果的原因当然是多方面的，除了生产力的落后，政治制度设计的落后，很重要的一点，还在于国人战略思维的落后。这对中国的经济、政治形成了循环式的负反馈，最后导致中国整体社会形态或原地踏步或退步。

中国的某些精英（多数的时候我说的是自诩为有知识的学者），他们的战略思维有着严重的哲学缺陷。战略，强调的是整体性、全局性和前瞻性。反之，对古代传统无法照猫画虎，对外部文明邯郸学步、东施效颦，结果是把一个社会整体简单地切分成不同的政治、经济、军事和社会领域，孤立地、静止地去理解相互之间的关系。认为加强军事就会拖经济的后腿，认为搞好了经济一切就万事大吉，有时甚至认为经济就是衣食住行。

在这种思维下，所得出的国家战略意识，也必然是分裂的，支离破碎的；看到的世界景象也永远是分裂的。结果既看不清历史脉络，也无法透视国际的现实，更不能眺望未来。于是一误再误，体现在近代史上就是连续的民族悲剧和不得不付出的巨大代价。

在中国尽人皆知的刘公岛上，有一尊雕像：一位清朝的海军将领，举着一具单筒望远镜，眺望远方。在他的脚下，是中国甲午战争博物馆。

决胜新空间
世界军事革命五百年启示录

2018年12月9日,威海刘公岛甲午战争陈列馆前的丁汝昌雕塑。(新华社记者 郭绪雷 摄)

也许这座雕塑的设计者只是想复原这场中国近代最大的一场败战场景,但他无意中也蕴含了一个带有哲学意味的命题:那就是,甲午战争,不仅仅是中日两军两国的一次战争,同时也是观察近代中国军事变革的历史望远镜。透过这支望远镜,我们不仅看到了甲午,更看到了两次鸦片战争,看到了鸦片战争之前数百年中的历史性落伍。

大部分战争的结局都是战前就决定了的。甲午战争是1894年9月8日正式打响的。其实这场战争的结果早在400年前就注定了。

人是一种陆地动物,所以人类文明兴起于陆地之上。相形之下,海洋虽然可以作为交通的媒介,但同时也是一种不便于人类行动的阻碍。在漫长的农业文明时代,除了极个别特殊地区外,海洋主要扮演了阻碍交通的角色。就像丝绸之路在陆上而不是海上一样,那

第一讲
明朝挽歌：错失"海权+火器革命"时代，失去政权

个时代的国际交流主要依赖陆路交通，而且各大文明之间也缺乏密切的互动和交流。

但是，伴随着航海技术的发展，这一传统格局逐渐瓦解了。一个真正的全球化时代露出端倪。

1405—1433年，28年间，郑和七下西洋，代表中国传统海洋力量发展达到顶峰。郑和舰队中最大船只的排水量达到了1500吨，而达伽马的旗舰也不过300吨。当时，中国舰队在世界上的"无敌"程度远比21世纪的美国海军更"严重"。那时候中国标注的海图，世界所有的海洋都是大明海。在中国之外，世界上任何国家都没有这么霸气过。

可惜的是，郑和下西洋并没有一个的明晰战略目标，换言之，就是不知道出去干什么。耀武扬威的目的差不多只是满足统治阶层的虚荣心。作为一个自给自足的农业大国，郑和下西洋缺乏深刻的商业驱动力，又缺乏开拓海外商贸基地和殖民地的意识。对于沿途遇到的小国家，只要它们愿意维持朝贡体系就可以了，满足于做形

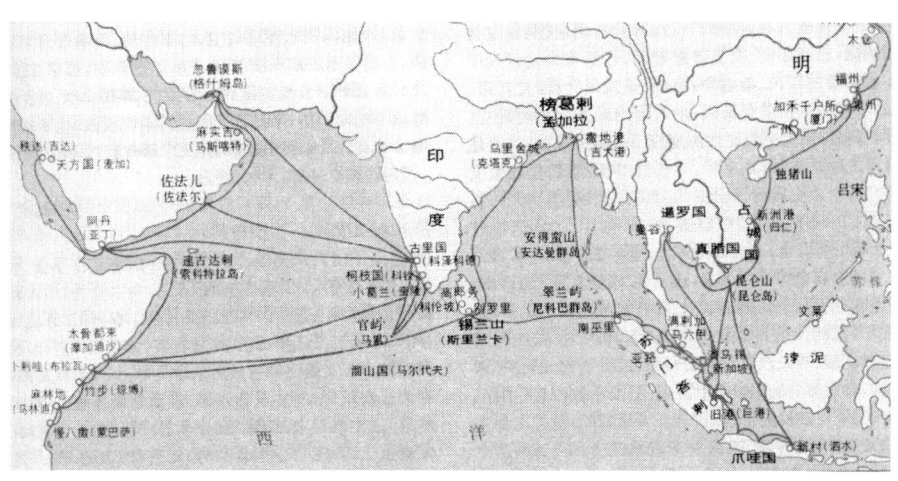

郑和下西洋路线图

式上的"亚洲家长"。比如,菲律宾,曾经想并入中国,但中国不同意。

明朝的军队比元朝军队走得更远,但却没有蒙古帝国的雄心壮志。

正是在这种不愿开拓海外"发展空间"的背景下,郑和七下西洋就成了一场统治阶层自娱自乐的奢华游戏,对于一个农业大国而言,这种没有实际收获的行为,只能是徒然增加国家的财政负担。于是结局只能有两个,要么给郑和舰队一个明确的、全新的战略任务,要么就偃旗息鼓。

明朝最高统治者选择了自行消灭世界远洋舰队。海图,被烧了个一干二净,剩余的则被相关官员藏匿起来作为纪念。巨型舰队则任由海水和时光冲刷成腐朽的碎片。

这是600年至今的军事史上,中国军队唯一一次在世界上耀武扬威的记录。此后,中国人的战争主题几乎全部是抵御外敌。偶尔的几次出境作战,也都是在国境附近。

可以说,今日世界大国军队中,唯一没有大规模跨洲作战记录的,就是中国军队。什么是历史性的战略失误?此之谓也。

明朝放弃了制海权,同时也放弃了成为世界超级大国的机会。

我们可以适当地记住这一点:当中国具有全球性全面军事优势的时候,中国既没有像今天的美国一样追求建立世界帝国,也没有像200年前的大英帝国那样去建立殖民地。这也许可以作为和平外交的一个例证,但或许不应该是军人们更不应该是政治家自豪的记录。

美国历史学家、《全球通史》作者斯塔夫里阿诺斯曾写道:"如果,当时的中国也像欧洲一样,利用民间的力量,对外开拓的话,今天

第一讲
明朝挽歌：错失"海权＋火器革命"时代，失去政权

中国人占世界人口的比例就不是六分之一，而是二分之一。"在这个历史学家的笔下，"殖民"一词的含义是"对外开拓"。可惜的是，中国是一个从心底里蔑视、在言语上谴责扩张的国家，尽管它在历史上许多次被扩张者掠夺和征服，现实中仍然被扩张者欺凌和压迫。这从现在中国经济的内向性可以看出来：房地产是没有外部掠夺性的，既赚不了日本、也赚不了美国的钱，而美国的飞机和日本的汽车却可以赚全世界的钱。这背后，根本上说就是"海基因"的缺失。中国的战争史中内战占了绝大部分，以汉族为正统的中国古代王朝，汉代以外几乎没有多少"对外开拓"的贡献，一个文武双全的孔子，被后人取掉宝剑，悄悄地进行了文化阉割。

假设明朝最小限度地利用一下绝对优势的全球制海权，也可以普及东方文化，顺便也可以为大明王朝输入源源不断的利益和世界最新的发展信息，那它就不会在唯我独尊的自大中沉沦，既不会败于已经没落的蒙古军队，更不会败于相对落后的少数民族女真人，而社会的富裕，也不会孕育李自成、张献忠农民起义。但历史是不能假设的。事实是，明朝的君王，只满足于对脚下的土地进行管理，甚至视海外华人如仇敌，把那些在海上开疆拓土的华人作为海盗，一个个都砍头了。

历史终于对这个昏庸的朝代进行了无情的惩罚：先是1449年，土木堡之战失败，然后是内部起义、社会动荡，最后是清军入关，明朝政权崩溃。

明朝本可以利用制海权，从农业时代进化到资本主义时代，它的舰队只需要再坚持几十年，就可以和西方的探险者相遇。但是，它不仅没有进化到更先进的社会形态，反而被社会形态更落后的游

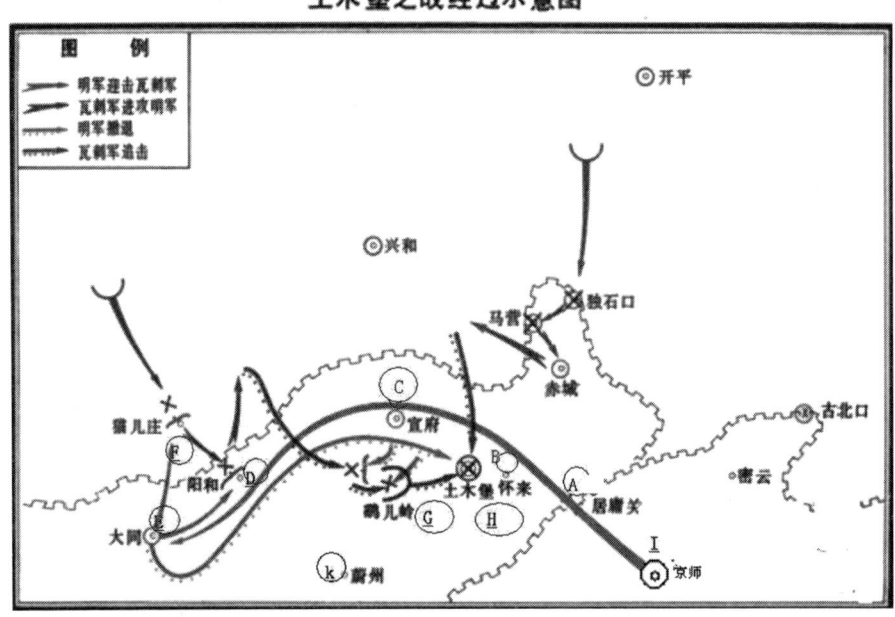

土木堡之战经过示意图

牧部落给取代了。

中华民族深重灾难的历史,就此翻开了悲惨的一页。可以说,几百年后的欧洲入侵、日本入侵,在明朝覆亡的废墟中已经埋下了伏笔。

而就在中国主动放弃了世界海洋大国竞赛权的同时,欧洲列强却已经开始走上一条全新的道路,那就是伴随着现代资本主义兴起和工业革命的发生,欧洲各国率先形成工业商业军事综合体,从而竞相展开地区和全球扩张。

1492年,郑和最后一次下西洋62年后,哥伦布的小船下海了。靠着资本主义工业体系对原料、市场和利润的贪婪,欧洲人开始了全球探险、全球抢劫。由于只有一海之隔,美洲大陆率先成为欧洲蹂躏

第一讲
明朝挽歌：错失"海权＋火器革命"时代，失去政权

的对象。西班牙、英国、法国相继涌入美洲，由英国移民开辟的殖民地，后来获得独立，逐步发展为今天世界上最强大的国家——美国。

而隐藏在其后的历史隐语，就是海权时代的到来。

在这个新时代，产生了空前广大的世界市场。那个时代，"谁能控制海洋，谁就能控制最多的市场；谁能控制最多的市场，谁才能得到最大的财富。有了财富，再培养国力，这就产生了一条由海而富，由富而强的新强国之路。"[1]

2006年5月11日在西班牙巴利亚多利德拍摄的哥伦布纪念碑雕像。

明朝本应该给中国后世留下一部波澜壮阔的海战史，应该给中国留下一系列的海战英雄，但是，都没有。它留下的是荒唐的屠杀中国"海盗"的故事。在西方，海盗被视为民族英雄，是国家利益的尖兵。但是，明朝把这些在海外拓展势力的中国人，花大力气抓住，全部处死。如果说郑和舰队还有点武功的话，也就是这些了。

英国给他们事实上的海盗船颁发劫掠许可证，《大国海盗》的作者雪珥说："那实际上就是海上民兵，是一国海上武装力量的重

---

[1] 王鼎杰：《当天朝遭遇帝国》，重庆：重庆大学出版社，2010年9月。

要组成部分。私掠船制度，是英国人的一大发明。这一发明的重要性，完全可以与蒸汽机的诞生相媲美。这台'海权'蒸汽机，第一次以国家的名义为'海盗'进行了正名，'海盗'行为不再是邪恶的，而是爱国的、高尚的。从此，'海盗'被制度性地纳入了英国海权的拓展之中，海盗、海商、海军的'三位一体'，令曾经羸弱、贫困得无法供养一支正规海军的大英帝国，迅速成为世界超级大国。"

英国军事家富勒在评述1588年英西海战时，动情地说："西班牙舰队的失败就好像一个耳语一样，把帝国的秘密送进了英国人的耳朵，那就是在一个商业的时代，赢得海洋要比赢得陆地更为有利。"之后，大英帝国以200多年持之以恒的海上进击战略，连续控制加拿大以及美国、澳大利亚、新西兰、印度、缅甸、马来西亚、新加坡、巴布亚新几内亚、也门、安曼、阿拉伯联合酋长国、卡塔尔，以及非洲的埃及、苏丹、黄金海岸（加纳）、乌干达、索马里、肯尼亚、尼亚萨兰（马拉维）、罗得西亚（赞比亚、津巴布韦）、贝专纳（博茨瓦纳）、南非、巴苏陀兰（莱索托）、斯威士兰，拉丁美洲一些小国，还有遍布各大洋的岛屿等。到1914年第一次世界大战前夕，英国殖民地面积已达3350万平方公里，相当于英国本土面积（30万平方公里）的100多倍，殖民地人口达39350万，相当于英国人口（4650万）的9倍，成为地跨五大洲的"日不落帝国"。

英国经济学家杰文斯无比自豪地说："北美和俄罗斯平原是我们的玉米地；芝加哥和敖德萨是我们的粮仓；加拿大和波罗的海是我们的林场；澳大利亚和西亚是我们的牧羊地，阿根廷和北美的西部草原有我们的牛群；秘鲁运来它的白银，南非和澳大利亚的黄金流到伦敦；印度人和中国人为我们种植茶叶，而我们的咖啡、甘蔗

第一讲
明朝挽歌：错失"海权 + 火器革命"时代，失去政权

和香料种植园遍及西印度群岛；西班牙和法国就是我们的葡萄园，地中海是我们的果园。我们洋洋得意、充满信心，极为愉快地注视着帝国的威风。"

我在给雪珥的《大国海盗》这本书做的序中这样说：反观中国，大宋只知道"送"，最后"惶恐滩头说惶恐"；大明昏昧不"明"，路过全球大帝国的桂冠而不取；大清方向不"清"，在演绎了游牧民族最后的辉煌之后，僧格林沁的蒙古骑兵，在北京八里桥被英法排枪猎杀。一部万马奔腾的历史，到此万籁俱寂！今天中国人感到马六甲海峡的狭窄了，感受到澳大利亚铁矿石的敲诈了；感受到海洋通道的不安全了，但是，你们感受到那些中国的海外开拓者，他们被自己国家的统治者冰冷的刀锋斩断头颅的痛楚了吗？

明朝放弃成为世界帝国的机会之后，海禁又成为清朝的国策，它不仅不去世界上开拓国家和民族的生存空间，对门前发生的外族屠杀华人也视而不见。1571年，西班牙人占领吕宋岛，这里原是中华商贩聚集之地，由于华人商贩增多，西班牙人心生疑惧，对华人时加凌虐。1603年（明万历三十一年），在吕宋岛，西班牙人竟然有计划地残忍屠杀了25000华商。之后的1639—1686（明崇祯十二年——清康熙二十五年），西班牙人又三次故伎重演，每次屠杀华人都不下万人。

荷兰人在南洋也曾大肆残害华人，1740年在爪哇，一次就屠杀上万华人。

到鸦片战争前夕，清朝水师的890余艘战船绝大部分的单艘排水量不超过10吨。而英国战舰的单艘排水量却大部分在千吨以上，最大的战舰可以达到5000吨的级别，有二至三层甲板，分别装备

有 70 到 120 门不等的火炮，发射 32 磅炮弹；舰首和舰尾装有可发射 56 和 68 磅实心弹的加农炮，或装有可发射爆炸弹的大口径加农炮。而清军的战船则往往只在船的首尾装有一两门炮，最重型战舰的装炮数也不过二三十门。鸦片战争中，福建水师最大的外海战船也不过装 8 门不到 2000 斤的火炮，而且炮位装在舱面，毫无掩护。

这就是社会形态落后、生产技术落后、战略思维落后导致的军队装备和军队形态的落后，最后导致战场失败、国民财富被大规模、长时间被洗劫，政府被推翻、王朝灭亡的因果链。

欧洲的崛起道路，又是一条伴随着黑火药革命所带来的全新的军事征服道路。

在陆战领域，1494 年，也就是明朝败给北方游牧民族的土木堡之变后 45 年，法王查理二世发起了里程碑性质的意大利远征。

查理麾下的步兵，依然依靠长矛与弓弩战斗，但他的攻城部队却已经以火炮为中心组织。正是这些火炮，赋予了法军横扫意大利城邦的威力。在蒙特圣乔瓦尼，曾经抗击了 7 年围攻的坚固城池，却在法军的炮击下 8 小时就被攻克了。[1]

查理远征的直接结果，是推动了现代筑城术的发展，作为其间接影响，更深远的变革则在于启动了战争模式由冷兵器向热兵器时代的转移。

我们一定要记住这一点：世界第一次军事革命——从冷兵器到热兵器的革命，发生在明朝时期的欧洲。

数十年后，变革的旗帜传到了西班牙人的手中。他们以火绳枪兵、

---

[1] 马克思·布特著，石祥译：《战争改变历史》，上海：上海科学技术文献出版社，2011 年 3 月。

第一讲

明朝挽歌：错失"海权＋火器革命"时代，失去政权

在 15 世纪末法国和西班牙的战争中，西班牙军事家贡萨洛·费尔南德斯·科尔多瓦发现，西班牙军队原先装备的用来对付摩尔人的长剑和圆盾在没有强力远程火力支援的情况下和瑞士长枪兵对抗是毫无胜算的，而随着火器的发展，中世纪古老的作战方式也已经过时，火绳枪的巨大威力今后必将大行其道，火力才是军队打击力的倍增器，因此必须对军队进行大力革新。

长矛兵、戟兵和剑盾兵混编为冷热兵器混用的"西班牙大方阵"。其中，火枪兵占 30%。

西班牙方阵的意义在于，它运用火器的强大威力和长枪兵左刺

贡萨洛发明了当时具有重大革命意义的后退装弹战术以弥补火绳枪射速的不足。他安排长矛组成防御阵型阻止对方骑兵的对己方火枪手的突击，同时他更加重视也擅长利用工事的作用，一有空就挖掘工事，控制后勤要点和掩护炮兵。担任进攻的则是骑兵，贡萨洛让骑兵丢掉弓箭，换上短火枪和长剑，只装备胸甲和头盔，这完成了轻重骑兵的结合，在当时是对骑兵的一次很前卫的改革。这在当时是史上第一支名副其实的火器化军队，也是西班牙方阵的前身。

决胜新空间
世界军事革命五百年启示录

战术将传统冷兵器时代军队送进了历史的垃圾堆，而其强调的绝对的纪律性也为近代军队的建立打下了基础。在16世纪的一段时期里，这种军事体制统治了整个欧洲战场。

这个方阵，从欧洲大陆到美洲殖民地，一度处于所向披靡的状态。直到16世纪后期，西班牙人的对手——荷兰起义军，在莫里斯亲王的代理下，接过了变革的旗帜，通过新军事改革，增强了作战队形的机动性，并加强了工兵的地位，战斗兵种则精简为火枪兵和长矛兵，二者各占50%。初步形成了以火器为中心的多兵种协同作战。

稍后，瑞典国王古斯塔夫则进一步增强了步、骑、炮兵之间的协同机动战能力。减轻了滑膛枪的重量，提高了其射击速率。

最后，在1688年，法国工程师沃邦发明的改良型刺刀终于彻底淘汰了长矛兵，完成了战斗步兵的全火器化。这是17世纪的事，1688年，现代步兵已经出现了——直到今天，世界各国军队步兵的典型装备还是带刺刀的步枪。

至18世纪拿破仑战争时代，在战斗步兵全火器化的基础上，进一步发展了作为突击兵器的机动野战炮，使火力对战斗的影响进一步加强。[1]

同时，在海战领域也发生了类似的巨大变革。传统海战主要依靠撞击战术和接舷跳舱战术，《三国演义》中的赤壁大战中就是这个场面。但是，从西班牙和葡萄牙的远洋扩张开始，舰载火炮的列装，宣告了全新的海战模式开启。这模式到无敌舰队覆灭，经西班牙的对手英国的改良，而进入一个更高层次的发展阶段。炮战成为影响

---

[1] [美]杜普伊著，严瑞池译：《武器和战争的演变》，北京：军事科学出版社，1985年6月。

海战胜负结果的决定性因素。[1] 这是 16 世纪的事情。

如果说决定冷兵器战斗胜负的是谋略、士气、格斗技术和数量优势，在新的热兵器时代，格斗技术将全面让位于火力。而数量优势一旦失去了基本的质量保障，也将大打折扣。

对明朝而言，非常遗憾，也非常尴尬的一点就是：作为火药的母国，明朝却在自动无意识地放弃了海权时代的同时，也整个错过了这场从冷兵器到热兵器的第一次军事革命。

这是世界军事现代化的起跑线。明朝时代的中国不仅在战略思维，在军事技术、社会形态等所有层面，都落在了欧洲后面。等待中华民族的，将是长达数百年的倾家荡产和家破人亡。

1514 年，欧洲火绳枪就传入中国，但并没有触动明朝军队。1543 年，一场意外的风暴，把一艘中国商船吹到了日本的种子岛。船上载有三位葡萄牙商人，就是这几个人，把欧洲火绳枪技术传入了日本。到 32 年后的 1575 年，织田、德川联军在对抗武田家族的战争中，已开始大规模使用火绳枪。1592 年，丰臣秀吉大举入侵朝鲜，日军强大的火绳枪兵给中朝联军留下了深刻印象。进入德川幕府时代后，日本虽然奉行锁国政策，但至少在 1635 年，有订单显示，在当时日本为数不多的出口商品中，竟还包含有 1 万多枚火绳枪弹。[2] 换言之，此时的日本，居然已经从技术进口国，变成了相关产品的出口国。

---

[1] [英] 安德鲁·兰伯特著，郑振清译：《风帆时代的海上战争》，上海：上海人民出版社，2005 年 12 月。
[2] [日] 陈舜臣：《日本人与中国人》，桂林：广西师范大学出版社，2016 年 10 月。

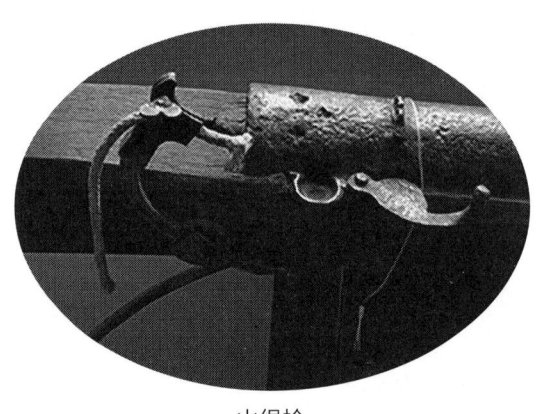

火绳枪

当然,明朝中国在火器变革层面并非全无成绩。其火绳枪兵虽然发展有限,但是,炮兵部队却得到了较好的发展。相反,日本的炮兵却一直发展缓慢。在著名的关原合战中,双方总计投入15万人、上万支火绳枪,但是火炮却只有三门。

伴随着清军的崛起,明朝在关外战场面临着日趋强大的国防压力。作为应对的一个方面,明军加大了从澳门引进西洋火炮的进程。以徐光启为代表的革新派人士,甚至准备系统性地翻译数千部西学著作,并大规模推动新军的编练。可惜,由于保守势力的坚决反对,和明朝的最终覆灭,导致了这一工程永远未能付诸实践。

但是,从西方引进的红夷大炮已经在关外的攻防作战中发挥了巨大威力。清军通过叛降的明军将领掌握了红夷大炮的全套技术后,使得红夷大炮又迅速成为清军攻夺明军坚固城寨的决定性武器。

清军入关后,火炮部队继续得到发展。尤其在康熙时,在传教士的帮助下,一批能够在山岳地带灵活机动的火炮被装备到一线,在平定三藩的战争中发挥了重大作用。

但是,由于统治者雄心的懈怠,不再有新的拓展的目标,因而整个军事体系都因为失去扩张的动力而松弛下来。到鸦片战争前夕,清军的火炮技术不仅没有发展,反而出现了巨大的倒退。无论是火炮的铸造,炮弹的性质,还是火炮的使用,不仅远远落后于同时期的西方,甚至远远落后于曾经的康熙时代。

由于冶炼技术的落后,清军火炮的铁质很差,铸造的炮身气孔、气泡多,很容易发生炸膛现象。据关天培称,1835年,他督放的虎门炮台的火炮,一次便炸裂六门火炮。后来又在佛山镇制造了59门新炮,在试放时就炸裂了10门,损坏3门。鸦片战争前夕,为加强虎门守备,清军赶造了8000斤、6000斤大炮40门,结果试射时炸裂8门,另有7门存在其他问题。炸裂的8门炮中,"有全行炸碎者,有炸去炮尾者,有炸成十余块者;有飞陷山腰者,有落沉海底者",两名士兵一死一伤。事后检验出问题的火炮,发现"碎铁渣滓多,膛内高低不平,更多孔眼",甚至还有一个可以贮四碗水的空洞![1]

清军的火炮多是固定炮位,缺少炮架,一些炮架又只能调整高低夹角而不能左右活转,从而极大地限制了清军火炮的射击范围和射击的灵活度。而且双方的炮架本身也存在很大的差异。英军的炮架制造坚固,转动灵活。而清军的炮架"笨滞艰涩",转动困难,又因大多用粗劣木料制成,开火后,木架震松,"既难取准,又不能再行施放。"

双方使用的炮弹也存在着巨大差异。英军使用的有实心弹、霰弹、爆破弹等多种炮弹,而一线清军基本上只有效能最差的实心弹一种。尤其是英军的球形空心爆炸弹最具威力,被清军称为开花炮弹,"多骇为神奇,不知如何制造。"可是,开花炮弹早在清初就传到了中国,"早在康熙二十九年铸成的'威远将军炮'上,即配置了概念相类

---

[1] 关天培等:《筹海初集》,哈尔滨:黑龙江教育出版社,2016年9月。

的炮弹，可惜其形制在中国罕见流传，连同其所匹配的'威远将军炮'一直都被尘封于武库之中。"[1] 这不能不说是一个惊人的倒退。

此外，就火炮的战术使用而言，清军的火炮多是固定的要塞防御炮，缺乏野战机动性。而且瞄准系统也出现大倒退的情况，还不如明末火炮先进。相反，鸦片战争爆发时的英军火炮不仅有完整的瞄准器具，而且有一流的炮手。整个鸦片战争期间，只有吴淞口的守军在实战中取得了较高的命中率。其原因除了指挥官的强化训练外，据英军战后巡视战场的记载，还有一个很重要的原因，是守军"在火炮的后膛套上一块铁皮，铁皮上装一个正方形的瞄准器，中间有一个可以看过去的孔；另外炮口也用同样的方法装一个瞄准器，上面有一个尖钉子。有些炮的中间部分装有一块凹形的竹片，以此为瞄准之用"。无奈炮弹的实际杀伤力有限，虽然多次准确命中敌舰，却始终无法对英军的舰船造成实质伤害。

至于普通步兵的差距也就更大。

首先，清军仍处于冷热兵器混用的阶段，而他的对手却已经实现了火枪与野战炮的全火器组合。

其次，比较双方的步兵火器则不难发现，二者存在着相当的质量差距。鸦片战争爆发时，清军的火绳枪射程约150米，射速为每分钟1到2发。而英军步兵的主流装备是博克式燧发滑膛枪，少数单位装备了布伦斯威克式击发枪。前者最大射程220米，发射速度为每分钟2到3发。后者最大射程330米，发射速度为每分钟3到4发。[2]

---

[1] 黄一农：《红夷大炮与明清战争》。
[2] 皮明勇：《清代兵器研制管理制度与军事技术发展的缓滞》。

第一讲

明朝挽歌：错失"海权＋火器革命"时代，失去政权

最后，清军的火枪和火炮一样，都没有定期更换的制度，有的鸟枪竟然已经使用了166年。[1]

更有甚者，鸦片战争期间，一些清朝的地方官员已经发现，明朝遗留下来的古董大炮，在经过修复后，居然比清朝新铸造的火炮还有战斗力！而这些官员不以为耻、反以为荣，还以此向道光皇帝邀功。而道光居然在批复中夸奖这些官员办事得力，而根本没有深入思考，何以二百年前的武器反而胜过了最新生产的武器！

英军战舰

清朝水师

当英国的军舰于1840年8月突入渤海湾时，天津城兵仅800余人，去掉看管仓库、监狱、城池及各项差事者外，机动兵力仅约600人。大沽口的守军仅数十人。北塘守军不足600人。山海关守军仅配备刀矛弓箭，没有火炮，只有将废弃两个世纪的明朝旧炮修理后，临时使用。甚至想找到一些熟悉水性，能够出海巡防的士兵都非常困难。以至于在当时的官方文件中，留下了"陆路弁兵多系不习风涛，入船即晕"的记载。中国军队对火器的隔膜是惊人的，

---

[1] 茅海建：《天朝的崩溃》，北京：生活·读书·新知三联书店，2014年10月。

决胜新空间
世界军事革命五百年启示录

"大英帝国的荣耀"

清朝军人

对海洋的陌生同样是惊人的。[1]

清军,已经成了一支彻底落伍的军队。

今天回头看去,作为游牧民族的女真人的崛起,纯属一个历史的偶然。

当时世界已经进入海权时代,欧洲大部分国家因为发现广袤、富饶的美洲,却还无法对东方展开实质性的远征。女真人就趁这个机会,利用游牧民族对农耕民族的传统机动优势,在欧亚大陆东部,创造了游牧民族最后的辉煌。

在中国的另一边,是乘风破浪。西方用非常简陋、落后的小船,开始了地理大发现,先是葡萄牙,后是西班牙、荷兰,然后是英国,世界进入了海权时代。这些欧洲国家,因为顺应时代大潮,相继崛起,英国还建立了世界幅员最辽阔的日不落帝国。

---

[1] 王鼎杰:《当天朝遭遇的帝国》,重庆:重庆大学出版社,2010年9月。

第一讲

明朝挽歌：错失"海权+火器革命"时代，失去政权

清朝统治的268年，也就成了中国历史倒退的268年。也是西方比中国领先的268年。

尽管在明末清初，中国军队曾经得到过一次与国际接轨

清朝军人

的机会，可惜，最终还是未能形成全面的军备变革。

靠着马蹄子，清朝在陆地上的张力，只到达了新疆，再也无力越过中亚，和欧洲发生地面碰撞。因此，也无从整体性感觉西方欧洲的工业进步。我们不妨设想一下，如果拿破仑的军队和清朝的军队打一仗，清朝一定会发现自己在军事装备方面的落后程度有多严重。但是，沉湎于"康乾盛世"的八旗子弟，没有谁关心自己疆域以外的事，欧洲的战争，已经发展到步炮结合的近代化程度，拿破仑入侵莫斯科的隆隆炮声，也没有传到紫禁城。

1821年，拿破仑死于圣赫勒拿岛。20年后，英国人的舰队开到了中国虎门之外。

海权与火器的结合，使欧洲拥有了征服世界的力量。借助于并不是非常高科技的风能，和非常高端且明确的国家战略规划，大英帝国利用木质风帆舰队获得了全球扩张的战略机动能力。而火器，使前述机动能力又叠加了强大的摧毁力，最终形成了现代制海权。

靠着这两大变革，英国在世界上如入无人之境。鸦片战争中的英国远征军最初只有七千余人，后来多次增兵，最多时也不过两万余人。

21

决胜新空间
世界军事革命五百年启示录

交通工具的发明使人们有了超越自然的自信

清朝徒有百万大军,却束手无策。因为清朝的水师无法实现海上机动;清朝的步兵和骑兵,也抵挡不住欧洲人的大炮和排枪。

中国军事防线从海到陆节节败退,从1840年的虎门一直退到了1900年的北京。

中国近代史开始于1840年,世界近代史开始于1500年,晚了340年。这个时间,就是中国落后世界的时间。

历史已经一再证明,战争的胜负虽然直接表现于战场上,但却决定于平时军事发展的竞争中。在以新军事变革为核心的角逐中,落在后面的国家和军队实际上就是未来战争的被淘汰者。盛行于西方政治中的丛林法则体现的主要领域就是军事。

国家富裕不等于国家强大。史前的希腊城邦斯巴达不仅远比雅典经济落后,文明程度更与之相差甚远,但是斯巴达的军事大大强于文学、哲学辉煌的雅典,结果,"雅典明灯"在"斯巴达石头"上被撞得粉碎。近代中国因为错过社会变革的良机,被长久挤出世界政治和军事舞台。李鸿章叹息说:"洋人论势不论理。"什么势?

第一讲

明朝挽歌：错失"海权＋火器革命"时代，失去政权

清军的装备

就是军事的势。强大就是公理，实力就是尊严。新中国强盛的军事面貌让饱受列强欺凌了100多年的整个中华民族扬眉吐气神采奕奕。今天中国如何把握世界新军事变革提供的巨大历史机遇，适时推进中国特色军事变革，对于巩固改革开放的已有成果和推动和平发展，格外重要。

于是，军事变革也就成了一场没有硝烟的、和平时期的"世界大战"。也就成了一个国家必须"前知"的死生之地、存亡之道。

在技术内因的强劲推动下，人类不断发生着生产方式的变革。与之相伴的世界性军事形态，也同步体现为从冷兵器到热兵器再到机械化、信息化。而每一次军事变革的开始和完成，都是以一次或几次新型军队对旧式军队的毁灭性打击为"开幕"或"闭幕"的，鸦片战争、第二次世界大战、海湾战争等标志性的战争无不如此。每一次重大军事变革，都让人们对当时世界疾风骤雨般的"鞭挞"而感到惊心动魄。中国近现代军事变革史，就是最好的注脚。

第二讲

晚清坐失蒸汽机工业时代的军事转型机遇

——欧洲以铁路、火炮开辟新陆地空间,将中华民族挤压到亡国灭种境地

第二讲
晚清坐失蒸汽机工业时代的军事转型机遇

前一讲说到,明清两朝中国在世界军事领域的落后,是海权时代和黑火药革命双重落伍的结果。这直接决定了两次鸦片战争清军的惨败。

于是清王朝开始"师夷长技以制夷",史称"洋务运动"。

应该说清朝的反应还是很快的,决心也很大。不仅在短期内引进了大量西式枪炮,并予以仿制,而且还尝试着建造现代化的造船厂和其他军工厂,并不惜重金,从德国购买了两艘当时东亚最先进、最重型的铁甲舰——"定远"和"镇远"号,一度使清朝海军总实力位居世界第七,东亚第一。

清军在德国订购的大口径舰炮,在当时是十分先进的。

清朝还派出海军留学生到英国学习,似乎一时很有些"中兴"的气象了。

但是,清朝的高官们只看到了武器,而没有看到武器背后的现代战略思维;只看到了海防,却没有领悟现代海权的进攻性和征服价值。清朝统治者对买来的舰队赋予的使命，是就地挡住以后再来的外国军舰，根本没有一个整体的联合舰队概念。所以，那些舰队放在东海的叫北洋水师，放在南海的叫南洋水师，而不叫中国海军或大清海军。

这是典型的陆军守关思维。清朝的所谓"水师"，从本质上说只是水上陆军。

我曾在一场学术演讲中说，中国600年来没有人懂海军，特别是清朝。海军从一诞生，其使命就是两个：一是平时为本国的贸易商船护航保驾，保护本国海外商业利益，如中国1840年烧了英国商人的鸦片，其海军舰队就开过来进攻打虎门，逼迫清政府割地赔款；战时，海军的使命就是把敌国的海军消灭在港口里，把敌国的军队堵在其本土上不能出海，或将其消灭在公海上，使之不能威胁本国。

1586年，英国和西班牙发生冲突，双方剑拔弩张，国家间战争一触即发。海盗出身的英国海军将领德雷克深知海军的特性，抢先率领一支由25艘船组成的强大舰队，进攻和掠夺了海地岛以及加勒比海西岸的一些港口城市，然后沿西班牙海岸一路扫荡，到达加的斯时就已击沉和俘获了36艘西班牙补给船，其中包括一些千吨级大船。这一进攻破袭行动大大破坏了西班牙海军统帅克鲁兹的战争准备工作。

接着，德雷克又对西班牙最重要的港口加的斯发动了一次最为大胆的进攻，他率4艘军舰闯入加的斯港内，击毁和烧毁了33艘西班牙船。按德雷克本人的说法是："我想烧一烧西班牙国王的大胡子。"

西、葡两国的关系非常亲密，还曾一度合并为一个国家。返回英国途中，德雷克又闯入葡萄牙海岸。1587年5月15日，他袭击了里斯本外的船舶锚地，使千百只船只相撞、触礁或搁浅。

第二讲
晚清坐失蒸汽机工业时代的军事转型机遇

其后，德雷克的舰队继续南下，攻占了圣维森特角上的要塞，在这一带给西班牙渔船和货船造成重大损失，并毁坏了许多造船的材料。

在返回英国母港时，德雷克海盗本性不改，顺路还打劫了菲利普国王私人的东印度公司运宝船"圣菲利普"号，船上竟有11万镑的金钱和许多商业秘密档案。等回到普利茅斯时，他给西班牙造成的损失，已经把迫在眉睫的战争足足推迟了一年。

一年后西班牙战争准备就绪。德雷克又请求女王先发制人，把西班牙舰队堵截在其港口里。但女王很犹豫，认为自己的海军舰船的吨位和数量、火炮的口径都不如西班牙，不想主动挑起战争。但德雷克非常清楚自己舰队的优势：船小，速度快，火炮射击速度也快，可以机动灵活地战胜笨重、庞大的对手。直到1588年5月20日，由10个支队，130条船舰组成的西班牙"无敌舰队"从里斯本起航，女王才不得不批准德雷克率舰队出海。德雷克在远离本土的公海上一举消灭无敌舰队，英国躲过一次战争浩劫。

直到300多年以后的第二次世界大战，英国还保持着这一海军作战的传统：它的海军像一个凶悍的看守一样，牢牢地把德国海军围困在德国的港口里，不能为横扫欧洲大陆的德国陆军和空军提供后勤运输，致使德国陆军在苏联战场上成为强弩之末。而英国自己的商船却源源不断地把战略物资运进运出，德国能做的只有用潜艇去袭扰英国的海上运输线。

在战术上，英国海军也把这一传统发挥得淋漓尽致：1940年英国出动航空母舰，以数量极少的舰载飞机，对驻泊塔兰托港的意大利舰队进行夜间突袭，使意大利舰队蒙受重大损失，瞬间失去地中海的制海权。

先敌打击的传统与时俱进,英国把飞机当成了飞行的军舰。

本来就把欧洲海军传统学得惟妙惟肖的日本海军,在甲午战争、日俄战争两次尝到偷袭和把对手围在港口打击的甜头后,再一次学到真传,1941年12月7日,如法炮制,制造了珍珠港事件。

直到1982年,英国还坚守着这一海军的古老传统:远程奔袭,打敌老营。

海军远程进攻的这"一战"略原则,后来被一些军事思想先进的国家应用到空军战术上。1967年6月5日,第3次中东战争爆发。以色列突然发起闪电大空袭,顷刻间将埃及空军作战飞机的80%、约旦空军作战飞机的50%、叙利亚空军作战飞机的30%击毁于地面,战争第一天就彻底掌握了制空权。然后,以空军立即转为支持地面部队进攻、压制敌方炮火、攻击敌方装甲部队、摧毁敌方防御工事,使现代空中力量的突击能力和机动能力得到充分发挥。6天内,以军连占加沙地带、西奈半岛、约旦河西岸和戈兰高地等6.5万平方公里的土地。

这次被世界称为"沙漠中的珍珠港事件"的空中突袭行动,是"二战"后最成功、战果最大的一次军事事件。以色列空军把夺取制空权和用于支持地面军队作战的时机把握得恰到好处,使空中力量的价值得到最大体现,被称为正确使用空军的典范。英国中东问题著名评论家理查德·艾伦说:"这种惊人、迅速而彻底的胜利,在严格的意义上已是一种闪电战了。历史上第一次发明这一名词的德国人并没有成功,而以色列人做到了。"

这是以色列人正确把握现代空军属性创造的战争奇迹。

海军和空军的战略属性一样,都具有大区域、快速机动性,因

第二讲
晚清坐失蒸汽机工业时代的军事转型机遇

此有着强大的战斗动能，天然适合远程进攻、以点打面。用于进攻则长袖善舞，用于防御则捉襟见肘，防不胜防。

相比而言，陆军则是攻防兼备型的。

假如19世纪中叶的清朝北洋水师，有人了解英国和西班牙的海战历史，那么北洋水师也许不会在自己的港口附近，被实力弱于自己的日本海军击败。不仅如此，北洋水师还有不止一次的机会，把日本海军扼杀在摇篮里！

北洋舰队1886年第一次访日。当年7月，李鸿章接到袁世凯报告，说朝鲜有人谋划联俄防英，而俄国正觊觎朝鲜元山口外的永兴湾。朝鲜一向是清朝的被保护国，清政府深知，一旦朝鲜落入它国必将危及自身安全，于是命令丁汝昌率领北洋舰队前往朝鲜的永兴湾一带巡防。北洋水师提督丁汝昌、总教习英国人琅威理接到命令后立即率"定远""镇远""济远""威远""超勇""扬威"6艘军舰前往朝鲜东海岸海面操演。之后，由于海上长途航行需要上油、修理，于是"定远""镇远""济远""威远"4艘军舰奉李鸿章之命在丁汝昌的率领下前往日本长崎进行大修，留下其余两舰在海参崴待命。8月9日，北洋舰队到达长崎，长崎人对欧美军舰早已司空见惯，但来自中国的铁甲巨舰却还是首次目睹，因此码头上挤满了看热闹的人群。

没有想到的是，北洋水师的水兵却和当地的日本民众发生了冲突，接着是更大规模的"有预谋、有组织"的袭击，日本拳师领着流氓手持刀棍故意拥挤挑衅。双方大打出手，数百名早有准备的日本警察将街道两头堵死，将手无寸铁的中国水兵隔离在各个街区，随即大肆挥刀砍杀。长崎市民从楼上往下浇沸水、掷石块，有人手拿刀棍参与混战。中国水兵猝不及防，寡不敌众，又无法互相呼应，结果吃了大亏，被打死5人，重伤6人，轻伤38人，失踪5人。

　　事件发生后，北洋水师群情激奋。有记载说，"定远""镇远""济远""威远"4舰迅速进入临战状态，褪去炮衣，将炮口对准了长崎市区。总教习琅威理甚至主张对日开战："即日行动，置日本海军于不振之地。"当时日本海军才刚刚起步，绝非中国海军的对手。

　　可是丁汝昌却没有下令，致使把日本海军"扼杀在摇篮中"的机会失去。李鸿章在得知"长崎事件"后，只是愤怒地召见了日本驻天津领事波多野，不无威胁地说："如今开启战端，并非难事。我兵船泊于贵国，舰体、枪炮坚不可摧，随时可以投入战斗。""定远""镇远"属同级舰，由德国伏尔铿造船厂制造，在西方又被称为"萨克森"改进型铁甲舰，排水量7000吨。在当时海军中的地位类似今人眼中的航空母舰，堪称"亚洲第一巨舰"。

　　驻日公使徐承祖11月24日致电李鸿章，要求断交撤使。此时中法战争刚刚结束不久，清廷不愿再度卷入战争的漩涡，故而断绝邦交方案未能实施。1887年2月，双方签订协议，就各自的死伤者互给抚恤，日本赔付中国52500元，中国赔付日本15500元，长崎医院的医疗救护费2700元由日方支付。在日本人看来，外国水兵喝醉了酒来本国滋事，最后竟然要本国赔款，这种愤恨和受辱感，自然很容易便被煽动起来。"中国威胁论"成为日本主流民意，"大力发展海军"成为日本国内共识，"一定要打败'定远'"也成为日本海军的目标和口号。就连日本的小孩当时最流行的游戏，也是分成两组，一组扮成中国舰队，另一组扮成日本舰队，捕捉"定远""镇远"。

　　长崎事件结束后一个月后，天皇下令从内库拨款30万元作为海防补助费，揭开了"海防献金运动"的序幕。经过新闻报刊媒介的

第二讲
晚清坐失蒸汽机工业时代的军事转型机遇

大肆渲染，日本国内很快就掀起了一个捐出"海防献金"的高潮。至9月底捐款数就达到103.8万元，这些资金全被用作扩充海军军备。1888年和1890年日本又提出第七次和第八次海军扩张案，这两次扩张案共购买或建造了4艘军舰。其中"吉野"号购自英国，是当时世界上航速最快的巡洋舰。

1891年5月到6月间，北洋海军进行了成军后第一次校阅，其场面极为宏大，艨艟云集，舳舻相接，声势显赫，颇令李鸿章陶醉。校阅刚刚结束，日本政府即邀请北洋海军访日，本来，以近海防御为战略目标的中国海军不需要铁甲舰，李鸿章就是为了震慑日本才力主购买"定远""镇远"二舰，这一邀请正中李鸿章借以显示海军实力的下怀。

6月26日，丁汝昌率北洋舰队的精华——"定远""镇远""致远""靖远""经远""来远"6舰编队从威海卫出发起程正式访问日本。7月5日下午3时抵达横滨港，"定远"舰鸣21响礼炮向日本海军致礼，日本海军方面负责接待的"高千穗"舰也鸣21响礼炮作答，当时停泊于港中的英、美军舰皆鸣13响礼炮向北洋舰队致敬，一时间礼炮轰鸣，此起彼伏。

7月8日《东京朝日新闻》以"清国水兵现象"为题报道了观看北洋舰队的感受："以前来的时候，甲板上放着关羽的像，乱七八糟的供香，其味难闻之极。甲板上散乱着吃剩的食物，水兵语言不整，不绝于耳。而今，不整齐的现象已荡然全无；关羽的像已撤去，烧香的味道也无影无踪，军纪大为改观。水兵的体格也一望而知其强壮武勇。"

7月16日，丁汝昌在泊于横滨港内的"定远"旗舰上举行招待会，邀请了包括国会议员和记者在内的日本各界人士出席。登上"定远"参观的日法制局长官尾崎三郎后来回忆，"定远"号舱内非常干净，不亚于欧洲军舰。他还记叙道："同行观舰者数人在回京火车途中谈论，谓中国毕竟已成大国，竟已装备如此优势之舰队，定将雄飞东洋海面。反观我国，仅有三四艘三四千吨级之巡洋舰，无法与彼相比。同行观舰者皆卷舌而惊恐不安。"日本舆论也大力渲染日本国内"对强大的中国的舰队的威力感到恐怖"的社会心态，如著名思想家福泽谕吉在《时事新报》上感叹道："舰体巨大、机器完备、士兵熟练，值得一观之处颇多。"

相比 5 年前在长崎的远观，这一次与"定远"从内到外的"亲密接触"让日本人深感羞愧，深受刺激的日本随之掀起了超常加速扩充其海军军备的高潮。就在日本天皇接见北洋海军军官的前一天，日本内阁提出了 5860 万元的海军支出方案，获得了国会的通过。1892 年，内阁又公布了建造 10 万吨军舰的计划，该计划在天皇的裁决下很快得以落实。1893 年日本天皇又发布敕谕：决定在此后 6 年每年再从自己的私房钱中拨出 30 万日元，并从文武官员的薪金中抽出 1/10 作为造舰费缴纳国库。到这一年，知耻后勇的日本海军已有各种军舰 55 艘，弹药储备超出了一次对华战争可能消耗掉的数量，迅速发展成为一支可与北洋水师相抗衡的海军力量。

访日期间，北洋舰队的军官也注意到了日本海军的高速发展，危机感油然而生。右翼总兵刘步蟾向丁汝昌力陈海军战斗力逊于日本，添船换炮刻不容缓。丁汝昌也上条陈，认为北洋舰队有些舰艇已经老化，机器运转不灵，舰队在航速和射速上已经落后于日本，请求增购舰船。然而，在日本风光一时的北洋舰队出访归来却迎来

第二讲
晚清坐失蒸汽机工业时代的军事转型机遇

了当头一棒,户部以经费短缺为由压缩海军经费,两年内禁止北洋水师购买外洋枪炮、船只和机械,连补充装备的费用都不拨给。一方面一流舰队停滞不前,一方面二流舰队高速赶超,中日两国海军的差距迅速被拉平。连一直对北洋海军引以为傲的李鸿章都丧失了自信,在他看来,北洋水师勉强可以自守,战于境外,就算遇上日本,也难有胜算。悲剧的是,甲午之战,北洋海军没有败在海上,却全军覆没于港口,比李鸿章估计的最坏情况都要坏。

李鸿章办海军的目的,就是要威慑日本,然后继续维护本国的稳定和"洋务主义"的大局。

而美国就不是。1853年,美国黑船驶入日本,直接送给日本一面白旗:你要么来战,要么来降。

近代日本的崛起史是"一部民族主义的胜利史"。日本的近代体验及其觉醒与中国有着密切的关系。鸦片战争以后中国悲惨的命运成为日本的一面镜子。通过中国的灾难,日本清醒地认识到现代资本主义弱肉强食的性质,义无反顾地走上了军国主义侵略道路,最为典型的例证就是日本发展海军和使用海军的决心。它购买军舰不仅仅是为了保卫自己不被入侵,而是为了消灭国家的敌人,掠夺别人,强大自己。

沿着这样的道路,朝着称霸太平洋的目标一直走,结果和新型的霸主美国撞在一起。日本是一辆"轿车",美国是一辆"卡车",结果日本被撞翻了。

尽管如此,它在对现代军事发展趋势的把握上还是值得借鉴的。而美国更是直到今天,还是各国的军事导师。不幸的是,很多人只看到了美国的武器。其实那些武器,都是美国全球进攻性军事战略思想的产物。

历史不能假设,但我依然忍不住思考:清朝既然不想使用这些专门用于远洋进攻的铁甲舰消除国家隐患,为什么又要耗费巨资购买这些昂贵的武器?如果只是为了捍卫本土不被再次入侵,清朝完全有另外的选择——因为就在他们忙于花费重金购买铁甲舰的时候,新的巨大的技术和军事变革已经产生,这就是铁路所带来的陆权复兴!

从古至今,军队战斗力的核心就是机动力。这就是骑兵战胜步兵的道理,也是蒙古军队以少量兵力征服世界的奥秘。海权也好,陆权也好,核心都是机动力。"二战"时的机械化战争,机动力仍然是核心,代表兵器是飞机、航空母舰和坦克。当然,这个机动力同时也都和火力相结合。而铁路的发明,在19世纪提供了全新的陆战机动力。

1803年,英国人理查德·特里维西克制造了人类历史上的第一台蒸汽机车。1825年,英国人乔治·史蒂芬森设计的"旅行"号通车,与之相伴的就是人类历史上第一条正式运营的铁路——斯托克顿至达林顿铁路。乔治·史蒂芬森也因之被公认为"蒸汽机车之父"。

就在清政府忙于镇压太平天国的同时,太平洋的另一端爆发了美国内战。铁路的战略价值在后一场内战中得到了全面证明。

1819年8月25日,英国著名发明家、高效率瓦特蒸汽机发明者瓦特逝世,享年83岁。这是曼彻斯特市中心皮卡迪利公园内的瓦特塑像。

第二讲
晚清坐失蒸汽机工业时代的军事转型机遇

1850年,普鲁士和奥地利之间发生了冲突,奥军将75000人的大军从匈牙利和维也纳利用铁路输送到波希米亚,迫使普军在阿尔木兹投降。9年后,普鲁士的另一个潜在威胁法国也采取了大胆行动,在1859年的意大利战争中,法军利用铁路,于3个月内向前线输送了604381名士兵和129227匹马。其中12万人只用11天便到达战场,以往则要两个月。

但是,最终将铁路进行战略性运用的国家却恰恰是普鲁士。在以老毛奇为代表的德国参谋总部军官团的努力下,地处中欧的普鲁士通过建设战略性的铁路网,获得了极大的内线机动性,并最终通过普奥、普法战争的胜利,奠定了德意志的统一基石。

于是,以铁路的出现和战略性运用为标志,一个新的军事时代来临了。由于铁路不能修到海上,所以大陆性国家从中得到的好处超过了海洋性国家。同样由于铁路赋予的高机动性,使得军队能够

装甲列车是伴随着第一次工业革命中铁路交通的勃兴而出现的陆地武器系统,这种集机动力、防护力和强大火力于一身的战争机器曾在19世纪末至20世纪初风靡一时,各军事强国均有装备,并被广泛运用于世界各地的战场上。

六倍于拿破仑时代的进军速度前进,前者则使得指挥中枢可以及时掌握前方的战局变化。这一点对于空间广阔的陆地大国,尤其是拥有漫长海岸线的陆地大国影响尤其深远。

对于清政府而言,这不能不说是一个福音。可惜,这个福音却根本没有受到应有的重视。长期的闭关锁国,清朝几乎已没有会思想的人。庙堂之上,多是追名逐利之徒,民间下层虽有睿智之士,但人微言轻难达天听,更难被官僚衙门认可采纳。因此,一个4亿人口的大国,真正能够看到世界军事大势巨变的,凤毛麟角。

清朝的第一条铁路是英国商人修建的,时间是1865年。一个为了揽生意的英国商人杜兰德,在北京宣武门外铺了一条约0.5公里长的展览铁路,作起了实物广告。用今天的眼光看,这次宣传真是太成功了。因为那火车的轰鸣,搅动的是整个北京城的神经。只不过,达到的效果和预期是相反的。轰动过后,火车成了怪物。群情惊骇之下,这条短命的铁路也被步军统领衙门勒令拆毁了事。

第二条铁道出现在江南,由吴淞口到上海。时间是1876年,修建者是英国的怡和洋行。铁路全长14.5公里,机车仅重15吨,牵引小型客车,时速24—33公里。目的很明确:商用赢利。

对此,清朝的反应是绝对不能接受。结果,由总理衙门与英商交涉,以28.5万两银子买下,然后将铁轨、火车,一律拆毁。拆毁之后,还不是封存入库,而是计划用轮船载到台湾,直接沉入大海。

而清朝直到1877年,才开始修建它的第一条铁路线:唐山-胥各庄铁路。其目的,正如李鸿章的重要幕僚唐廷枢指出的那样,在于"使开平之煤大行,以夺洋商之利"。但是,由于保守派的反对——理由是噪音太大,损伤地脉,当这条9.7公里长的铁路终于在

第二讲
晚清坐失蒸汽机工业时代的军事转型机遇

1881年竣工时，却不能使用蒸汽机车，而只能"以骡马拉煤车"，搞起了马拉铁路的闹剧，跟电影《让子弹飞》的场景一样。而洋人的蒸汽船却源源不断地把外国煤炭销售到中国的沿海城市！

军人出身的刘铭传看到了铁路的战略价值。他于1880年指出："铁路之利，于漕务、赈务、商务、矿务、厘捐、行旅者，不可殚述，而于用兵尤不可缓。……惟铁路一开，则东西南北呼吸相通，视敌所趋，相机策应，虽万里之遥，数日可至；百万之众，一呼而集。且兵合则强，分则弱。以中国十八省计之，兵非不多，饷非不足，然此疆彼界，各具一心，遇有兵端，自顾不暇，征饷调兵，无力承应。若铁路告成，则声势联络，血脉贯通，裁兵节饷，并成劲旅，防边防海，转运枪炮，朝发夕至，驻防之兵即可为游击之旅，十八省合为一气，一兵可抵十数兵之用。将来兵权饷权，俱在朝廷，内重外轻，不为疆臣所牵制矣。"

李鸿章到这个时候，也略有所悟："从来兵合则强，兵分则弱。中国边防、海防各万余里。若处处设备，非特无此饷力，亦且无此办法。苟有铁路以利师行，则虽滇黔甘陇之远，不过十日可达。十八省防守之旅，皆可为游击之师。将来裁兵节饷，并成劲旅，一呼可集。声势联络，一兵能抵十兵之用。""处今日各国皆有铁路之时，而中国独无，譬如居中古而摒弃舟车，其动辄后于人，必矣！"

可惜，刘铭传的呼吁，李鸿章的分析，最终却敌不过满朝公卿保护风水的固执己见。

当中法战争爆发之后，清军的陆上机动力居然依旧停滞在鸦片战争时期的水平上。当时法国人曾算过这样一笔账，如果分别以西贡和中国广东作为双方的前出基地，同时运军队和物资至谅山一线，法军只需 40 天，清军却要 4 个月！

中法战争，中国不败而败，法国不胜而胜，这又一次刺激了清王朝，终于促使清廷高层对铁路建设的态度发生了转变——但是，这所谓转变，只是从中法战争结束到甲午战争爆发，10 年间修建了约 400 公里的铁路！

而就在中国磨磨蹭蹭、踌躇不前的时候，日本却深刻把握住了时代的命脉，大步向前。双方的军事差距急剧拉大。

早在德川幕府末期，日本民间学者佐藤信渊（1769—1850）便在《宇内混同秘策》中明确指出：万国混同"必自弱而易取始，当今世界万国中，我日本最易攻取之地，无有过于中国之满洲者。何则？满洲之地与我日本之山阴、北陆、奥羽、松前等处，隔一衣带水，遥遥相对，距离不过八百里，其势之易于扰，可知也。故我帝国，何时方能征讨满洲，取得其地，虽未可知，然其地之终必为我有，则无疑也。夫岂得满洲已哉，支那全国之衰微，亦由斯而始，既取得鞑靼，则朝鲜、支那皆次第可图也。"

此后，吉田松阴（1830—1859）更进一步建议，加紧扩充武备，"舰粗具，炮略足"，就应先开垦北海道，然后征服琉球，继而"北割满洲之地，南收台湾、吕宋诸岛，渐示进取之势"。

日后明治政府正是按照这个规划，步步为营地前进。

1874 年，日本以台湾生番杀害日本人（实则被杀者为琉球漂流民）为由出兵侵略台湾。日军由于有蒸汽动力的轮船运兵，其远征军 5 月 2 日离开长崎，5 月 8 日登陆台湾，仅一周就完成进军过程。而清军从徐州地区调派的增援部队，却要先陆路前往瓜州古渡口，再换乘轮船前往台湾。由于没有铁路运兵，故而行动缓慢。从瓜州到台湾的水程虽然路程远，但因为有轮船运兵所以只用了13天的时间。而从徐州到瓜州的陆路距离虽然短，却因为没有铁路反而花了14天的时间。而此时日军早已完成对番社的军事清剿活动，并占据了有利地形。这一军事部署的落差直接导致了清廷外交处理的被动。

1875年至1879年，清廷和俄国又发生边境冲突。从新疆到东北，全线告警。就在清廷焦头烂额应对的同时，日本又利用这个机会，逐步加强对"琉球"的侵略，最终单方面宣布将中国的属国"琉球"纳入其废藩置县的内政改革范畴之内，不动声色地实现了全面吞并，从而控制了第一岛链上的关键据点冲绳，造成了日后中国在太平洋方向海权发展的百年障碍。

1884年，日本又利用中法冲突的机会，趁机在朝鲜策动政变，企图夺取对朝鲜的控制权。由于当时双方海军实力接近，清军还占了地利，可以直接用轮船把直隶地区的部队海运到朝鲜，从而侥幸阻止了日军的侵略。此次行动失败后，一些日本主战派人士不免慌了神，毕竟中国大、日本小，他们非常害怕拖得越久，中国越强，所以力主抢在中法战争结束前对华开战，以收两线夹攻之效。但是，伊藤博文却看出清朝改革力度有限，并指出此时日本尚未做好开战准备，如贸然出兵只能是帮法国火中取栗。伊藤博文甚至辛辣地指出："中国以诗文取文，以弓马取武，所取非所用，稍微变更，则言官肆口参之。虽此时外面于水陆各军，俱似整顿，以我看来，皆是空言。现当法事甫定之后，似乎奋发有为，一二年后，则又因循苟安。诚如西洋人所说，中国又睡觉矣。"倘此时日本侵华，反而"是催其速强"。"若平静一二年，言官必以更变为言，谋国者又不敢举行矣。即中国执权大臣，腹中经济，只有前数千年之书，据为治国要典。

此时只宜与之和好，我国速节冗费，多建铁路，赶添海军。今年我国钞票已与银钱一样通行，三五年后，我国官商皆可充裕，彼时看中国情形再行办理。……惟现时则不可妄动。"

总之，伊藤博文主张暂时忍耐，加大内部改革力度，并明确提出了"速节冗费，多建铁路，赶添海军"的施政要领。这个结论得到了日本决策层的认可。而随后的历史发展，宛如给伊藤的宏论作一个精确的注脚。

面对日本的步步紧逼，清朝的根本之图当然在于深化内部改革。但在内部改革难以立即推行的情况下，退而求其次的选择，就是利用中国海军还处于优势的时候，对日本进行先发制人的打击。可是，当时的清王朝却只是一味消极防御，从来没有想过主动还击，就更不要说主动出击了。

在被历史遗忘的角落里，我们看到了一个不同寻常的小人物，还有着这种战略思维。这个小人物的名字叫姚文栋。

甲午战争前11年的1883年，清政府出使日本，公使黎昌庶的随员中有一位直隶试用通判姚文栋。他将日本陆军省出版的《兵要日本地理小志》一书译为汉文，希望"印给外海水师各营"。

这部《兵要日本地理小志》作者为时任职于日本陆军参谋局的汉学家、史学家中根淑（1839—1913）。此书专讲

《兵要日本地理小志》

第二讲
晚清坐失蒸汽机工业时代的军事转型机遇

日本山川险要、地理、气候、人情、风俗、政治、历史、物产、户口以及战史、战场等，是日本国第一部军事地理志。这部《兵要日本地理小志》在序中明确指出："此书本为陆军军人课本，而今为小学课本。""今也兵农一途，举海内皆兵。小学生徒能读此书，详山势水脉险夷广狭，则他日或从兵事，攻守进退之划策，有思过半矣。然则此书名为地志，实兵家之要典，而小学生徒不可阙书也。"可见日本明治时期全民皆兵的"国防"意识。

姚文栋在翻译《兵要日本地理小志》全书的同时，还在卷首进行战例分析：元朝进攻日本，专攻其西，日本得以全力防御一方，因而得胜。他还引用了日本历史学家赖襄的话"元幸自一面来耳，若自四面来，扼吾要喉，断吾粮道，杜绝吾兵之策应，其祸岂可胜言"，认为"此诚破的之论，兵家与地家所宜共知者也"。

姚文栋不仅照译原文，还从战略的高度对日本地理形势进行评述。在分析对日作战的两条海上攻击通道时说：一条是"上海历长崎、神户而达横滨"，"自长崎至神户者必经濑户内海。其间岛屿棋布，节节可伏，且一入下关口峡，彼若以兵绝吾后路，则能入而不能出，皆犯兵家所忌。故用兵时，此道不复可行"。另一条是"自香港至横滨，即彼所谓南洋，一水汪洋驶行无阻，可以直捣浦贺，进逼品川，东京、横滨皆震动矣。此正道也"。

对日本陆上的战略要点姚文栋也叙述得十分清晰。姚文栋还收集记录当时日本陆军步、骑、炮、工兵各营驻地及人数以及军、师管区、近卫军、常备兵、预备兵、后备兵、国民军的人数，依中国地方志之体例编成《兵制》一章收入《日本地理兵要》中，还针对中国威胁最大的日本海军舰船逐一记述。

伊藤博文（左）与李鸿章（右）

姚文栋由东京乘车前往横滨途中，遇到"二客论邮便新闻及朝野新闻、近日所刻日本水师策略"，遂将两人论说要点整理附录于书中供国人参阅。

可惜，姚文栋没有办法一展宏图。与之类似的人物，还有清政府派出国外的游历官、时任兵部郎中的傅云龙。他所著的《游历日本图经》中的《日本疆域险要》一章，是以用兵的观点对日本作军事地理的分析，字字句句，论说精道。

如果在西方或日本，这两个人可能当海军司令，但在中国，注定只能默默无闻。因为清朝从来不重视人才，只看到打破大清国国门的是大炮和军舰。

让我们看看同时代在英国学习的中日两国的留学生，后来的命运就知道了：

伊藤博文当了日本首相，对明治维新的成功发挥了重大作用；严复却只能做一个学者——而且是一个非常边缘化的学者。

东乡平八郎成为日本一代海上名将；刘步蟾等却只能当一个中级军官，在错误的战争中以身殉国。

1901年，光绪在八国联军入侵后的变法诏谕中痛心地说：我中国之弱，在于习气太深文法太密；庸俗之吏多豪杰之士少；公事以文牍相来往而毫无实际，人才以资格相限制而日见消磨；误国家者在一私字，困天下者在一利字。

法国思想家圣西门，1819年在《寓言》中写道：假如法国突然损失了自己的50名优秀物理学家、50名优秀化学家、50名优秀数学家、50名优秀诗人、50名优秀作家、50名优秀的音乐家、50名优秀军事和民用工程师……法国马上就会变成一具没有灵魂的僵尸。因为这些人"在全体法国人当中，对祖国最有用处"，他们"管理对整个民族最有益的工作，""能够促进祖国达到最高的文明和最大的成就"，才是法国的"真正花朵"。而再要重新培植这样一批人，则"至少需要整整一代的时间"。接着又说：假如法国只是不幸地失去国王的兄弟和那些王公大臣、参事、议员、主教、元帅、省长和上万名养尊处优的达官贵人，即使这些人全都死光，只会在"感情上"使人们难过，并不会因此"给国家带来政治上的不幸"，他们的位置很快就会有人填补。因为这些人并没有用自己的劳动直接促进科学、艺术和手工业的进步。

翻开《近代科学技术大事年表》，可以看到自1651年至近代，在世界科学技术史上做出重大发明的，以德国人、英国人和美国人最多；其次是法国人、俄国人和其他欧洲国家的人；亚洲主要是明治维新开化后的日本人。

按照圣西门的观点，甲午战争甚至更早，晚清就已经是僵尸状态。这个朝代的政府不仅不重视自然科学家，也不重视社会科学家，除了精心供养一个毫无进取心的官僚阶层以外，它什么也不做。一个没有灵魂、没有意志的国家，就是一个没有生命力的国家，它除了等死，没有别的前途。

腐朽的官僚政体，把所有的利都垄断在一己之私下面，真正能

决胜新空间
世界军事革命五百年启示录

为国家民族所用的栋梁之材,都糟蹋、埋没了。人才是拉动国家和民族之车的引擎,没有愿意为国出力的人才群体,这个国家前进的动力是没有的。

当甲午战争爆发时,中日双方实际上是处在一个非常不对称的较量位置上。

日本已经完成了兵役制度改革,并在国内建设了完备的铁路网。到1893年,日本已经有了2039英里铁路!到1903年更将增加到4494英里。相形之下,清朝的400多公里铁路就可怜得很了。

日本的海军此时也对清朝的北洋水师实现了军备反超。中国军

1894年9月17日,清朝北洋舰队与日本海军在黄海大东沟海面上展开血战,这就是中日甲午战争中最为壮烈的黄海大战。北洋舰队将领邓世昌(右上)率"致远"舰等拼死抗敌,并以受伤之舰撞击敌主力舰"吉野"号,全舰官兵250余人全部壮烈殉国。图为战斗中的"致远"舰。

队被迫在陆海双重落伍的基础上，和一个已经初步实现了近代化的国家，进行一场残酷的沙场较量。

战争的主战场是环渤海湾的巨大弧形地带。清军处于外线作战状态。由于缺乏战略性的铁路网，清军将被迫以徒步行军和骡马机动来对抗日本的蒸汽船队的海上机动。

而日军则充分利用了这个机动性的落差。

平壤会战后，日军兵分两路，一路经鸭绿江攻入中国境内，一路从海上直接进攻大连、旅顺，通过海陆联合攻击，逼迫北洋水师南逃威海卫。在夺取了北洋水师的根据地后，再向南追击，海军从港口正面封堵住北洋水师的外逃出路，同时在荣成湾再次进行大规模的两栖登陆，陆军横越山东半岛，从背后攻取威海卫军港。

而清政府却再次误判了日军的主攻方向，在天津至奉天一线置精兵220营，10万余人，另有8营正在驰拔途中。而日军即将进攻的山东，则仅41营不到，为2万余人。其中16个营兵力负责从威海到烟台90公里战线的防御，其中又有14个营为全无战斗力的新募兵。在日军即将登陆的荣成湾仅5个河防营1400名守军，同样全无战斗力，使用的主要还是冷兵器。在威海卫，也不过10个营兵力。

不难想象，日军的登陆的顺利，就像是在进行一次运动赛。而清朝由于缺乏一个环绕渤海湾的铁路网，根本来不及将大海另一边的陆军快速运到山东。

结果，直到威海卫失守，援军还依然在遥远的途中艰难步行跋涉。

甲午战争的结果，是双方国家对于世界大势认识和对策正确与否的直接证明，更是双方军事变革成败的直接证明。

也可以说，甲午战争的结局，是两国新军事变革成败的直接说明。

决胜新空间
世界军事革命五百年启示录

1895年4月17日,腐败的清政府为结束甲午战争,在日本帝国主义逼迫下,签订了丧权辱国的《马关条约》。这是中日双方在日本马关春帆楼签订《马关条约》。

晚清政府鼠目寸光,没有把握国家发展的核心、建设的关键是技术,因此也没有抓住以技术为基础的世界军事时代特点,进而导致国家覆亡和民族灾难。这场战争包含的历史教训和意义,仍然值得我们进一步审视。

第二讲
晚清坐失蒸汽机工业时代的军事转型机遇

可以说，在1840年鸦片战争之前，中国就已经彻底错过了海权时代。由于失去工业革命，中国缺乏蒸汽机，因此而无法发挥世界储煤大国的巨大优势。等到晚清权贵认识到西方坚船利炮的厉害，急忙购买枪炮军舰的时候，虽然抓住了海权时代的尾巴，但同时却又没有看到，世界军事正在进入新陆权时代：由铁路、火车和电报构成的陆地机动力量，已经让海权变得没有多大意义。

我们不妨这样设想：如果当时中国不是以举国之财力购买军舰，而是将此财力人力用于发展铁路、火车，地面火炮和机关枪，则日本纵有军队登陆，又岂能在中国大陆逞能？由于国家财力全部系于北洋水师，整个清军的陆地机动能力难以提高，火力严重落后，使得日军登陆后，清军在自己的陆地上竟不能占据兵力和火力优势。

甲午战争是一次海陆联合作战，在这场战争的背后，是双方统治者对于世界军事大势、进而对于国家经济、政治建设指导思想的不同的把握。

国家的建设和改革，是一项系统工程。经济是国家建设核心，经济发展的核心是工业，工业的核心又是技术，技术又主要是由军事拉动的。

日本从一开始，就定下"殖产兴业，文明开化，富国强兵"，"开拓万里波涛，扬国威于四方"的国策。不仅把国家的变革，看作工业、经济、政治、军事的系统工程，还确立了远大的国家目标。

而清朝只是把洋务运动局限在经济改革的范畴内，试图师夷之长技以制夷，中学为体，西学为用，只见树木不见森林。结果，官员都被眼前的小利迷住了双眼，小民更被眼花缭乱的现状所迷惑，举国陷入"上下交征利"、官府抢劫百姓的经济发展模式。一边是

决胜新空间
世界军事革命五百年启示录

1895年3月7日,日军占领辽宁营口。图为占领营口的日军第一师团。

国家不断地丧失国土和权益,一边却是官府对老百姓的经济掠夺,形成官僚垄断资本集团,社会矛盾尖锐,对内维稳遂成为军队的主要使命,于是,世界军事形势的转折性变化,就不再有人关注,清朝的军事变革,就此成为一场没有方向的行军。失败是必然的。

也可以说,甲午战争是清朝不懂海军,也忽视铁路带来的新陆权变革,因此错过新陆军革命所受到的必然惩罚。

近代中国军队,从此与世界大国军队的技术差距越拉越大。而新的历史机遇,却还在不断的错失之中。甲午战败特别是随后的八国联军侵占北京之后,清政府忽然又认识到新式陆军的作用,让袁世凯在天津小站编练陆军。这种亡羊补牢式的做法,显然无法适应风起云涌时代的变化。也许清政府还想有所振作,但历史不愿意再青睐这个一误再误的王朝了,1911年10月,武昌一声枪响,革命爆发了,清政

第二讲
晚清坐失蒸汽机工业时代的军事转型机遇

府拖拖拉拉的改革，行进到中途的经济、政治和军事变革，被统统打断、推倒。接着是国家解体和军阀混战，外敌趁机大规模入侵，由丧失军事革命机遇带来的中华民族亡国灭种的危机，突然间成为事实。

回顾清朝军事变革的历程，让我们忍不住思考这样一个问题：那就是当拥有军事优势的时候，如何运用这一优势？清政府的做法是用来满足于眼前的苟且偷安，而不是为国家争取更大、更长远的战略利益，未雨绸缪地消除国家隐患。这使得花费巨资买来的武器，不仅没有军事价值，还成为巨大的经济负担。直白地说，武器就是用来保障国家和政权安全的，威慑是效能之一，主动地作为是争取效益最大化的捷径。

被动地自卫反击的思想观念，毒害了一代又一代中国人。这使得明朝以后的中国，完全失去了军事创新的思维能力、工业能力和科技能力。这也许是中国军事思想体系中，自唐之后便不再有伟大的军事思想家的原因之一。直到20世纪毛泽东军事思想的出现，才填补了这一尴尬的千年历史空白。

第三讲

民国在"工业化总体战"与"内燃机革命"中落伍

——欧美开辟空疆将世界带入立体战争时代，中国人口的军事优势历史性消失

第三讲
民国在"工业化总体战"与"内燃机革命"中落伍

1912年，中华民国成立，"大清王朝"成为历史名词。接着，中国便陷入政治动乱和内部混战之中。

两年之后的1914年，在遥远的欧洲，第一次世界大战爆发，欧洲也陷入了全面混战，后期美国也被卷入。

这正好是观察中国和世界军事差别的一个绝佳时机。

第一次世界大战，大体可以称为半机械化战争。以工业化为基础，大规模的动员和远距离运输，强大的炮兵火力的持续轰击，初级空中武器、原始坦克的出现，毒气的被运用，无限制潜艇战的登场，将战争引向综合国力消耗的道路上去。

第一次世界大战的军事本质，是一场欧洲大陆的陆战攻防。

面对机关枪、堑壕体系、铁丝网组成的坚固防御阵地，热兵器时代已经呈现出来的步兵数量优势的衰微，在此时展现得更加明显。只有长时间、高强度的炮击，再加上集团步兵的持续突击，才能在敌方阵线上获得有限的突破。

机关枪在"一战"中给人留下的印象深刻，但正如美国学者梅尔指出的那样，火炮才是真正统治战场的武器。形象一点说，以前是拼刺刀的战争，而第一次世界大战是拼大炮的战争。整个"一战"期间，"大炮杀死的人比轻武器和空袭杀死的人要多，比其他任何武器杀死的人都要多，这种情况是人类历史上的第一次，也有可能是最后一次。在大战的后期，大炮的优势被充分发挥，机关枪失去作用。没有大炮，步兵既不能在进攻中取胜，也无法在防守中不败。"[1]

---

[1] [美]梅尔：《一战秘史》，北京：新华出版社，2013年9月。

决胜新空间
世界军事革命五百年启示录

"一战"时期法国的模块化自行火炮

于是就形成了"炮兵征服，步兵占领"的新模式。这对一个国家的炮弹供给能力提出了很高的要求，而这个能力又来源于工业生产能力。

巴黎大炮

第三讲
民国在"工业化总体战"与"内燃机革命"中落伍

"一战"时期法国的模块化自行火炮

对中国来说,第一次世界大战是一个巨大的战略机遇。因为列强陷入了互相残杀,自然放松了对中国的欺压。可惜,积贫积弱的中国,却只能趁机卖些轻工业制品,输送一些廉价劳工。此后,自身更陷入长期的军阀混战状态,根本无法利用第一次世界大战的机遇,一举赶走全部的帝国主义列强,恢复自己的国家利益。

在当时的中国军队中,流传着这样一句俗语,"老兵怕机枪,新兵怕大炮。"原因就在于当时中国军队配属的火炮,无论数量还是质量都非常有限。炮种主要是山炮和步兵炮,且炮弹非常少。甚至很多炮兵都只会直瞄射击,间瞄射击等于乱射,和放烟花没什么区别。所以炮击的象征意义远大于其实质意义,故而新兵被炮声所震慑,老兵却深知真正可怕的是面前的机关枪。

这种现象非常典型地说明,当时中国军队与同时代先进军队之间的本质区别。如果这些军阀部队遇上的是西洋列强的炮队,那些

57

老兵就不会只怕机关枪了。

在中国的军阀内战中,由于火炮缺乏,以至于老式城墙依然是很有价值的防御工事。在镇压太平天国战争中,李鸿章最佩服洋人的武器就是开花大炮,原因就在于它能够轻而易举地轰碎厚重的城墙。所以淮军非常注重引进相关武器,从而迅速席卷苏南,成为清军中的后起之秀。

可以说军阀混战时期中国军队的攻坚能力,绝大部分竟尚未达

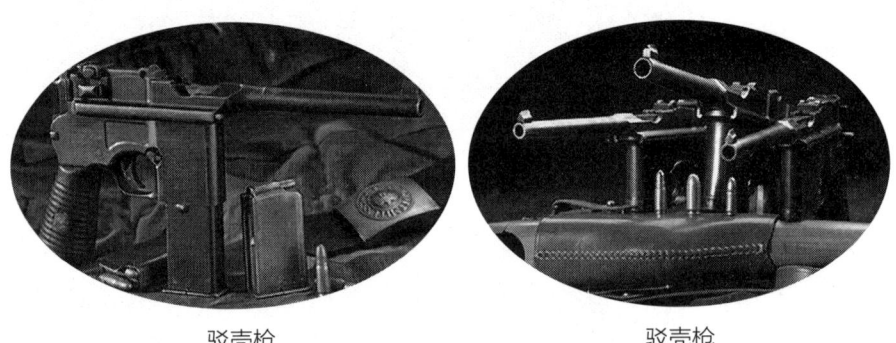

驳壳枪　　　　　　　　驳壳枪

到晚清淮军的水平。这又是一个让人震惊的退步。

又如中国人最熟悉的驳壳枪,是德国人发明的,但是德军自身装备却很少,几乎都被中国军队装备了。为什么中国会成为驳壳枪的大市场呢?原因还是在于当时中国的工业基础非常薄弱,没有强大的炮兵部队,甚至机关枪的数量也有限。如何提高单兵的火力,就成了一个切实影响到战斗结果的大问题。在还没有冲锋枪的时代,驳壳枪是有效提高单兵近战火力的利器。虽然造价昂贵,却很适合当时的中国军队需要。中国人日后对驳壳枪的火力运用,连德国人也感到惊奇。

中国的军阀内战,由于各方火力配备都很薄弱,所以造成的人

员杀伤和环境破坏很有限,这和第一次世界大战的欧洲形成鲜明对比。但是,中国军阀们却创造了另外一项纪录:那就是散兵游勇在混战中劫掠百姓,甚至化身为土匪,为当时中国百姓所恐惧。身为民国总统的黎元洪也不得不承认,"遣之则兵散为匪,招之则匪聚为兵。"——遣散也就成了制造土匪的代名词,而招募则成了土匪穿军装的合法化过程。

这样的装备程度,这样的精神品质,这样一群接近乌合之众的军队,接下来却要在蒋介石的统一带领下,在保家卫国的主战场上,与武装到牙齿、疯狂到心智、装备精良、训练有素的日军作战!这也解释了后来国民党军队在抗日战争主战场上的表现。

因为袁世凯倒行逆施,南北政体、主义之争最后导致兵戎相见,引发军阀混战,国家的工业化建设迟迟不能提上日程,消耗性军事开支居高不下,而这消耗又不是对外而是对内的。这就严重阻碍了国家的经济发展,更说不上军备革新了。

各方军阀搜刮来的钱,首先就是向日本、俄罗斯、美国等列强购买军火。张学良的东北军直到被日军击溃,订购的很多欧美飞机还没有拆封。著名的民国时期的空军英雄高志航就是原东北军的飞行员。他到意大利洽谈购买飞机的时候,其飞行技术还受到墨索里尼的赞扬。

就在中国军队忙于低水准的内战时,世界上一场新的军事变革又已经启动。从工业和经济的角度看,20世纪初,确切地说是从1908年开始,汽车大规模应用,石油取代煤炭成为主要能源。但从军事的视角看,这就是内燃机革命引发的机械化战争变革。

为了打破堑壕体系,"一战"期间的英国率先发明了坦克。此后,

决胜新空间
世界军事革命五百年启示录

坦克就被定义为步兵的支持武器。只有英国的富勒、李德哈特，法国的戴高乐，苏联的图哈切夫斯基，德国的古德里安提出了新观点，认为未来的战争是内燃机战争，是以集中使用装甲部队进行的大纵深、全战区的立体化战争。速度不再以最慢的步兵和辎重单位为标准，而是以最快的坦克部队为标准。

可是，富勒、李德哈特、戴高乐的呼吁，都没有得到本国决策层的重视，因为他们各自的国家都没有在欧洲和世界追求霸权的需要，所以他们所在的军队，经常性思考的问题只是如何总结"一战"的经验，以用于下一场战争。最典型的是法国，他们修建了著名的马其诺防线，而坦克只是作为移动碉堡使用。图哈切夫斯基更是在被戴了一顶军国主义的大帽子后，冤死在自己人手中。

2006年12月31日，在以色列城镇莱特龙的坦克博物馆内，一名小男孩爬上一辆"二战"时期的美制坦克。（新华社记者 郭磊 摄）

第三讲
民国在"工业化总体战"与"内燃机革命"中落伍

只有德国重视了古德里安的建议,经过十余年的发展,迅速形成了全新的以飞机和坦克两大机械突击力量合成的机械化战争体系。

世界历史的规律是,当有实力的一方率先完成一场新军事革命,从而使原有的军事体系被打破的时候,大规模的战争就会发生,并且会持续相当长的时间,要么到新的军事平衡建立起来,要么就是新军事革命的能量释放殆尽,也就是夺得太多的土地和资源,以进入消化状态,筹备下一场新军事革命。稍微展开点回忆就可以看出这一点:欧洲挟工业革命和资本主义的扩张冲动,首先是彻底掠夺、蹂躏了美洲。由于美洲整体上处于原始社会,比欧洲落后了两个时代,所以,印第安人作为一个占统治性的民族,几乎被屠灭殆尽,在他们的尸骨和祖祖辈辈居住的土地上,建立起一个欧洲移民的国家——美国。

之后,欧洲又将其工业技术和经济凝聚而成的先进军事实力,挥戈指向以中国为核心的亚洲。由于中国只在社会形态上落后于欧洲一个时代,所以,中国只成为半殖民地,人民被奴役,财富被掠夺,但种族并没有遭受灭绝性的灾难,没有重演印第安人的悲剧。

欧洲的这种军事优势直到第一次世界大战,被自己体系内部所抵消。

后来,德国在机械化革命中领先,于是又发动第二次世界大战。日本因为对中国实现了军事领先,还先于德国在亚洲发起了大规模入侵中国的战争,以后也被并入"二战"范畴。

"二战"末期,美国发明原子弹,又取得新一轮军事变革的优势,于是投到了日本,世界随即进入核对峙当中。

20世纪末美国又完成了信息化革命,于是,1991年海湾战争打响了，美国开始了征服中东和建立世界帝国的进程。

——历史就是这样演进的。

回到机械化战争的话题上。按照"一战"的老皇历，战争是从边境地区的前沿部队交火开始逐渐升温的。而一旦形成了连续的堑壕正面，进攻者就只有组织庞大的炮兵部队，进行高消耗性的逐点突破。

但是，第二次世界大战的景观完全不同。德军借助于新的无线电工具和机械化运输手段，以强大的装甲集群为矛头，在空中支持下，进行大纵深的分进合击。

当德国和波兰的战争爆发时，没有人相信波兰会胜利，但都认为至少可以坚持三四个月。然而，仗只打了28天就结束，主要战斗则仅进行了17天。接着，德军转向西线。四个小时控制丹麦，一个月拿下挪威，42天消灭法国。彻底打破了"一战"式的时间表。

这就是新军事体系对旧军事体系的摧枯拉朽般的取代！

对此，连一向以创新能力高强著称的丘吉尔也深感困惑，因为德军使用的所有技术和武器，都是上一次大战中就出现的。经过新思想的整合，居然可以完全颠覆"一战"式的战争。这让丘吉尔非常震惊。

其实，德国人自己也没有完全认清这种新战法到底有多大威力。希特勒就没有想到，他的装甲部队会推进得如此迅速。而德军高层的很多将领，一开始也没有搞清楚手中的武器该如何搭配使用。在西线攻势发起前进行的一次兵棋推演上，一位参谋总部的高级将领质问古德里安，当你的装甲部队推进到马斯河时，你的重炮兵部队恐怕还在本土，你如何突破法军防线？古德里安的回答是，他将用

第三讲
民国在"工业化总体战"与"内燃机革命"中落伍

斯图卡俯冲轰炸机取代传统的炮队。

这就是立体化的新陆战。而英法联军完全没有从这个角度思考战争。他们认定了,古德里安无法在行进中突破马斯河。德军为了等待炮队,至少要停留六到七天。而实际上,德军只休整了半天,就发起了进攻,并且在当天就突破了马斯河防线。英法联军做梦也没有想到,德国人的炮队居然飞到了天上。

当我们把目光再转回到同时期的中国身上时,就不得不承认,在老的缺课内容没有补上时,又来了新的缺课内容。

这种落伍,首先在中国和日本的较量中残酷地展现出来。

到1937年卢沟桥事变爆发时,中日之间的实力悬殊是惊人的。以经济基础而言,日本每年工业总产值60亿美元,中国是13.6亿

日本侵略军占领下的卢沟桥。1937年7月7日,侵华日军在宛平城外卢沟桥悍然发动"七七事变",中国军民奋起抵抗,拉开中华民族全面抗战的序幕。(资料照片)

美元。日本年产钢铁580万吨（中国只有4万吨），煤5070万吨（中国2800万吨），石油169万吨（中国1.31万吨），铜8.7万吨（中国700吨），飞机1580架（中国无自产能力），大口径火炮744门（中国无自产能力），坦克330辆（中国无自产能力），汽车9500辆（中国无自产能力），造舰52422吨（中国无自产能力）。

也就是说：当世界进入机械化军事时代的时候，中国居然不能生产任何一种机械化时代的主战兵器。

无论经济形态、技术形态还是军事形态，日本都已经遥遥领先中国一个时代。具体到军事实力的直接对比，差距更大：

"七七事变"前，中国海军共约2.5万人，仅66艘舰艇，分为巡洋舰、轻巡洋舰、运输舰、练习舰、鱼雷艇五类，总吨位57608吨。

而日本海军截止到1937年6月，总计有舰船285艘，排水量115.3万吨，12.7万人。其中作战军舰总吨位77.1万吨，包括航母4艘6.9万吨，水上机母舰2艘3.1万吨，战列舰9艘27.2万吨，重型巡洋舰12艘10.8万吨，轻型巡洋舰21艘10.7万吨，驱逐舰102艘12.6万吨，潜艇59艘7.6万吨，练习舰1艘1万吨，潜水母舰5艘3.1万吨，布雷舰6艘2万吨，海防舰7艘5.5万吨，炮舰10艘0.5万吨，水雷舰8艘0.4万吨，扫雷舰12艘0.7万吨。另有修理舰、运输舰、练习特务舰、测量舰、布雷艇、猎潜艇等。

此外，还有战列舰2艘、航母2艘、轻型巡洋舰4艘、驱逐舰12艘、水上机母舰3艘、水雷舰4艘正在建造。其中两艘战列舰就是后来名动天下的"大和""武藏"。每一艘的排水量都在7万吨以上。换言之，日本一艘军舰的排水量就超过了当时的整个中国海军。

再说空军，中国空军仅600余架飞机，作战飞机305架，全部进口，不仅无整机自产能力，且无主要零部件之自产能力。因缺乏零件的缘故，在抗战爆发时能够投入战斗的飞机仅 223 架，共编为 31 个中队。能执行任务的飞行员只有 620 人。而日本具备完全的自产能力，年产飞机 1580 架。当国力进行极限动员后，可升至年产一万到两万架。"七七事变"前，日本海、陆军航空兵共有 2700 架飞机（内陆军 1480 架，海军 1220 架），其中作战飞机 1600 架，陆军 960 架，海军 640 架（陆基 458 架，舰载 182 架，其中航母搭载 130 架）。

至于陆军的战斗力同样差异巨大。

中国正面战场陆军

从人口总量上看，中国无疑占据着巨大的优势。但是，到底多大优势呢？首先，到今天我们也说不清当时中国的人口确数，有说四万万同胞的，也有说五万万国民的，中间竟差了一个亿！较折中的说法是 4.67 亿。但无论哪一种说法都不是精确统计的结果，而只是估算数据。连自己的国民总数都不能精确掌握，只能说明这是一个社会结构高度落后的国家，自然也就不会有精确高效的动员。

熟悉战争史的读者都知道，自拿破仑战争后，人类渐渐进入"技术专家式战争"时代，兵员的组织管理与动员训练的重要性日趋提高。按理讲，国家平时应该少养兵，多储备预备役兵员，如此节约资源用于更新武备，开战后通过迅速有效的动员进行总体战争。可当时的中国却相反，平时养兵 170 余万（现役，编成步兵 182 个师又 46

个独立旅、骑兵9个师又6个独立旅、炮兵4个旅又20个独立团及其他少量特种兵部队），受过军事训练的预备役却仅150余万。以当时中国的人口总数和经济基础而论，前一个数字大得完全不合理，后一个数字则又小得与前一个数字完全不成比例。

相形之下，"七七事变"前日本的人口为9000万人，可精确统计并进行精确动员，常备兵力仅38万人，编成17个常备师团、4个混成旅团、4个骑兵旅团、5个野战重炮兵旅团、3个战车联队、16个飞行联队以及守备队等。

但日本规定凡17到40岁之间的男子必须服役，故可动员1000万人参战。其中受过军事训练，可迅速形成战斗力者包括：后备役兵73.8万，预备役兵87.9万，第一补充兵157.9万，第二补充兵90.5万。合计448.1万。

日军的动员体系当时已经达到世界一流水平，效率极高。又由于可以利用朝鲜到华北的铁路网且掌握了海权优势，所以兵力动员后的投送效率也非常高。据中国政府战前判断，日军"之输送其陆军经朝鲜至满洲者，每星期约二至三师团并直属部队与其补给。经海道向我国任何海岸者，每十天约一梯队，即二至三师团，连同一切附属品及补给"。

在华北战场，日军可在开战八到十日内由本土输送二至三个师团。在沿海战场，日军第一梯队二至三个师团的投入需一个星期，"尔后续加同等兵力，为八至十日。"依事后的实战检验，可知此判断基本符合事实。在上海战场，日军的动员与输送能力还超出了中国政府的预计。

此外，在兵员的训练上同样存在着重大差距。

第三讲
民国在"工业化总体战"与"内燃机革命"中落伍

当时中国士兵大部分是文盲，截止到 1936 年底，中国训练完毕之高中及同等学校的合格预备兵，仅 17490 人。专科以上文化程度的候补军官仅 880 人。黄仁宇抗战时当排长，就发现基层军官连花名册都点不了。平日多不研究战术，打仗全凭血气之勇。进攻时以密集队形蜂拥蚁附，失利时又鸟奔兽散。

以单兵射击训练论，当时一发子弹的价值在中国相当于七斤半大米，或 35 个鸡蛋。所以平时训练多数是打空枪，就算是物质条件最好的中央军，也不过每兵配发 15 发子弹作实弹射击，开战后每兵配发 20 发子弹上战场。而日军《步兵操典》规定，新兵入伍后，每月用于实弹射击的子弹，步枪不得低于 150 发，机枪不得低于 300 发。结果日军每个中队都有三分之一的步枪兵可以达到优秀射手的水平。

至于双方步兵重火器的差异，就更巨大了。"七七事变"前，中国 75 毫米以上的火炮全国仅 800 多门，其中重炮只有可怜的 48 门，全部是从德国进口所得，连日军的零头都不到。

抗战全面爆发后，中国与日本在工业生产能力和经济实力的差距被进一步拉大。

初期抗战，使中国丧失了现代工厂的 94%，发电量的 96%。1939 年，中国政府控制区的年钢铁产量仅 1200 吨，到 1944 年，也不过一万余吨。而美国的钢铁产量在 1880 年就达到了 110 万吨，1890 年为 430 万吨。到 20 世纪初，就突破了千万吨大关！

战前，只有 15% 的中国民众生活还算富足，另有 15% 可以解决温饱问题。剩下的 70%，一半长期半饥半饱，一半长期挣扎在赤贫线上。战时的恶性通货膨胀——1944 年的物价是 1937 年的 500 倍，彻底摧毁了脆弱的中产阶级，并使赤贫像瘟疫般蔓延到中国的每一个角落，稍为严重的天灾就会引发大面积的易子相食。冯小刚导演的电影《1942》展现当时中国民众生活的惨不忍睹，其背后的深层原因就是当时整个中国的极度贫困状态。

战前属于中上产阶级的中学教师和基层公务都无法解决家庭的温饱问题，普通民众更是雪上加霜。普通士兵们每月的薪水，一度买不到十斤大米。据黄仁宇回忆，纵然是中央军，情况也近乎一半土匪一半乞丐。一个排只能配备一条毛巾，一个人害眼，第二天就会传染全排。每名士兵每月平均只能领四发子弹，每年领两套军装。因为没有换洗的衣服，天暖的时候，换洗衣服就等于集体洗澡，树上挂衣服，水里泡人。

1944年10月，美国顾问魏德迈来华，就发现中国士兵普遍营养不良，长期处于半饥饿状态，甚至连行军都感到困难。

这就是落后的代价。而这个落后还只是和日军的比较。如果和世界最先进的军事力量相比，差距更大。

日本虽然海军比较先进，但其陆军却并不先进，只能在东亚称雄。和苏、美、德等国相比，甚至连"一战"的水准都没有达到。

首先，由于没有参加"一战"中的欧洲陆战，导致日军对火力革命的认识不清晰。其火炮射程和威力都非常有限，虽然能够在中国战场逞凶，但一遇到苏联、美国这样的对手，立即只有挨打的份。1939年的诺门罕战斗中，日军已经发现，其火炮的射程全面劣于对手，以至于出现了苏军火炮可以在日军火炮射程外自由射击，日军根本打不到对手的情况。这就严重限制了日军的火力发挥。在硫磺岛战役中，针对这个只有21平方公里的小岛，战斗在1945年的2月19日开始，美军的火力压制却早在前一年的12月就开始了。开

第三讲
民国在"工业化总体战"与"内燃机革命"中落伍

战前三天,美军又进行了三天的火力准备。整个战斗过程中,共发射各种口径的舰炮炮弹30余万发(计1.4万吨),直接支持登陆部队作战。

在柏林战役的外围战役中,仅4月17日这一天,苏联白俄罗斯第1方面军配属的炮兵就发射了123万发炮弹,约合2450个车皮,98000吨。供给炮弹的铁路线直接建到一线炮兵阵地上。最终参与直接攻击柏林城的苏军共有464000人,装备12700门火炮和迫击炮,2100门火箭炮,1500辆坦克、自行火炮。这种高度工业机械化的物质力量,是当时的日本根本无法想象的。对当时的中国而言,自然差距也就更大。

其次,日军在机械化方面也全面落伍。其野战炮兵仍然是以骡马牵引为主。步兵也主要依靠徒步行军。

再次,日军的陆战思维仍然是以步兵为中心,坦克被定义为支持步兵的武器,从而使得其坦克部队的发展非常缓慢,坦克本身也非常落后。"二战"中,日军实际装备中最好的坦克就是97式中战车,该武器装备短管57毫米炮,全重13.4吨,最大装甲厚度只有33毫米,而且车身不是整体铸造的,而是铆接的装甲板。后来为了加强反装甲能力,又推出了装备47毫米反坦克炮的97改,但战斗力依然有限。

相比之下,苏联的T34/85装备长身管的85毫米炮,全重32吨,最大装甲厚度90毫米。斯大林2型坦克则装备122毫米炮,全重46吨,最大装甲厚度160毫米。美国的M4谢尔曼型坦克则装备75毫米炮,全重30.1吨,最大装甲厚度51毫米。德国的虎1坦克则装备56倍口径的88毫米炮,全重57吨,最大装甲厚度100毫米。豹式坦克则装备70倍口径的75毫米炮,全重45.5吨,最大装甲厚度110毫米。只有贫弱的意大利和日本算是难兄难弟,一样的铆接车体,一样的20吨以下的车重。

最后,日本陆军迷信夜袭加白刃突击,忽视单兵速射武器的发展,严重阻碍了冲锋枪、半自动步枪和突击步枪的研制和列装。而美军则在战争爆发后普遍装备了加兰德半自动步枪。日军步枪手每打出一发子弹,就要手动枪栓退弹壳,不然下一发子弹无法上膛。在太平洋战争的近距离混战中,往往因此暴露位置。而美军却可以连打八枪,然后自动弹出弹夹,再装上新的八发弹夹。

此外,日军的机关枪也不先进。在太平洋战场上,4名美国步枪兵两人一组,以加兰德步枪进行轮流射击,居然可以压制住日军的轻机枪!相比之下,德军的MG42却可以打出每分钟1500发的高射速,连绵的声音宛如电锯锯断圆木,又如同撕裂亚麻布。对盟军老兵而言,这种刺耳的声音,无异于战场上死神的召唤。

相比于美军,日军装备尚且如此,就不要说当时的中国军队的装备了。

由于中国连续失去了两次工业革命的发展机遇,以至于抗日战争,乃至抗美援朝战争中的中国军队,只能以农业时代的生产力对抗工业时代的生产力,而不得不接受战场上的惨重伤亡。诚然,这两场战争中国都取得了胜利,但那主要是精神的胜利,信仰的胜利,民族团结和东方智慧的胜利。我们可以看这样一组数据:至朝鲜停战,志愿军构筑大小坑道总长1250多公里,挖堑壕和交通壕6250公里,比中国的万里长城还要长,开挖土石方6000万立方米,如以一立方米的体积纵向排列,可环绕地球一周半。中国人民志愿军就是凭借这个最原始的办法,对抗对方的机械化立体兵团。中国军队创造

第三讲
民国在"工业化总体战"与"内燃机革命"中落伍

了整个第二次世界大战也没有创造过的阵地战奇迹。

不难想象,以新中国军队拥有的精神优势和熟练的军事技能,如果中国军队拥有和西方联军同等的武器,朝鲜战场将会上演中国军队对西方军队的完胜。而美军将面临要么使用核武器,要么撤出以承认失败的结果。

由于西方社会形态的巨大进步,其工业和技术力量支撑下的军队,将战争引向自己占优势的立体战场,因此,只在陆地上具有人口多数的中国,从此丧失了这一优势。中国必须"师夷之长技以制夷",才能重夺这一优势。但这又谈何容易,因为领先者在以加速度的方式,拼命地加大着这一技术和工业优势。

自工业时代开始,国家与国家军事优势的竞争,最根本的地方,是在技术和工业水平上。拥有差距的一方,只能用人员伤亡和财产损失及其他屈辱条件来弥补。

20世纪30年代,美国历史学家房龙在《世界地理》中,这样感慨近代中国:"我不是先知。我不知道在未来的十年或十五年中,会发生什么事情。条件不会有太大改善,因为中国追赶队伍开始得太迟。也许上苍会如他所做过的那样怜悯他们,因为他们需要偿还一个多么大的账单呀!天啊!多大的一个账单啊!"因为历史的欠账,一再错失社会变革和军事革命的机遇,在清朝付出累累白银和山河破碎的代价之后,为了保家卫国,中国人民又付出了累累的白骨。这是永远应该铭记的教训。

如果说在抗战时期,中国人民迫不得已,只能在自己的国土上保家卫国。那么,随着战争形态的变革,传统的以占领土地、直接掠夺资源为目的的战争,已经逐渐变为以摧毁国家经济、战略设施和未来发展潜力的战争。在这后一种战争中,谁的国土成为战场,谁在开战之初就失败了。进攻者即使打不赢,也不过是暂时放弃对敌手的打击。而防御者即使打跑了对手,赢得的也不过是一片废墟。

于是,如何创造性地发展国家武装力量,更有效的保障国家安全,开拓国家利益,就成了新的时代课题。

第四讲

新中国赶上核武器革命时代

——中国彻底解除千年以来外部军事入侵威胁,并重返世界历史舞台

第四讲
新中国赶上核武器革命时代

正如上一讲中揭示的那样，两次世界大战推动了工业化总体战的迅速发展。鉴于一国的工业力量直接影响到战争的胜负，所以，借助新式武器，尤其是空中武器，对敌方纵深位置的工业基地进行毁灭性轰炸成为战争中的一个重要组成部分。在这种攻击面前，前方与后方，战斗人员与非战斗人员的边际日趋模糊。"战略轰炸"这个概念也随之成为现代战争中的一个重要内容。

另一方面，由于规模效应的影响，工业生产追求聚集效应，这样就形成了一系列的工业中心，成为理想的轰炸目标。但是，无论是同盟国还是轴心国，也无论是常规轰炸机还是德国人的火箭武器，都未能有效摧毁敌军的工业基础。即使到了1943年后，盟军已经握有压倒性的空中优势，并且针对某些关键部门进行重点轰炸，其结果是，除了制造了大批德国平民的伤亡外，并未能有效摧毁德国的工业基础，甚至没有影响德国军火生产的提速，在战略轰炸日趋猛烈的1943年和1944年，德国的军火生产不降反增，充分展现了现代"工业－军事"复合体结构的强大抗击打能力。

相应的，美军对日本的战略轰炸效果要更为明显一些。这是因为日本的防空能力较弱，而且建筑物多竹木结构，虽然有较佳的抗震性能，但防火性能很差。所以，在美军以燃烧弹为主的轰炸行动中，日本的大城市遭到了严重破坏。但是，根据事后的调查，尽管日本付出了比德国更惨重的平民伤亡，但是，如果不是美国海军切断了日本的海外补给线，日本的工业生产依然能够维持下去。

在这个背景下，如何用一种新式武器，对敌方的工业中心进行彻底的毁灭性轰炸，就成了大势所趋。这就要求有一种超级炸弹，能够在极大的范围内进行彻底的破坏。"二战"期间，为了轰炸德

决胜新空间
世界军事革命五百年启示录

国的潜艇基地和生产中心,盟军已经生产了几款巨型常规炸弹,但效果并不理想。而当时绝大多数国家的空军将领都不清楚的是,真正的变革已经发生,地点就在美国新墨西哥州的阿拉莫哥多沙漠中。

得益于希特勒的排犹政策,以爱因斯坦为代表的诸多核物理权威成功移民美国。在他们的推动下,美国总统罗斯福决定以巨资启动曼哈顿工程,与轴心国展开了核武器的研发竞争。最终,美国成功抢在轴心国之前取得了突破性进展。

1945年7月16日5时30分,人类军事史上的又一个里程碑性质的时间点。美国在阿拉莫哥多沙漠中成功爆炸了人类历史上的第一颗原子弹。

8月7日,杜鲁门总统发表了震惊世界的广播声明,宣布:"16小时前,一架美国飞机在日本重要基地广岛投下了一颗炸弹。它不是一颗普通的炸弹。它的威力超过了2万吨TNT。有了这颗炸弹,我们增添了新的、前所未有的摧毁力量。这是一颗原子弹。现在,我们准备迅速地完全抹去日本每座城市中的每个地面生产企业单位。我们将摧毁其码头、工厂和运输系统。我们将彻底摧毁日本的战争能力。请记住,日本政府只有接受7月26日的波茨坦宣言。否则,遭到彻底灭亡的只能是日本人民。"然而,日本政府仍然执迷不悟。连续召开的御前会议,举棋不定。日本帝国在挣扎、等待、幻想。

8月8日,苏联政府正式对日宣战,苏联红军对日本关东军发动了势如破竹的攻势。

8月9日凌晨,第二枚原子弹落到了长崎。2万多人葬身于蘑菇云下,整个城市的中心被夷为平地。

两声"霹雳"终于震醒了疯狂的日本帝国。8月9日晚,皇家

第四讲

新中国赶上核武器革命时代

图书馆下面的皇宫防空洞里，裕仁天皇为连日来毫无结果的御前会议做最后圣断。他说："事实已经证明，战争不能再继续了，旷日持久的流血和暴行已超出了帝国和人民的忍受限度。尽管波茨坦宣言的条件是不能容忍的，但是时间已到，我们不得不容忍不可容忍的事情。"

1945年7月26日，在波茨坦会议上，美中英三国以宣言形式发表了著名的《波茨坦公告》。该公告由美国起草，美中英三国领导人联署发表，并最终被日本政府接受。其中第八条明确指出："《开罗宣言》之条件必将实施，而日本之主权必将限于本州岛、北海道、九州岛、四国及吾人所决定其他小岛之内。"这就意味着：1. "其他小岛"之确定，至少需美中英三国协商决定，而不能由某一个国家单独决定。2. 日本不仅必须向中国交还"九一八事件"以来的侵略所得，且要交还自晚清时代以来的所有侵略所得。3. 日本不仅要退还直接得自中国主权线范围内的侵略所得，而且要退还得自中国主权线外、传统中国藩属范围线之内的侵略所得。后者主要关涉到晚清两大属国——朝鲜与琉球的地位问题。

8月15日上午11时，几百万日本人听到了收音机里日本天皇的"鹤鸣"："朕已命政府通知美国、英国和苏联政府，帝国接受联合宣言的条款。现在已经到了这种时候，战争形势的继续发展未必对我们有利。敌人已经开始使用一种新的、残酷的炸弹，这种炸弹的力量确实是无法估计的。继续战斗下去，不仅将导致日本民族的最终崩溃和灭亡，也将导致人类文明的灭绝……"

这两颗原子弹的威力都达到了两万吨TNT的级别，在今天看来，已经属于当量较低的核武器，但在当年，却已经是"二战"中威力最大的常规炸弹的 1000 倍。而且，由于是瞬间爆炸，加之辐射摧毁效应，其威力远远超过了 1000 颗常规巨型炸弹。

9月2日，在受降仪式上，麦克·阿瑟说："今天，枪声平静了，一场大悲剧结束了，一次伟大的胜利赢得了一个新的时代已经出现在我们的面前。我们取得了胜利，但是胜利的过程也引起了人们对我们今后的安全和文明生存的巨大关切。随着科学发明的不断涌现，战争力量的毁灭性已经到了要求我们改变传统战争概念的程度……"

两座日本城市的瞬间被毁，宣告了一个新时代的到来。通过将核武器与战略轰炸机的结合，一架轰炸机一次轰炸的效能，超越了以往数千架次同类飞机的常规轰炸效果。

在日本广岛市中心区中岛町原爆资料馆墙上，有一幅上端写着

2019年8月6日，日本广岛市在雨中举行原子弹轰炸74周年纪念活动，死难者家属、广岛市民等约5万人参加。（新华社记者 彭纯 摄）

第四讲
新中国赶上核武器革命时代

"原炸纪念物"的巨大照片。照片上只有几级岩石台阶，台阶上是一个成年人屁股大小的阴影。这是一座银行大厦的门前，曾经有一个日本人坐在那儿等一位朋友。结果从天上下来了美国的"小男孩"。随着蘑菇云的升起，那个日本人在瞬间就被融化了，只在台阶上留下他的影子。

在"瞬间"被"融化"的，还有大日本帝国狂热的战争意志。

图为1945年8月9日，美国向日本长崎投下的原子弹爆炸后，蘑菇云直冲万米高空。

当这无声的一幕闪现在历史里的时候，公元1945年再也不能被人类忘记了。

原子弹的杀伤力超出人们的想象。透过翻滚的蘑菇云，美国看到：借助这种威力空前的终极性武器，一个国家可以在几天内征服另一个非常强大但在思想上毫无准备的国家；在目前道德进步远不及技术进步的情况下，这个世界的命运最后会被这种武器所决定。

刚刚从机械化战争的残肢碎片中钻出来的军人和政治家们，立

决胜新空间
世界军事革命五百年启示录

即就明白了他们正站在一场什么样的战争面前。仅仅几天甚至几个小时前，炮弹狂风暴雨、飞机遮天蔽日、坦克排山倒海的场景，已经成为历史。对于强者，拥有核武器，实际上意味着拥有直达战争胜利的捷径；对于弱者，拥有核武器即等于拥有一张确保最低安全感的"王牌"。

这是政治家无法拒绝的巨大诱惑。核武器——这个让人爱恨交加、既着迷又恐惧的美丽魔鬼，从它被人类黑色的欲望之手释出的瞬间，就注定永远也不会再回到潘多拉的盒子里了。

1945年8月下旬——美国原子弹轰炸广岛两个多星期后，斯大林就向负责苏联作战轰炸计划负责人发出指令："同志，对你有个简单的要求：尽快为我们提供原子弹。你知道，广岛的轰炸已震撼了世界，均势已被打破……"

踏着第二次世界大战的累累尸骨，一场新的军备竞赛展开了。

美国、苏联；北约、华约；东方、西方。两大阵营仗"核"斗法。

世界从此笼罩在浓重的核乌云下。

二霸争衡，像为争夺族群控制权而展开决死搏斗的两头雄兽。那是只能用疯狂来描述的过程。

1949年8月29日，苏联爆炸了第一颗原子弹，快步赶上美国；

1954年3月1日，美国氢弹试验成功，其爆炸力为千万吨级TNT当量——是广岛原子弹的500倍；

1961年夏天，苏联"阿尔扎马斯—16"绝密试验室，试爆成功一枚1亿吨TNT的超级氢弹——相当于广岛原子弹的爆炸威力的5000倍！

美国创造出一个工作周内造出50颗原子弹的纪录，以后又增加

第四讲

新中国赶上核武器革命时代

到每个工作日内生产25颗……

你追我赶，争先恐后……

双方还在运载工具上展开竞赛。1960年，美国拥有约1700架战略轰炸机，苏联拥有1000架中程轰炸机和约150架战略轰炸机；然后是洲际导弹、核潜艇……然后是太空竞赛……星球大战……核壁垒越筑越高。双方都具有不仅将对方同时也将地球毁灭几十次的能力。

核竞赛或核对峙，直接导致了世界政治中"冷战"格局的形成。长达半个世纪的时间里，大国外交的核心始终是"核"。声明、条约、联盟、危机、妥协、密谋；时而剑拔弩张几近全面摊牌，时而化险为夷握手言欢，时而狼狈为奸沆瀣一气。战后世界舞台，几乎每时每刻都在上演充斥"核"阴谋的"故事片"，随着超级大国的导演指挥棒，群魔乱舞，众神狂欢。

世界和平的天空，在两极争霸的疯狂攀扯中摇摇欲坠。

突然，这一切发生了改变。1964年10月16日14时59分，一声惊雷在东半球一处神秘的沙漠里爆响：中国核试验成功！

以此为标志，世界现代史的走向在20世纪70年代具有了某种转折意义。100多年来一直被列强忽略的中国因素，至此浮上大国博弈的台面。超级大国再也不能将整个人类作为人质，任意地讹诈全世界了。

21世纪的中国人，没有谁能够想到当年中国曾经面临的危机。这是2016年5月7日新华社《参考消息》以"核轰炸毫不留情，中苏朝首当其冲，美1959年'核轰炸东亚'方案触目惊心"为题，转发前一天日本外交学者网站的一篇文章。作者是美国肯塔基大学

决胜新空间
世界军事革命五百年启示录

的一名高级讲师。文章说"美国计划在与苏联及其盟友进行核战的过程中,对中国、朝鲜和苏联领土发动众多核打击。仅朝鲜一国就将至少受到 11 次打击,中国和苏联太平洋领土则将遭受远比这多得多的打击。打击目标包括工业中心、通信中心、交通枢纽以及主要的军事设施,其中绝大多数打击将由远程轰炸机实施"。之前媒体透露,"1959 年,美国核武库的总当量为 200 亿吨","美国战略空军司令部列出苏联阵营内的 1200 多座城市,包括东德和中国在内。""无论在发生战争时,中国是否会选择站在苏联一边,美国战略空军司令部都将中国视作苏联阵营的一部分,并把中国的飞机场和城市列入目标清单,其中包括北京。"核武器政策独立咨询师、曾出版有关美国核武器的著作《原子武器经费审计》的史蒂芬·施瓦茨说:"这份目标清单冷酷无情,令人不寒而栗,这份文件可能已成为历史,但不幸的是,核武器尚未成为历史。"

但是,新中国的这一声核爆炸,无异于一声断喝:住手!

新中国是怎么做到这一点的呢?

"二战"结束之际,中国依然是一个非常落后的农业国家。举凡坦克、大口径火炮、各式军用飞机,都不具备自产能力。甚至连重型卡车、拖拉机和自行车也要进口。但是,物质的落后没有妨碍思想的前行。当原子弹在广岛和长崎相继炸响之后,以北大校长胡适、清华大学校长梅贻琦为代表的一批中国知识分子,就产生了向美国学习核技术的想法,并向当时的中国政府提出了呼吁。

对于这些呼吁,当时的中国领导人蒋介石不以为然,认为是秀才造反,三年不成。中国这么落后,连基本的工业基础都不健全,还搞什么核武器?直到战时中国战区的美国参谋长魏德迈,和当时

第四讲
新中国赶上核武器革命时代

的兵工署长、军政部次长俞大维说起,美国政府可以接受中国学者学习核技术,这才忽然让蒋介石有了底气,觉得可以走一条终南捷径,借助美国的帮助,快速掌握核技术。

于是,在蒋介石的许可下,由陈诚和俞大维出面,约见了吴大猷、华罗庚、曾昭抡三位科学家,决定以十万美元启动中国的核计划,并决定先派出华罗庚、朱光亚、李政道等学者,以公费留学生的身份去美国学习相关技术。

但是,到了美国之后,才发现美国把核武器及相关技术列为最高机密,连美国当时最亲密的盟友英国也在被保密范围之内,自然更不会把相关技术轻易转让给中国。

与此同时,国内的形势也发生了巨大的逆转。短短数年之后,蒋介石便一路败退到了台湾孤岛之上。到了台湾后,尽管蒋介石父子重新启动核武器开发计划,但是,此时的美国已经转向全力限制核武器的扩散,它自然不会允许台湾拥有核武器。结果,在美国的强大外部压力下,蒋氏政权被迫永久终止核计划,而只能在美国的监督下开发和平用途的核技术。中国人拥有核武器的希望再度转回到海峡的另一边。

1949年8月,秘密访苏的刘少奇提出了参观苏联核设施的要求。对此,斯大林没有批准,而只是请中国代表团观看了有关核试验的纪录片。并且暗示中国,社会主义阵营有苏联提供的核保护伞就足够了,言下之意,自然是同样不支持中国独立开发核武器。

两个月后,新中国正式成立。当时的新中国,对内继承的是一个长期积贫积弱、一穷二白的烂摊子。对外,面临着严峻的国防压力。能否发展出自己的核武库,确实是一个巨大的未知数。

决胜新空间
世界军事革命五百年启示录

1952年底，以中国著名核物理专家钱三强为首的中国科学院代表团访苏。而苏方却早已明确了接待底线：只向钱三强介绍"一般性质的科研工作，而不要让他详细了解第一总局课题范围内的工作"。这里所说的第一总局，当时负责苏联原子能利用、铀加工和原子动力装置建造。苏方的技术垄断，加上当时有限的国力，使得中国政府被迫在第一个五年计划中取消了核武器开发项目。

斯大林去世后，赫鲁晓夫依然是不希望中国研发核武器。

此后，苏联的态度来回摇摆，终于在1960年7月16日，单方面撕毁协议，决定撤走全部在华专家。

但是，中国人靠着自力更生的精神，成功地爆炸了原子弹，距离美国原子弹的爆炸只有19年时间！但新中国与美国的工业、技术、经济实力的差距是多少个19年？

1964年是新中国历史上形势最严峻的一个年头。内忧：正值三年困难时期；外患：与美、苏、印等大国关系形同水火。就是在这样的情景下，中国咬紧牙关勒紧裤带，爆响了核弹。

当时的新闻报道说：人们……激动万分，他们知道祖国有了原子弹，这块历经沧桑的领土上再不会有八国联军入侵、"九一八事变"和南京大屠杀……寓居美国的李宗仁说："西方人终于将我们视为一个智慧的民族。"他由此下定回归的决心。一位在西欧开饭馆的华侨说：此前邻居经常将垃圾扫到他的门前，以示对黄种人的轻蔑。中国爆炸原子弹的消息传来后，他的门前再没有人来堆垃圾，警察也向他道贺说："您有这样的祖国，以后不会有人再找您的麻烦！"

朝鲜战争中，美国两次威胁对中国使用原子弹。1955年1月18日，我军解放一江山岛。杜勒斯公开说："如果台湾海峡发生战争，美国准备使用战术核武器。"

1958年8月23日,中国人民解放军炮击金门。美国又一次举起"核大棒"。当时,美参联会曾计划由驻关岛的B-47轰炸机,"向大陆沿岸地区的5个机场先各投一枚当量为7000吨—1万吨的小型原子弹",同时决定在台湾部署带核弹头的巡航导弹和航空炸弹。参联会主席还向美国总统建议,授权第七舰队司令,必要时可下令向中共投掷原子弹。

直到中国核试验前夕,核大棒还在中国的头上晃动。

曾担任过肯尼迪顾问的罗斯回忆说:"中国将拥有核武器的消息把大家吓坏了。"肯尼迪说:"60年代最大的事件,也许是中国试爆核武器。"1963年7月14日,美国特使哈里曼赴莫斯科,带去了肯尼迪对付中国原子弹的计划:一架美国轰炸机和一架苏联轰炸机,一起飞到罗布泊上空各自投下一枚炸弹,其中一枚是核弹。而在美国单独破坏中国核武器的行动计划中,则准备对罗布泊试验场等实施公开的常规空中轰炸或秘密的地面袭击、空投特种兵破坏。在那段时间里,中国神秘的地空导弹部队连续击落替美国执行战略侦察使命的蒋军"U—2"侦察机。很少有人知道,那些事件的背后,隐藏着美国对中国浓厚的"核兴趣"。

外交层面上,还有两个超级大国为中国量身定做、精心设计的"核紧箍咒"。1963年7月25日,美苏英三国在莫斯科签署了《禁止在大气层外层空间和水下进行核武器试验条约》。乍一看,似乎是1962年古巴核危机后美苏缓和妥协的产物,其实却是双方为共同绞杀中国核计划而进行的密谋。1963年1月22日,肯尼迪在国家安全会议上就毫不隐讳地强调,禁止核武器试验条约的重点就是对付中国。

让美国和苏联措手不及的是，中国的核试验以超出他们预想的勇气，并在他们预想的时间之前进行并且成功了。

狂喜中的中国人没有意识到，中国核试验的成功，不仅是把自己从沉重的核压力下解放出来，其实还有着大得多的"世界意义"：超级大国的核垄断被打破，脆弱的世界和平，从此多了一极重要的力量支撑。

三角形稳定性的几何原理，在国际政治领域里的证明，几乎立刻显示出来。美苏争霸的世界政治格局已被中美苏外交三角的现实所取代。三足鼎立，三国演义，螳螂捕蝉，黄雀在后。谁都想对中国"动手"，但谁都不愿意在承当不可预料后果的同时，把一个既"反帝"又"反修"，奉行独立自主外交政策的第三世界大国，推向对方的怀抱；更不愿意成为渔翁手上的鹬蚌。

美苏以及各自率领的阵营，面对新的第三方力量的突然崛起，不得不开始谋划新的战略对峙。

24年后，邓小平同志说："如果60年代以来中国没有原子弹、氢弹，没有发射卫星，中国就不可能叫有影响的大国，就没有现在这样的国际地位。"而这个"影响"，不仅为日后中国重返联合国埋下伏笔，也为世界在20世纪70年代后走向全面缓和，发挥了积极作用。正是这个"影响"，美国总统尼克松在8年后踏上中国国土；还是这个"影响"，苏联最后一任总统20世纪90年代来到中国，寻求和解。而中国"有幸"成为今日美国内定的潜在主要对手，也不能不"归功"于这个"影响"。

中国的核胜利不仅取得了巨大的政治效益，还有着难以估量的经济效益。

第四讲
新中国赶上核武器革命时代

中国最早看到核战争的"心理"本质。美国向广岛投掷原子弹后一个星期，毛泽东同志在延安的一次干部会议上就谈起原子弹。他说："美国和蒋介石的宣传机关，想拿原子弹把红军的政治影响扫除掉……没有那样容易！原子弹能不能解决战争？不能……"1946年8月6日美国记者安娜·路易斯·斯特朗对毛泽东同志进行采访。在斯特朗抵达延安前的7月1日，美军刚在南太平洋比基尼岛进行了战后第一次核试验。斯特朗说："美国人能用原子弹轰炸俄罗斯的任何城市。"毛泽东同志一笑："苏联是一个大国。比基尼岛的核试验还不能杀死所有的猪呢！"就是在这次谈话中，毛泽东同志的经典名言风靡世界："原子弹是美国反动派用来吓人的一只纸老虎，看样子可怕，实际上并不可怕。当然，原子弹是一种大规模屠杀的武器，但是决定战争胜败的是人民，而不是一两件新式武器。"一位西方的政治家说："核武器最大的威力是在发射架上的时候。"说白了，核武器只在单方面拥有的时候才具有武器的本来意义，当双方都拥有时，它只不过是一种心理武器。毁灭100次的能力和毁灭一次的能力相等。核攻击力量的强大并不能弥补核打击承受力的脆弱。而当双方的核武器处于均势时，核武器的武器意义和心理效应则同时为零。美苏双方的核战略从"相互确保摧毁"转变到"相互确保生存"，即是明证。

毛泽东同志戏称中国搞原子弹是造一个"大炮仗"。说"原子弹是吓人的，不一定用。既然是吓人的，就要早响！"第一次核试验刚一成功，中国即宣布：任何情况下决不首先使用核武器，决不对无核国家使用核武器。在所有核国家中，敢于做出这种宣示的，迄今也仅中国一家。这是一种责任，一种信念，更是一种包含着极大勇气的战略智慧。

半是国力限制，半是谋略高超，即使是在大跃进、赶英超美的豪言壮语响彻云霄的年代，中国也没有在核武器的发展上失去理智。毛泽东同志说："原子弹、导弹，我们无论如何也不会比别人搞得多。"邓小平同志说："我们还是要发展一点，但怎么发展，都是有限的。"

据俄罗斯《红星报》统计：自1945年起，美国总共生产了约7万个核弹头；苏联从1949年起共生产5.5万个，300艘核潜艇。

再看看这样一个事实：美国和苏联把一枚枚昂贵的洲际导弹和战略轰炸机切成碎片，送进废铁炉；美国不得不拨出巨额经费将大批苏联的核弹头拆下买走，运到华盛顿作为核电站的原料；苏联一条条无钱维修的核潜艇死鲸鱼一样漂浮在海港……

有谁计算过这些核武器折算成美元和黄金后的数值？苏联的经济因此崩溃，成为国家解体的直接诱因。一个超级大国灭亡的代价，又怎么计算？

与此形成鲜明对照的是，中国改革开放欣欣向荣。看看1949年和1980年中国与苏联国民生产总值的比较，再看看今天中国与俄罗斯国民生产总值的比较，我们就能直观地理解中国"核胜利"的国防经济效益了。

中国核战略的胜利更有着巨大的军事战略效益。

2001年7月联合国召开的科学大会上，俄罗斯著名军事理论家斯里普琴科，提出六代战争划分的理论，引人注目地将核战争列为冷兵器战争、热兵器战争、线膛武器时代的战争、机械化时代战争之后的第五代战争。在它之后是正在到来并已经开始的第六代——精确制导武器时代的战争。

第四讲
新中国赶上核武器革命时代

除冷兵器时代外的四代战争形态的转换——即四次军事革命，都发生在近500年间。而在热兵器取代冷兵器、机械化战争取代热兵器和线膛武器的两次军事革命中，中国都远远地落在世界后面。中国因此遭到历史上从未有过的百年屈辱，付出了无法想象的民族牺牲。从第一次鸦片战争到朝鲜战争，中国军队无一不是在巨大的武器代差的情况下作战。

但是，在世界跨越机械化战争时代进入核战争时代不到20年，一穷二白的中国就赶了上来——这是500年来中国唯一一次赶上世界军事革命的步伐。

1965年5月14日——距第一次核试验仅7个月，中国空军使用轰-6型中程轰炸机空投原子弹实验成功，标志中国已初步具有核战争实战能力。

1969年中苏爆发珍宝岛冲突，苏联高层反应强烈。以苏联国防部长格列奇元帅、部长助理崔可夫元帅等人为首的军方强硬派主张"一劳永逸地消除中国威胁"，准备动用在远东地区的中程弹道导弹，携带当量百万吨级的核弹头，对中国的重要军事基地——酒泉、西昌导弹发射基地、罗布泊核试验基地，以及北京、长春、鞍山等军事政治等重要目标进行外科手术式的核打击。

中国针锋相对地发出"深挖洞、广积粮、不称霸"的应战号召。毛泽东同志说："不就是要打核大战嘛！原子弹很厉害，但鄙人不怕。"毛泽东同志不怕，就是中国不怕。而中国的不怕是建立在自己核实力的信心上的。9月23日和29日——时值中华人民共和国成立20周年前夕，中国连续进行了地下核试验。苏联十分清楚中国核爆炸的含意。美联社说："中国最近进行的两次核试验，不是为了获取某项成果,而是临战前的一种检测手段。"

苏联退缩了。10月20日,中苏边界谈判在北京举行。20世纪中国最后一次核危机随之灰飞烟灭。那也是中国迄今为止受到的最后一次核威胁。和以往任何一次不同,这一次中国是凭借自己的核实力化解的。

1972年,中国空军使用战术性强击机,投掷氢弹试验成功。继弹道导弹发射成功之后,生存力极强的空中核打击平台的建立,标志中国核反击能力已经相当强大。

1982年10月,中国核潜艇水下发射运载火箭成功。

今天,中国已建立起一支精干有效,各类核弹、各类弹道导弹齐全,固定阵地发射与机动发射相结合,陆海空"三位一体"的战略核力量。

中国的"核胜利"是一个进行式而不是完成式。它为昨天的中国赢得尊严和安宁,也为今天的中国赶上世界新军事革命的进程奠定了至关重要的基础,为我军进行新军事变革和实现跨越式发展,提供了一个高起点。

中国核武器的发展,在提升国际地位和为国家铸就一把战略反击利剑的同时,也带动了中国整个核工业和相关行业的飞速发展。

中国第一枚原子弹的先进程度、从原子弹到氢弹的过渡时间、从核试验到实用核武器的时间等,都创造了世界核武器发展史上的记录。实际上也是科学的奇迹。

中国核武器发展的历程,真正值得世界永远铭记的,是激扬并且留下了一种精神——我们称之为"两弹一星"精神。那是一个民族奋进不息的引擎。靠着这种精神的强大推动,中国以神奇的步伐

第四讲
新中国赶上核武器革命时代

迈向更远、更高。美国作协主席索尔兹伯里在《长征——前所未闻的故事》里写道：长征是一曲举世无双的人类求生存的凯歌。阅读长征的故事，使人们再次感到，人类的精神一旦被唤起，其威力是无穷无尽的。埃德加·斯诺说："它过去是激动人心的，现在它仍会引起世界各国人民的钦佩和激情。我想它将成为人类坚定无畏的丰碑，永远流传于世。"这些话也可以用来形容中国的核历程。只有了解长征是怎样进行和胜利的人们，才能准确地理解中国"核长征"胜利的意义。那是同一个奇迹、同一种精神的再现和延伸，是那部辉耀日月激扬后世的人类史诗的续篇。正像索尔兹伯里在描述长征时所说："它所表现的英雄主义精神激励着一个有十一亿人口的民族，使中国朝着一个无人能够预言的未来前进。"

今天回头看去，不能不承认，中国人能够创造奇迹，独立开发出核武器，是如下两个因素合力的结果：

首先，是知识的原创力量。

尽管美国的核垄断政策，导致了国民政府开发核武器计划的失败。但是，被派往美国的中国知识分子却没有认输，而是转向更基础的核物理知识的学习，以及和核武器密切相关的火箭运载技术的学习。后来，新中国建立后，这些学者又突破了狭隘的国内对立意识，决定放弃其在国际学术界的辉煌前程，回来建设新中国。这一批学有所成的专业人士，为中国独立研发核武器提供了宝贵的火种。

其次，是决策的眼光和魄力。

新中国成立前，毛泽东同志主要是从一个旁观者的眼光，从战略全局的角度来审视作为独立武器的原子弹，所以更注重从战略上藐视。比如，1945年在延安的一次干部会议上，毛泽东同志说："原子弹能不能解决战争？不能！原子弹不能使日本投降，只有原子弹而没有人民的斗争，原子弹就是空的。"

新中国成立后，尤其是朝鲜战争爆发后，由于战略对手的变化，毛泽东同志开始从实战对抗的角度，从战术上重视核武器了。

1951年下半年，法国科学院院长、世界著名科学家、诺贝尔奖获得者约里奥·居里让从法国回国的中国科学家传话给毛泽东同志：你们要反对核武器，自己就应该先拥有核武器。1953年，归国后的钱三强也向国家提出了发展原子能事业的建议。与此同时，美国在朝鲜战争期间，两次对中国进行核威胁。1955年，人民解放军陆、海、空三军联合作战，解放了一江山岛和大陈岛时，美国国会又正式通过授权，总统可以对中国使用核武器。根据这一授权，美国军方研究制定了用原子弹攻击中国东南沿海地区的多种方案。

急迫的战略压力，驱使中国必须造出自己的核武器，才能转弱为强，避免晚清以来的"落后就要挨打"的老套路。

1956年4月25日，毛泽东同志在中央政治局扩大会议上明确指出："我们还要有原子弹。在今天的世界上，我们要不受人欺负，就不能没有这个东西。"

1958年6月，在军委扩大会议上，毛泽东同志又强调指出："原子弹就是那么大的东西，没有那个东西，人家就说你不算数。那么好吧。搞一点原子弹、氢弹、洲际导弹，我看十年工夫完全可能。"

1959年6月，苏联决定取消对中国发展核武器的支持。我们就以596为代号，自力更生地发展原子弹。

随着中苏交恶，我国被迫在两个战略层面上，同时承受来自美苏双方的战略压力。而这两个国家不仅拥有强大的重工业基础和先进而庞大的常规武装,而且都拥有庞大、多样化的核武库。

正是在这样一个外援断绝、强敌压境的环境下,中国科研工作者进行了一场自强不息的绝地反攻。

1967年6月17日,中国又成功爆炸了第一颗氢弹。

到70年代,中国又掌握了中子弹技术,成为当时仅有的四个掌握中子弹技术的国家之一。

但是,仅仅有原子弹、氢弹和中子弹本身是不够的。就像第一颗原子弹当时一些外国媒体指出的那样,中国的核武器只能在自己国土上引爆。这样的核武器,毫无疑问的不具备战略威慑能力。于是,如何发展远程运载技术,就成了当时我国重要的后续任务。

早在1960年11月5日,东风1号地对地导弹就发射成功。

1964年6月29日,完全由我国自行设计、生产的东风2号中程导弹发射成功。

1966年10月27日,中国第一枚装载核弹头的地对地导弹发射形式的原子弹爆炸成功。正式标志着我国已经成为拥有实战能力的导弹核武器的国家。

1967年5月26日,东风3号中程地地导弹发射成功。

1970年1月30日,第一枚两级中远程导弹东风4号发射成功。

1971年8月23日,我国第一艘核动力潜艇首次试航。

1974年8月1日,我国第一艘核潜艇正式装备中国海军。

1980年5月18日,我国第一枚全射程洲际导弹东风5号发射成功。成为继美、苏之后,第三个拥有洲际导弹技术的国家。

1981年4月,中国第一艘弹道导弹核潜艇下水。

1983年8月,中国第一艘弹道导弹核潜艇交付海军使用。

至此，加上轰六中程轰炸机的完全国产化，中国掌握了完整的运载技术。这既是中国人自强不息的象征，更是中国国家安全的重要保障。第一次，中国军队终于抓住了世界军事变革的矛头，避免了"落后就要挨打"悲剧的上演。在漫长的"冷战"时代，如果没有核武库，我国的国家安全环境是不堪设想的。

为了赶上这一次新军事革命，毛泽东同志作为举世无双的大战略家，进行了高超的战略运筹。中国支持世界范围内的民族解放运动，让美国在他的后院和其他地方到处救火；中国支持越南进行抗美战争，把美国拉入亚热带丛林的泥沼中，利用美苏"冷战"对峙的有限空间和时间，集中全国的人力、物力，全国一盘棋，争分夺秒，以高涨的热情和忘我的境界，以世界核武器发展史上最差的条件、最短的时间，发展出"两弹一星"和陆海空三位一体的投送体系。

核武器革命成功的背后，是毛泽东同志那一代中国共产党人在中华民族发展史上留下的不可磨灭的功勋：中国以飞跃的速度，从具有500年"深度"的农耕时代的历史凹地，一举挤入当代工业先进国家之列。

在这个历史门槛前面，晚清的洋务运动绊倒了；中华民国的黄金十年没有迈过去。整整一百多年，中国始终没有完成工业化。但是，毛泽东同志领导下的新中国，只在以工业化为核心的第一个五年计划之后，就实现了百年梦想。

在这个过程中，新中国聚起了全球的民族科技精英，建起了一个庞大、齐全的现代工业体系，建立了一支技术精湛、标准严格的技术队伍。规模巨大的现代工业体系，使新中国有了健康合理的经济发展支柱，也使中国常备军的主战装备完全实现了国产化。而"两

第四讲
新中国赶上核武器革命时代

弹一星"精神作为配套的软件，将那个年代中华民族的道德文化水准，提高到空前绝后的程度。无论对于建设还是国防，精神都是一种巨大的力量。

在这次成功追赶核武器军事革命带动的工业化的基础上，中国造出了万吨巨轮，造出了与美国第一代波音客机水平相当的运十客机。正是在这样的工业技术和经济基础上，改革开放后中国才有对接世界的资格。

军事是政治的继续。核武器军事革命的成果必将立即体现在国际政治上。正是在赶上这次新军事革命的基础上，毛泽东同志自信地发表了"三个世界"理论，公开在世界上与美苏两大超级大国在政治上分庭抗礼，把新中国的战略地位提升到中美苏大三角的位置上。

之后，日本向中国伸出了手，美国总统尼克松在双方还没有建交的情况下，来到毛泽东同志的书房，向新中国致敬。

世界由两极走向三极，并从此奠定走向多极的基础。

由于中美关系的破冰，"冷战"的结构被从根本上打破。中国改革开放的外部环境基础由此奠定，并在几年后拉开序幕。中国又一个新的伟大的时代开始了。

但是，世界也在此时由工业时代进化到更高技术形态的信息化时代，而以信息化为核心、以空权为背景的新军事革命也同步发生。由于社会形态、技术形态和军事形态的不足，中国在这一次世界军事革命中又落在了后面，而不得不发出跨越式追赶的号召。

第五讲

第五次军事革命：实质为精确制导武器的"空权信息化战争"

——宇宙空间开辟前的"现代"战争过渡形态

第五讲
第五次军事革命：实质为精确制导武器的"空权信息化战争"

发端于15世纪、成熟于17世纪，从冷兵器到热兵器的军事革命，是唯一一次单一的革命：机动工具没有变化，还是以战马为主；但是，杀伤工具变化了，箭头变成弹头——子弹头、炮弹头，人力推动的金属变成了火力推动的金属。

之后，军事革命就是双重的了：即机动工具和杀伤工具同时革新。

公元18至19世纪，发生了"蒸汽机——海权"时代和"铁路——陆权"时代及同时伴随的速射武器革命。这时期的战争可以称之为二维平面机械化战争，战争要么发生在海面，像甲午战争；要么发生在地面，如日俄战争。

20世纪初发生了以内燃机为动力，及线膛自动武器构成的军事革命。这依然是双重革命。由于发动机的革命性进步，1903年飞机发明出来，人类的生存空间扩展到了天空，这一时期发生的战争被称为立体机械化战争，如"一战""二战"等。

20世纪中叶发生了以洲际导弹和核武器为标志，以超远程、超火力为特点的第四次军事革命。这种战争的打击距离和毁伤威力，已经达到地球物理极限和人类的心理极限。我将这种战争称为大空间战争，罗马俱乐部发表过一个报告，叫《核冬天》，警告核战争引起的烟尘将遮蔽太阳几十年，使整个地球的生物都毁灭。整个地球和大气层以内的空间都成了战场，空间还不大吗？

中国直到鸦片战争爆发才知道世界已经发生了军事革命。其实那时世界军事革命已经到了第二次，是蒸汽机和速射武器带来的海空间和陆地空间的双重、双向革命。

世界每一次新军事革命的发生，都是在一些国家率先开辟人类新空间的时候发生的，而从中国的角度看，中国落后于世界军事革

决胜新空间
世界军事革命五百年启示录

命的主要原因，可以理解为对人类开辟新空间的意义认识不清，跟进不及时：明朝失去了海空间开辟的机遇，晚清失去铁路带来的新陆地空间开辟的机遇，民国则失去天空被开辟为新空间的机遇，而新中国"两弹一星"的成功，则是赶上人类开辟"大空间"的机遇。

先开辟了人类新空间的民族和国家，不仅独霸新空间的一切权益，还利用新空间的"区位优势"，居高临下，以新对旧，回过头去掠夺那些还停留在老空间的国家和民族。欧洲人对美洲印第安人的大屠杀大掠夺，对非洲黑奴的奴役，对亚洲财富的掠夺和屠杀，以及欧美列强今天仍在对中东国家的轰炸、肢解，对俄罗斯和中国的包围，等等，都是这种历史现象的重现。所以，1956年毛泽东同志说："你有那么多人，那么大一块地方，资源那么丰富，又听说搞了社会主义，据说是有优越性，结果你搞了五六十年还不能超过美国，你像个什么样子呢？那就要从地球上开除你的球籍！"他就是看到了历史的教训和现实的危险，希望中国迅速地现代化。

人类社会存在着一种强大的、永恒的、创新的、前行的力量。任何一种技术和武器，任何一种政治形态，都不能窒息这种前进的动力。所以，当核武器把20世纪中叶的大国政治家和军事家们，拦截在战争前沿的近半个世纪中，一场超越核武器的新军事革命又在孕育，那便是空权信息化时代。这同样是人类开辟新空间的结果。

在核对峙的近半个世纪内，军备竞赛如火如荼，强力拉动太空技术和计算机技术的迅猛发展，电磁网络空间和太空空间又被开辟为人类生存和生活的空间，因此也同步成为战场空间。

在"冷战"结束至今的二十多年中，战争呈现出空权信息化的特点：前半部空权的部分，保留着机械化战争的特征，战争主要是

第五讲
第五次军事革命：实质为精确制导武器的"空权信息化战争"

依托空中平台进行的；而后半段信息化部分，则是由太空系统和以计算机为核心，以指挥自动化系统 C4ISRK 为统称的电磁网络技术所提供。这就是自 1991 年海湾战争以来，所谓的新军事革命，中国把它称作以信息化为核心的新军事变革。其实质是精确制导武器取代物理投射武器。

前面说过，这是一种从陆海空传统老空间向网络空间和太空空间新战争过渡期的一种形态，本讲主要谈这种战争。它是实实在在发生了很多次的战争，也是被当今众多国家当作新军事变革目标的一种形态。但是，这样的一种过渡性的战争状态，已接近尾声。真正的新空间军事革命正在发生，并且已经相当成熟。

以空中化机动平台和信息化武器系统双重特征为核心的"空权信息化战争"，是核战争时代之后的第五次军事革命。这是 20 世纪最后一次军事革命。它的战争特点是：短时、精确。空中战场没有自然障碍，空中平台速度快、时间短；信息化武器系统定位精确、打击准确。二者结合，相对于过去的机械化战争，这算是一种划时代的进步。

一个国家的社会形态、军事形态是由技术形态决定的。在美苏东西方两大政治军事集团核对峙的近五十年中，世界进行并完成了由机械工业时代向电子信息时代的转型。而率先完成这一技术、工业、经济形态转变的美国，也同步完成了军事形态的转变，又一次站在世界前列。

第一次世界大战的时候，无线电已经发明，"二战"时期，雷达被发明出来。就是在此基础上，世界电子时代的大幕拉开。

第二次世界大战后期，为了解决计算大量军用数据的难题，美国国防部成立了由宾夕法尼亚大学的莫奇利和埃克脱领导的研究小组，开始研制世界上第一台电子计算机。1946年2月15日，在美国宾夕法尼亚大学举行了一场特别的揭幕典礼，世界上第一台电子计算机问世：它重30吨，占地150平方米，肚子里装有18800只电子管。可进行5000次加法/秒运算。

第一代计算机

其实，从第一台计算机紧随第一代核武器出现这一基本事实出发，也可以预计下一场军事革命的走向。

1956年，以晶体管为代表性元器件的第二代计算机产生。1965—1974年，以集成电路为代表性元器件的第三代计算机问世并在西方大规模应用。

第三代计算机

而空中力量在第二次世界大战中得到了突飞猛进的发展。"二战"后期，美苏英都生产出了重型轰炸机，德国还造出了喷气式战斗机。军事领域，是一切新技术最先应用的领域。电子技术作为一种新型技术正在工

第四代计算机时代

第五讲
第五次军事革命：实质为精确制导武器的"空权信息化战争"

1958年金门炮战期间，中国大陆和台湾曾爆发过激烈的温州空战，台军使用响尾蛇空空导弹击落解放军战机，这成为世界空战史上首次用导弹击落目标的记录。

1958年9月17日，台湾媒体获邀到桃园空军基地，参观因金门炮战紧急进驻的美国空军F-104A战机。这批美机隶属第83截击机中队，是在9月10日由C-124运输机从美国加州运抵桃园的，这批F-104A就配备有响尾蛇导弹（当时编号为GAR-8，稍后才改为AIM-9B），这也是台湾媒体首次见到响尾蛇导弹。当时媒体报道是这样描述响尾蛇导弹："导弹细长约7英尺左右，直径5英尺左右，涂成灰白色，弹后有四片弹翼，弹头圆形，似用玻璃质制成，透出绿色和浅黑色的光芒，看来颇为可怕。要说它是'响尾蛇'的话，那么弹头就正是响尾蛇的眼睛。"

业领域如火如荼地应用，它和空中力量结合，出现在战场上就是自然而然的事。

1958年9月24日，国民党空军在温州地区上空的空战中，以"响尾蛇"导弹击落大陆空军一架米格-15比斯，大陆飞行员王自重牺牲。这是世界上第一次使用次空空导弹。[1]

1959年10月7日，大陆地空导弹部队击落国民党空军一架美制RB-57D高空侦察机，国民党飞行员王英钦死亡。这又是一个世界第一：地空导弹第一次在实战中击落飞机。

海峡两岸的军队创造了世界军事史上使用导弹的纪录。导弹，

---

[1]《烈马雄鹰——海军航空兵英雄飞行员王自重传》，北京：解放军出版社，1990年。

挂载响尾蛇导弹的国民党空军飞机

就是电子技术和传统火力元素的组合。这种组合,预示着第五次军事革命的萌芽已经出现。紧接着发生的越南战争,开始了第五次军事革命即空权信息时代的全面孕育时期。

越南战争紧接着朝鲜战争爆发。但是,无论从外观还是从本质上看,这都是两场完全不同的战争。朝鲜战争是第二次世界大战的延续,是核背景下最后一次大规模的机械化战争;而越南战争则是面向未来的空权信息化战争的揭幕之战。它让世界印象最深刻的地方,是精确制导武器的使用和电子对抗的大规模应用。

有这样一个镜头,可以很直观地说明这场战争的特点:在越南北方的红河上,有一座很著名的保罗·杜梅大桥。由于大量越共的人员和物资都要从这座桥上过,所以,美军一直处心积虑要炸掉它。1967年,美国对它进行了64次猛烈轰炸,投掷了上千枚炸弹。由于地面防空炮火的猛烈,美军付出了8架飞机的代价也没有炸掉杜梅大桥。

但是,5年后,1972年5月8日,美国空军只出动了一次,用了14架F4鬼怪式战斗轰炸机,投下22枚激光制导炸弹和2枚光

第五讲
第五次军事革命：实质为精确制导武器的"空权信息化战争"

电制导炸弹，就彻底摧毁了大桥。

这一次美军没有出动战略轰炸机，而是使用机身更小、双座的F-4，其轰炸方式也完全不同于以往的临空投弹。F4前座飞行员通过挂在机身下方的光学吊舱，平稳地操纵飞机对准杜梅大桥；而后座飞行员则启动吊舱中的激光器发射激光对准大桥，同时投下装有头部传感器的炸弹，沿着光束向大桥飞去。这有点像曳光弹为步兵机枪、火箭筒指示目标。

每一架F4都如此这般，把激光制导炸弹精确地投在杜梅大桥上。跟在F4后面的，是用同类战斗机改装成的RF-4侦察机，它负责拍摄目标损坏情况，以决定是否进行后续攻击。

侦察机看到杜梅大桥已经彻底倒塌，空袭宣告圆满成功。

20年前的第二次世界大战中，美军对德国一个轴承厂进行"精准轰炸"，229架B-17轰炸机共投弹2873枚，但只有63枚直接命中目标，90%落在目标一百多米以外。美军损失599名飞行人员、60架轰炸机，另有138架飞机受伤。

1972年对杜梅大桥的这次轰炸，因此成为一个里程碑事件。

在此后不到两个月的时间里，美国空军使用精确制导炸弹，炸毁了越南北方的106座桥梁，其中包括号称"永远不倒"的清化大桥。

在整个抗美援越战争中，中国防空军部队的雷达和美军的反辐射导弹，不知进行了多少次电子对抗。

政治家在分析越南战争的时候，会说美军的武器再先进，也打不赢一场非正义的战争；但是军事家在分析这场战争的时候，首先看到的是美国军队的武器装备和战略战术的变化对战争结果的物质性影响。

决胜新空间
世界军事革命五百年启示录

在越南战争中，电子干扰机大量出现。美军不仅使用专门的电子对抗飞机如 EB-66 和 RB-66 等对突击机群提供电子干扰掩护，还在大多数作战飞机上安了电子干扰吊舱，雷达寻的警告设备等自卫性电子装置，以对付越南的防空系统。电子对抗成为与火力对抗同等重要的手段。这与朝鲜战争期间的空中战争完全不同。

预警机担负空中指挥任务，这又是越南战争完全不同于朝鲜战争的地方。面对成百上千架担负不同任务的飞机，预警机以其自动化系统从容调度指挥，使空中掩护群、电子对抗群、空中保障群、突防压制群、攻击轰炸群同时升空，各司其职。可以说，通过预警机，美军已经实现了空中大兵团作战。这是以雷达指挥空战的苏联模式所无法比拟的。

预警机在越南战争中的使用，是现代空中作战模式的开端。从越南战争一直到 2003 年的伊拉克战争，美国都延续着这一空中作战模式。也就是从这场战争开始，空战中最浪漫的一幕——王牌飞行员成为历史。三年多的第二次世界大战，美国击落 5 架以上的王牌飞行员有 700 多人，而十二年的越南战争中，美军王牌飞行员只有 3 人。越南战争之后，再也没有王牌这一称谓。在它的背后是这样一个历史性的发展趋势：空中作战开始成为体系对体系的对抗，平台对平台的对抗成为历史。

在越南战争中，精确制导武器集群的雏形显现。除激光制导炸弹外，美军还使用了电视制导的"灵巧炸弹"和"不死鸟""小斗犬"导弹。这些最初的"信息化武器"，是 20 年后海湾战争中"战斧"式巡航导弹的先驱。

电子对抗、空中预警系统和精确制导武器，这三大现代空中作

第五讲
第五次军事革命：实质为精确制导武器的"空权信息化战争"

战要素，使空军终于获得了梦想大半个世纪的、独立遂行空中战役甚至空中战争的基本能力。

除了空中战场巨变，越南战争另一个巨大的变化是在陆地战场。美国陆军在天上作战的时间几乎和在地上作战的时间相等，有3000多架各种用途的武装直升机遂行战役和战斗任务。曾经充当"二战"地面突击先锋的第82空降师和全部由新型武装直升机组成的101空中突击师，以全新的面貌出现在地面战场上，大规模的地面对决战绝迹。可以说，整个越南战争，几乎没有出现如朝鲜战争那样的地面机械化大兵团作战。

越南战争在军事史上取得的技术和战术成就，可以简单地理解为把飞机和导弹结合起来，为陆军插上翅膀。战争后期，第三代战机问世，超视距导弹装备，空中格斗的战术日渐式微。集群式空袭，逐渐成为现代空军的基本战术。

基于越南战争的经验，结合当时的国际形势和东西方集团对峙的军事特点，美国制定了针对苏联的空地一体战构想，标志着美军在理论上已经突破相互确保核摧毁的核战争学说，核武器在战争领域的垄断地位被打破了。

由飞机和精确制导武器组合而成的新型空中力量对战争进程的决定性作用，在随后的几场局部战争中展现得更加明显。

1982年4月2日，阿根廷军人登上有争议的马尔维纳斯群岛，英阿马岛战争爆发。

这场战场的结果，今天的人们已经耳熟能详。英国凭借强大的军力，重新夺回了马岛，但阿根廷使用仅有的9枚法国制造的反舰导弹，却击沉了英国非常现代化的驱逐舰和其他大型战舰，引起世界震惊。

马岛上空的硝烟还没有散尽，中东又爆发了以色列和叙利亚的战争。6月9日，以色列出动96架飞机袭击叙利亚的导弹阵地。叙利亚空军62架战斗机起飞拦截。

这是两种截然不同的空战模式的对抗。叙利亚是苏式的：地面雷达发现敌机后，报告机场对空指挥的塔台，由地面指挥员命令战斗机起飞，通过无线电引导战斗机到指定空域，然后，由飞行员搜索发现敌机，报告空中情况后请示攻击。这是"二战"中空战模式的改进版。

而以色列则是现代的美式空战体系：以E-2C预警机为核心组织进攻和防御。E-2C预警机的雷达可以发现400公里以内的飞机和200公里以内的巡航导弹。

叙利亚是仰视战场的边缘，以色列则是俯瞰战场的全部。20世纪80年代，世界的作战模式主要被苏式军事体系和美式军事体系主宰。在地面战场，这两种体系各有千秋，但在空中战场，由于技术装备和作战思维的不同，美式作战模式远远优于苏式空战模式。

当叙利亚军队打开雷达的时候，以色列军队的E-2C预警机立即指示波音-707E电子战飞机对叙利亚雷达和陆空通信网实施电子干扰，同时却把叙利亚飞机的航行数据传输给以色列战斗机。

叙利亚飞行员的耳机里一片嘈杂，空地联系中断，机载雷达也全部失效。以色列战机则按照预警机和本机雷达设定的参数，从容不迫地发射空空导弹。32架叙利亚飞机，几乎在同一时间被击落。剩下的叙利亚飞机立即打开加力逃离战场。双方飞机连一个格斗式的特技都没有做，叙利亚飞机甚至都没有发现对手。第二天，以色

第五讲

第五次军事革命：实质为精确制导武器的"空权信息化战争"

列空军再次出动 92 架飞机来袭，叙利亚空军以 50 架飞机迎战，叙利亚全军覆没。

比这一惊人战果更让人震撼的，是以色列人接下来对叙利亚萨姆 –6 导弹阵地的攻击，这是发生在山谷里的一场空袭革命。

在 1967 年的第 3 次中东战争中，叙利亚的苏制萨姆 –6 导弹曾经击落了以色列 103 架飞机，可以说把以色列打疼了。叙利亚则欢呼雀跃，狂喜之下把国防预算的 75% 都用在建设"萨姆屏障"上。

在 1982 年，这一次，以色列要凭借自己的电子优势折断叙利亚的长戟。以军先放出"猛犬"和"侦察兵"无人侦察机诱使萨姆 –6 发射。在萨姆 –6 制导雷达打开的瞬间，空中的 E-2C 预警机立即把雷达参数同步传输到正在空中待战的 F-4 战斗轰炸机和戈兰高地另一侧的"狼"式地对地导弹阵地。"百舌鸟"反辐射导弹和"狼"式地对地导弹从两个维度，直击萨姆 –6 制导雷达，当年的空防英雄瞬间变成了"瞎子"。然后，以色列空军的大机群扑上来，激光制导炸弹像点名一样吞噬着呆呆的萨姆 –6。叙利亚苦心经营 10 年的 19 个导弹连、228 枚导弹，曾经威风凛凛的铜墙铁壁转眼间成了废铜烂铁。

以色列发起的这场小规模的战争，是非常典型的空中化和信息化要素的完美结合。而对于叙利亚，这是典型的守株待兔式的悲剧。叙利亚军队的装备和战术，思想和观念，都还停留在上一次胜利的 1967 年，而以色列已经前进到 1982 年。历史屡次证明：战争永不重复。

2012 年 11 月 18 日，一架以色列战机在加沙地带对叙利亚实施旁若无人的轰炸。2013 年 5 月 3、4、5 一连三日，连续空袭叙利亚，因为叙利亚于2011年3月爆发内战，此时已经筋疲力尽，更由于苏联解体后俄罗斯整体军事技术能力的下降，导致叙利亚军事装备难以更新，与以色列的技术差距已经非常巨大，所以，以色列空军几乎已可以对叙利亚随心所欲地欺凌。

2013年8月下旬，欧美媒体一起鼓噪，要对叙利亚发起"外科手术式"的空袭。一个医学名词，其实在二十年前就已经变成军事术语。

1986年4月15日，美国以打击国际恐怖主义为名，出动部分海、空军力量，使用当代最先进的电子战、精确制导、高速反辐射雷达导弹和远程航空等高技术武器装备，对利比亚突然实施空袭，这次空袭被称作"外科手术式"。

这次代号为"黄金峡谷"的战争最突出的特点是：美国依托全球空军基地和航空母舰集群，在全球定位系统的支持下，全球机动，跨洲远程奔袭，直击对方首脑。这几乎就是1999年科索沃战争的预演。

战前，美军对预定打击的利比亚目标进行了多次卫星侦察和SR-71高空侦察机反复核实。根据情报，美军制定了洲际空袭计划。

1986年4月13日，美军将10架KC-10加油机由本土调往驻英国空军基地待命，将30架升级版的F-4战斗机派往塞浦路斯。同时，美军"企业"号航母由印度洋驶入阿拉伯湾，随时准备支援已在地中海的第6舰队；驻南欧各地美军也进入战备状态。美国是全球作战思想，整个地球在美国人眼里就是一张棋盘。

整个作战行动由第6舰队司令凯索尔中将统一指挥。其具体作战部署是：以航程比较远、载弹量比较大的FB-111型战斗轰炸机

第五讲

第五次军事革命：实质为精确制导武器的"空权信息化战争"

担任主要攻击任务，负责袭击利比亚首都的3个目标；以A-6型舰载攻击机担任辅助攻击，负责攻击班加西地区的两个目标。同时以大量的辅助舰只、飞机担负海空监视、预警、电子对抗和空中掩护。直接参与这次空袭行动的舰艇20余艘，飞机200余架。

因为事实上控制着地球的公共海域和公共天空，所以，美国在全球的作战行动就像在一张白纸上任意泼墨作画。4月14日19时，凯索尔中将从"科罗拉"号旗舰上下达执行"黄金峡谷"的作战命令。21时许，24架FB-111F型战斗轰炸机，17架KC-13型加油机和10架KC-10型加油机，5架EF-111电子战飞机，分别从英国的拉肯希思、米尔登霍尔、福尔费德等基地先后升空，经过在空中编队后绕过法国、西班牙，穿过直布罗陀海峡，经4次空中加油，飞行5180公里，对利比亚实施奔袭。

5180公里，真正的万里远征！在冷兵器时代，即使是在第二次世界大战中，这种一举跨越几个大洋海域的作战，也是不可想象的。但在美国人这里确实是不假思索的。

15日0时20分，美军16架FB-111电子战飞机，飞抵距利比亚海岸约500公里处的地中海上空，与两艘航母上的机群汇合，美国海、空军共14个机型、150余架飞机，编成分工明确的空中集群，准备突击。

美军首先使用电子战飞机，对利军的无线电通信、防空雷达实施干扰，使其防空系统完全处于瘫痪状态；然后，在预警机的统一指挥下，16架FB-111飞机绕过突尼斯阿达尔角，分3个编队超低空进入的黎波里上空；14架舰载A-6攻击机，以两个编队飞向班加西。整个空袭行动持续约12分钟，投掷炸弹100吨。

利比亚军队直到炸弹临头时才进行还击。但由于雷达、通信受到全面压制,防空导弹不能发射,580多架飞机也无法升空作战,只有高射炮对空盲击,密集的炮弹碰到了一架FB-111。卡扎菲由于躲在军营逃了一命,但总统府被夷为平地,利比亚军民死亡700多。

美军对利比亚的空袭,虽然是"低强度"战略理论指导下的一场战役行动,但其无缝隙融合众多军兵种,全球性快速机动作战的能力,已经达到空前的水准。

这一年还发生了美国武装入侵巴拿马的警察抓捕式战争,美国的第一代隐身战斗机F117出现在战场上。这种飞机是当代电子技术和航空机械技术融合的产物。

这时,距离惊天动地的海湾战争只有5年。下一个倒霉的是萨达姆。

1991年苏联解体、"冷战"结束。美国原来为苏联准备的超级大军,顿时失去了对手。对于一般的国家,胜利后都会立即转向和平规划。但对于美国,这场巨大的胜利却是一个巨大的危机,这个由世界移民组成的国家,一旦失去外部敌人,就会变成一个大集市,千奇百怪的内部矛盾就会爆发。为了把这些民族繁杂、身份各异、文化千差万别的人们凝聚在一起,寻找共同的敌人,就成了美国政治的奥秘,因为在集体恐惧和诱人的巨大利益面前,人们会忘记个体的属性,而本能地焕发出集体意识。在开国初期,美国的领导者是靠屠杀印第安人、掠夺他们的家园、夺取周边国家的领土做到这一点的;后来则是参与到欧洲掠夺世界的阵营中,之后是两次世界大战夺取胜利者和失败者的果实,后来是和苏联争霸。现在,"冷战"战胜苏联后,美国又立即在全球寻找新的敌人。经过一番盘算推演,

第五讲

第五次军事革命：实质为精确制导武器的"空权信息化战争"

萨达姆被套进了准星。因为他站在石油这黑色的金子上面，而他的力量又不足以保住脚下的石油和身后更多的石油及其他。

1990年8月，萨达姆突然出兵灭掉了科威特。历史上的科威特曾经是奥斯曼帝国巴士拉省下属的一个县，19世纪先是被英国策划从奥斯曼帝国分离，然后实现了独立。伊拉克一直认为科威特是自己的一部分，但在20世纪现实语境下，萨达姆这样做就违反了西方制定的国际法。

萨达姆本是美国在中东扶持起来，用以平衡伊朗的一个头脑简单、志大才疏的人。伊朗在1979年发生革命，亲美政权倒台，美国于是支持、武装伊拉克，对伊朗发起战争，以削弱伊朗的实力。两伊由于实力相当，打了8年也没分出胜负，但互相之间都打穷了。萨达姆穷极生赖，就准备动科威特的脑筋。美国因为看到"冷战"即将结束，苏联在中东的势力范围必须收入囊中，因此需要一个借口，于是就对萨达姆做了默许的暗示，萨达姆于是一夜之间就占领了科威特。这一下，正入美国圈套。于是，美国打着替天行道的旗号出兵了。

这就是上兵伐谋。然后，其次伐交。美国在外交层面上孤立伊拉克，美国操纵联合国一口气通过很多要求伊拉克撤军的决议，一个比一个严厉、苛刻，让伊拉克心存幻想的同时悄悄断掉伊拉克的外交退路。

其次伐兵。美国不费吹灰之力就组织了28国联军，日本虽然不能出兵，但也出了很多美元。

美国开始在全球范围内大张旗鼓地向中东运兵。半年后，美国准备就绪，开始发起攻击。

海湾战争开始前，世界上大多数国家，包括美国人自己都非常担心，这会不会是另外一场越南战争。因为伊拉克是中东地区的第一军事强国，在世界上也算是中等强国，有 42 个陆军师 54 万人，预备队 500 万，坦克 4200 辆，装甲车 2850 辆，各型作战飞机 700 架，武装直升机 125 架，重炮 3000 门。而美国部署的多国部队是 54.5 万，坦克 2000 辆，装甲车 2000 辆，各型作战飞机 1700 架，直升机 1500 架。双方旗鼓相当。

萨达姆构筑了一条由沙堤、铁丝网、雷区和油池及火炮阵地组成的长达 240 公里的萨达姆防线。萨达姆公开说，要让美国大兵在血水里洗澡。

萨达姆的这个做法吓住了全世界，却让美国人看到了他内心的怯懦。美国是打过"二战"的国家，"二战"中没有一条防线是成功的。那么，萨达姆为什么要弄这么一条防线呢？

20 世纪 80 年代多次发生"新战争"。在马岛战争、贝卡谷地战争和"黄金峡谷"行动前后，还发生了另外几场战争：一是 1979 年苏联入侵阿富汗；一是 1979 年中国边境自卫反击作战；一是 1981 年的两伊战争。

苏联入侵阿富汗，其战争特点主要是前期的机降突击和后期的山地游击战。由于阿富汗没有像样的正规军，所以苏军采取空降兵占领机场，然后运输机运载陆军，快速占领阿富汗首都，换掉其政府首脑。然后，与阿富汗抵抗武装进行游击战。

这一年还发生了中国边境自卫反击作战，主要是使用陆军进行的步炮坦协同。空军只进行了战场巡逻，没有实际参与任何战役或战术行动，导弹一词则根本就没有出现。因此，从军事技术进步的

第五讲

第五次军事革命：实质为精确制导武器的"空权信息化战争"

意义上讲，这一仗没有体现出现代化战争的特点。

而两伊战争基本上就是现代战争史上的一个笑话：双方都使用购买来的现代化武器，进行冷兵器时代的阵地攻防，而性能先进、价格昂贵的导弹，却被双方当成了弹弓，互相攻击对方的城市或油轮。

20世纪80年代的世界，是农业化、工业化、信息化并存的时代，因此，发生在不同国家间的战争，就呈现着与各自国家技术相同的特点。英国、以色列和美国，都是电子工业、军事工业发达，信息化程度很高的国家，所以他们的军队装备和战术就呈现出新技术的特点；而苏联和中国和两伊，当时电子信息产业的技术水平和普及程度相对较低，所以，军队作战就体现着农业时代、工业时代的特点。只有两伊战争经验的萨达姆之所以构筑这样一条防线，就是工业化战争思维的表现。他不知道，两伊战争最多只能算两只山羊之间的犄角相抵，而美国则是一只会飞的狮子，何况其身后还带着一群猛兽。

世界大多数军事评论家，则是参照着这些不同样式的战争，来预测海湾战争。有人甚至认为美国可能遭遇另一次越南战争。

当时的美国国务卿吉姆·贝克提心吊胆地写道："我站在白宫的窗前，目光越过华盛顿的波托马克河，注视着河对面的阿灵顿国家公墓。也许过不了多久，又将有一大批美国青年，躺在那座山坡上。"

其实，美国真正害怕萨达姆的只有生物武器，怕萨达姆率先对以色列使用，以色列一参战，那些阿拉伯联军会因为民族矛盾出现分裂，还怕生物武器导致其他盟国的军队不敢出动。所以，美国威胁萨达姆说，如果伊拉克使用生物武器，美国将使用核武器。在确信萨达姆不敢使用生物武器的情况下，美国出手了：在制式化的大规模电磁压制之后，首先出动F117隐身战斗机，把炸弹投在萨达姆总统府的屋顶上。

接下来的情形和袭击利比亚的情形差不多，只是规模要大得多。这些来自不同战区、几十个国家的三十多种战机直扑巴格达。整个中东都被这山呼海啸般的轰炸震动了。

这种场景持续了38天，伊拉克人感受到的和全世界通过电视报道看到的，都是没有任何战争艺术特色的爆炸、火光和废墟。

当联军的空袭终于表演完毕，临近谢幕的时候，美国陆军才挥舞起"沙漠军刀"。从第一辆美军坦克开出堑壕，到最后一辆坦克停止前进，前后不到一百个小时。

美国人所担心的大量人员伤亡的情况最终没有出现。这场战争最后的结果是：美军阵亡187人，联军损失战机45架。

伊军的战损为：被俘17.5万，阵亡10万以上，损失坦克3700辆，损失装甲车2400辆，损失战机400架，这还不包括16个地面设施，75%的指挥通信设施，95%的防空雷达，44个军用机场彻底被摧毁，以及高达2000亿美元的经济损失。

一个伊拉克士兵被烧成焦炭的照片，是这场战争结果最形象的证明。结果让伊拉克震惊，让全世界震惊，甚至美国人也感到惊奇：直到战争结束时，事先订购的几万只尸袋和棺材还在源源不断地运往前线。

美国人说，海湾战争是硅片对钢铁的胜利。这一结果，和中国历史上的鸦片战争一样，都是两支不同时代的军队在同一个时空进行的完全不对称较量的结果。这个结果也让人们回忆起当年欧洲人屠杀印第安人的情形。

1999年，科索沃战争爆发。从本质上说，这仍然是美国空袭利

第五讲

第五次军事革命：实质为精确制导武器的"空权信息化战争"

比亚外科手术模式的重演，只不过规模更大，技术更精湛了。这是一次空前的大区域联军联合作战，北约当时19个成员国中的13个国家直接参战，6个国家提供后勤支持。作战基地分布在30多个国家，空域范围覆盖40多个国家，战场东西宽15000公里，比海湾战争时的作战空间要广阔得多。在这样一个广袤的战场上，要把如此分散的兵力快速动员、集中、调度起来，高效运用于一个局部战场，在机械化时代是根本不可能的事。

北约在美国本土和欧洲设立联合作战指挥中心，动用全球性的C4ISR系统，将战略、战区、战术等三级网络全部联通，形成一张天罗地网。这是一张涵盖全部空间的指挥、控制、通信、计算机、情报、监视侦察的网络。面对如此庞大的信息动员和展开能力，南联盟军队几乎成了插翅难逃的小麻雀。

比起后来震耳欲聋的轰炸，战前美国统领下的北约展现出的这种信息能力，已远远超过所拥有的核武器的威慑力。这还只是西半球的部分。在美国和日本、澳大利亚、韩国等盟国之间，这样的信息动员、展开和覆盖能力毫不逊色。在这样的一种能力下，美国还在秘密发展、组织着一些潜在的东南亚和南亚盟国。

所以，一场科索沃战争，世人看到的只是南联盟和北约之间技术、实力的不对称，我们中国人还要看到，世界其他国家和美国全球军事实力之间的不对称。由于这种巨大的不对称，自海湾战争以来，美国政治家和军人中开始滋生起一种傲睨一切的战略狂妄。正是这种狂妄，驱使美国的战略轰炸机在1999年5月8日，对中国驻南联盟大使馆进行了公然的故意"误炸"。

再回到科索沃战争中。军队之间传统意义上的战争还没有开始，

决胜新空间
世界军事革命五百年启示录

南联盟的败局已经注定。南斯拉夫空军司令,对整个作战系统被压制、联络中断、军队不能指挥感到窝火,一怒之下亲自驾驶米格-29升空,但一上天就被虎视眈眈的北约联军飞机导弹击碎在空中。

一位塞尔维亚老人手持步枪,对着天空绝望地喊道:"上帝啊,你要是可怜塞尔维亚人,就让北约从天上下来,让我们在地面上打一仗,是胜是负快点结束吧!"但是,北约毫不理睬这位老人的请求,一连轰炸了78天。他们投下石墨炸弹,使电厂短路,让贝尔格莱德和其他城市的居民用不上电,喝不上水。曾经在广场集会,把靶心印在胸前,誓言抗击到底的民众忍受不了夏天缺电断水和冰箱食物发臭的煎熬,南联盟终于低下了高傲的头颅。

科索沃战争令人震惊的不是以美国为首的北约联军的高强度的精确轰炸,而是直到屈服,南联盟的军队居然还保留了95%。想想海湾战争伊拉克军队被整体性摧毁的情形,这一结果让人疑惑。后来俄罗斯军事专家斯里普琴科来中国讲学时说,这不是因为南联盟军队战斗力强,而是因为美国和欧洲根本不想在南联盟军队身上浪费弹药和时间,因为这是一支彻底落后过时、在现代战争中完全无力保卫国家的军队。南联盟的防空部队曾经击落了美国一架F117隐身战机,但这对于整个战争的结局杯水车薪。

第二次世界大战以前,世界战争史上所有的战争、战役样式和手段千差万别,但基本模式都是先由军队对军队的战场决战奠定胜负之后,才是政府对政府的外交谈判以结束战争。但是,科索沃战争颠覆了20世纪以前所有的战争程序。北约的军队自始至终都不理睬南联盟的军队,而是抓住南联盟政府机关穷追猛打。从这场战争开始,世界军事理论有了一个新命题,那就是战争可以超越军队血

第五讲
第五次军事革命：实质为精确制导武器的"空权信息化战争"

战模式，直接达成战略目的。这有点像西方决斗样式的发展：以前是用拳脚和刀剑，要搏斗很长时间，现在是用枪，一弹定生死。以美国为首的北约和别国决斗的时候，先拿掉了对方的枪，而且还蒙上对方的眼睛。这种情况的出现，当然是技术、实力差距决定的，同时也是建立在技术实力基础上的战争新理论指导的结果。

1986年，美空军上校约翰·沃登写了一本《空中战役》的书，提出在美军具有高技术空中优势情况下，打击目标首选敌人最脆弱的重心——统帅指挥机构和支撑战争的经济目标。突出这两点最有可能取得决定性效果，并迅速结束战争。沃登根据目标性质，将敌方分成领导指挥环（包括军政领导层、指挥控制中心、防空预警系统等）；系统关键要素环（包括支撑战争的重要经济目标）；基础设施环；民心士气环；军队环等五个同心圆。按照其对战争的重要性，按秩序逐次进行打击。"五环理论"与传统制式军事理论的最大不同是，不再把军队看作是主要的打击对象。1991年海湾战争爆发，美国率领多国联军基本按照"五环理论"，第一次不再从外围战线逐步向中心逼近，而是以隐形飞机跨过由百万伊拉克大军组成的"萨达姆防线"，直扑伊拉克通信大楼和总统府，揭开战幕。

"五环理论"在军事领域率先引入"敌人是一个系统"的观点，给现代战争带来革命性变化。系统由各个部分组成，各个部分因在系统结构中处于不同的位

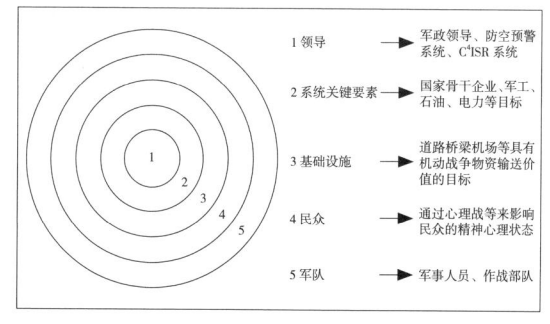

"五环理论"

置，而发挥不同的作用。打击不同位置的部分，将会对系统的肢解、瘫痪起到不同的作用。其原理类似中国古代的庖丁解牛。到科索沃战争，战略瘫痪，这一新战争思维模式再次呈现。

"五环理论"堪称西方一种新军事理论，但这一思想却并不新鲜。近代西方战争思想，主要来源于欧洲的战争大师拿破仑和克劳塞维茨和美国马汉的舰队决战理论。他们都强调军队（舰队）之间的会战。第一、二次世界大战，都是按照军队决战的理论进行的。

就像血腥的欧洲内战孕育了克劳塞维茨一样，残酷的世界大战也催生了利德尔·哈特和富勒的瘫痪战思想。利德尔·哈特在他的《战略论》中说，一个战略家的思想，应该着眼于"瘫痪"敌人，而不是如何从肉体上消灭他们。大战略的功能就是要揭示和利用敌国的"阿基利斯的脚踝"。希腊神话里有个阿基利斯，除脚踝外全身刀枪不入。但是他的对手帕里斯，因诱走斯巴达王后海伦而引起特洛伊战争的特洛伊王子，非常清楚阿基利斯的弱点，想方设法诱使他离开大地，把弱点暴露出来，然后用弓箭精准击败了阿基利斯。这应该算是最早的外科手术式打击了。这个神话不仅包含着精巧的战术，也包含着深刻的瘫痪战军事战略思想。

第一次世界大战，到处都是阵地战，战场成为军人的绞肉机，相比之下，帕里斯的战略战术就要高明得多。而且到了战争后期，飞机大规模出现，坦克也开始突破战壕，这不就是帕里斯手中的现代"弓箭"吗？一些聪明的西方军人，开始研究敌国"阿基利斯的脚踝"了。瘫痪的概念开始萌生。

富勒和利德尔·哈特，都是第一次世界大战中幸存的英国老兵。富勒制订了可能是第一个旨在使敌人瘫痪的现代作战计划（1919年

第五讲
第五次军事革命：实质为精确制导武器的"空权信息化战争"

计划），后来他写道："一支军队的物质力量在于受到其大脑控制的组织机构。使大脑陷于瘫痪，身体也就停止运作了。"富勒强调，这种"大脑战争"是摧毁敌人军事机构及其军事力量的最有效和最节省的途径。要想更经济地使用军事力量，就得制造出"当头一击"的即时效果，而不是使对手受到连续轻微打击后伤口缓慢流血。

这是一百年前西方军事理论家的观点。我们可以用这个思想，和我们经历的战争做一下叠加，特别是1979年的那一战。那是距离我们今天最近的战争。看看东西方战争，在思维层面上，在装备和战术层面上，有什么不同的地方。这种比较，可以促进我们军事学术的进步。不要怕谈缺点。美国赢得科索沃战争后，用90%的篇幅讲教训，成绩只讲一点点。我们要有这种精神。

在军事战略领域，与富勒观点相近的人是利德尔·哈特。他也极力主张战略瘫痪。他认为："如果获胜的国家自己也遭到惨重的损失，战后弄得精疲力竭，那么，即使获得最具有决定性的胜利，实际上也是没有任何实际价值的。"他强调，战争最有力和最经济的形式，就是通过"瘫痪"解除敌人武装，而不是通过"歼灭"将其摧毁。利德尔·哈特说，一个战略家的思想，应该着眼于"瘫痪"敌人，而不是如何从肉体上去消灭他们。甚至在战争的低级阶段上，在战斗中杀死一个人，只不过是使这支军队损失一个士兵而已。但是，一个精神受到震撼的活人，就可以成为恐怖细菌的传染媒介，足以造成一种恐怖气氛。在战争的较高阶段中，如果使对方的指挥官在心理上受到震撼，则可以使其所带领的部队丧失作战力量。而在战争的更高阶段上，如果一个国家的政府在心理上受到压迫，那么，这个政府所拥有的一切作战力量也有可能被削弱。……所以，两只手都麻木和瘫痪了，刀剑必定会从手中掉落下来。

富勒和利德尔·哈特都是从空中力量身上，萌生瘫痪战略的念头的。他们都见证了第一次世界大战中航空武器的战场使用，也都预见到了空中力量在促成战略瘫痪时的决定性作用。富勒预言："一支军队迫使敌方军队不能靠近，同时它的飞机正在破坏着敌方的交通线和军事基地，所以也就使得敌人的行动陷于瘫痪。"这就是中国古代战争说的"断粮道"，釜底抽薪。我一边挡住你的攻击，一边用飞机断你的粮道，你的补给，你的后路，那你不仅没有继续攻击的力量，连跑也跑不了。

同样，利德尔·哈特推论说："倘若打击足够迅捷和有力，没有理由说在对抗爆发后的几小时至多几天内，被置于空中力量打击之下的国家神经系统不会瘫痪。"

还有两个人，因为他们的军职，可以把这一思想落实在行动上而名垂青史，他们是休·特伦查德和威廉·米切尔。英国皇家空军元帅特伦查德勋爵，人称"皇家空军之父"，他为不列颠这支最年轻的独立军种制定了战略轰炸条令。他对战略瘫痪坚信不疑。在一份1928年给参谋长关于空军战争目标的备忘录中，特伦查德明确地指出空中作战的目标就是"战端伊始便瘫痪敌人各种战争军需品的生产中心，并切断其所有的交通和运输工具"。

特伦查德提出了经济上的论据以求通过空中行动瘫痪敌人。他主张，对那些维持敌人进行战争的"至关重要的中心"实施瘫痪性攻击，是"对取得胜利产生影响的最佳目标"。攻击这样一些目标，比攻击敌人在地面和空中的防御部队，可以获得"更多的巨大影响"，并"通常使攻击者付出较少的伤亡代价"。因此，特伦查德做出结论：

第五讲

第五次军事革命：实质为精确制导武器的"空权信息化战争"

"攻击上述目标，而不是攻击敌人的军队，空军的力量将会更有效地施展出来。"

大约同时，在大西洋的彼岸，也有一个军人以其独特的美国方式谈论着类似的观点。这个人曾在"一战"的西线战场见过特伦查德，并受到过他的影响。他就是比利·米切尔准将。他也信奉战略瘫痪。米切尔宣称空中轰炸最大的价值在于"在战争初始阶段打击敌人主要的神经中心，以至于最大程度上尽可能瘫痪这些中心"。在一本名为《航线》的书中，米切尔得出如下结论：空中力量能够直捣敌人那些至关重要的中心，并彻底压制和摧毁它们。这种力量的出现，带给旧式战争系统一个完全崭新的面貌。现在人们认识到，敌人在战场上的主力部队是一个假目标，真目标是那些至关重要的中心。胜利即意味着消灭敌人主力部队的旧理论是站不住脚的。我们要注意这句话。这正是沃登后来五环打击理论的支点。

如果说"二战"时期，美国军队还只是像一条鲨鱼一样，从一个大洋游到另一个大洋，只经过了四十多年，美国军队就已经像一群白头海雕一样，在全世界所有的公共空间自由地飞翔了。那近千个军事基地，就是它歇脚的树枝和礁盘。

伊拉克战争结束后，美国有人说，相比于伊拉克，中国只不过是个大号的瓷器。对付像中国和苏联这样的国家，我们会像拆卸机器的零件一样瘫痪它，而不是打碎它。狂妄心态的背后，其实就有着新战争思维。

1999年的科索沃战争是20世纪最后一场战争，它像一句谶语一样告诉世界：战争从此不再以军队对军队作为基本样式，不再以有生力量为打击目标，战争的指导思想是瘫痪。

但是，刚刚跨过新世纪的门槛，美国就遇到了新的战争难题：2001年9月11日，恐怖分子劫持美国客机撞击了美国世贸大厦和五角大楼。美国只进行了象征性的外交活动，就迅速发起阿富汗战争——它认为"9·11"事件是本·拉登搞的，而塔利班收留了本·拉登。

由于本·拉登没有国家政权，他的基地组织也不是正规军，而塔利班只是一支游击武装，所以，美国庞大的制式军队一开始处在老虎吃天无处下口的境地，小布什曾经无奈地说："如果使用价值百万美元的巡航导弹打击一顶价值仅为10美元，而且里面可能还空无一人的帐篷，有什么意义呢？"

但是，没过多久，美国就找到了"感觉"。2001年11月13日晚，一支塔利班的小部队撤出首都喀布尔，途经一处小镇宿营，一些人进入一座3层楼的旅馆召开会议，另一些人则分布在卡车周围。他们怎么也不会想到，在茫茫夜空竟有一架飞机跟踪而至，悄悄地盘旋在他们的头顶。3架美国空军的F-15战斗机立即赶赴现场，向小旅馆投下了3枚精确制导的GBU-15炸弹。与此同时，无人机也向地面停车场发射了两枚反坦克导弹。近百人被炸死，多名"基地"组织高层人士阵亡，其中包括本·拉登的副手——57岁的穆罕默德·阿提夫。

这说明美国军队适应新对手、新战争样式的灵活性非常强。和海湾战争、科索沃战争都不同，美国这次一开始就派出了地面部队，不过这不是一般的陆军，而是"三角洲特种部队"和"绿色贝雷帽特种部队"。他们也和塔利班的士兵一样骑着马四处奔波，但他们既不是逃跑也不是进攻，而是在寻找和呼唤。在他们的马背上，驮着卫星定位仪和激光指示器。他们可以随时下载卫星画面，根据画

第五讲

第五次军事革命：实质为精确制导武器的"空权信息化战争"

面去搜寻塔利班的踪迹；也可以通过卫星呼唤飞机进行轰炸。

美国《新闻周刊》的记者报道说：历史上步兵的任务就是接近敌人，并且用所携带的任何武器歼灭敌人。大多数步兵与敌人的距离不到 25 码，但阿富汗的美军步兵并没有扣动扳机，而是命令远方的攻击机开火。

2002 年 3 月，德国《明镜》周刊记者，在佛罗里达坦帕湾浪漫地写道：在风景迷人的海滩上，棕榈树随风摇曳。美军中央司令部，此次美军反恐战争指挥中心就坐落这里。战争指挥室里，指挥官们像度假的游客悠闲地欣赏电影一样，观看并谈论着来自世界各地、主要是阿富汗的图像。然后，由四星上将弗兰克斯对全球美军发出打击塔利班的命令。

凭着全球监视系统，美国可以对全世界的任何一个地方进行遥控指挥和精确打击，甚至阿富汗崇山峻岭的每一个山洞都清楚地显示在中央司令部巨大的屏幕上，通过特种部队的抵近观察，美国本土的中央司令部甚至可以在全球范围内锁定个人。通过卫星，中央司令部的攻击指令下达给美军航母、美国本土以及战区的作战单元。靠着这套类似游戏的全球作战体系，美国最高指挥官可以直接指挥重大的小行动——2011 年奥巴马亲自指挥击毙本·拉登就是如此。

在这种卫星对准星、导弹对子弹、"星球大战"对常规战、"发现即消灭"的点穴式的战争中，人们几乎没有见到美军和塔利班军队进行正面交火的场面，却越来越多地看到无人机的身影——从阿富汗到巴基斯坦。美国终于有了和塔利班进行持久战的战术手段。

美国是个不断从战争中学习战争的国家，无人机的高效率和无伤亡，让美国各军种欣喜不已。从 2000—2005 年，美国国防部连

决胜新空间
世界军事革命五百年启示录

续公布了3个无人机路线图,这也体现着美国对无人机的军事用途的逐步拓展,先是侦察、干扰和监视,再是对地攻击、火力掩护及信号收集。2009年美国又公布了"2009—2047年前无人机飞行路线图",对未来无人机系统发展提出设想和提供指导,不断增强空军无人机系统的自动化、模块化、可持续发展,以期打造一支更精干、更具适应性的无人机部队,以使21世纪的空中力量作战效能最大化。

新版无人机路线图规定了发展过程的5个主要步骤,其中第一步是按照核威慑、空中优势、太空优势、电脑优势、特殊行动、指挥控制、全球综合情报侦察监视、全球精确打击、快速全球机动、人员搜寻、灵活战斗支持和建立伙伴关系等功能来设定可以使用无人机系统的任务领域。新版飞行路线图对未来38年无人机发展进行了全面展望,新一代无人机将用于空中侦察、指挥控制、信息交互、空中打击、空中加油、货物运输和远程轰炸等多个领域;2009年要实现战区同时控制34—50架无人机遂行任务;2015年,完成新型号多用途中型无人机研制,每个州都将有无人机系统飞行来支援国防部任务;2020年,空中或地面上的一个控制人员将可以同时控制多个无人机,一架无人机可为多架飞机进行空中加油;2030年,无人机具有"自动瞄准交战"能力,无人机将能够实现空中相互加油;2047年,无人机将具有全球打击能力,甚至挂载核武器。

美军侦察攻击无人机

除了阿富汗战场的无人机之外,美国的无人战略侦察机开始飞向更多的地方,

第五讲
第五次军事革命:实质为精确制导武器的"空权信息化战争"

但重点是中国东部。2010年美国就与日本、韩国、新加坡、印度尼西亚、马来西亚和泰国展开对话,讨论在亚太地区建立"全球鹰"以及MQ-1/RQ-1"捕食者"系列无人侦察机发射、指挥与回收基地的可能。配合美国的空海一体战,以关岛为中心、以盟国为支持的"全球鹰"侦察体系正在形成。美军希望借此加大对中国军力的侦察、监视力度,以便在台海、东海及南海等"高危地区",制约解放军行动。以其5500千米的飞行半径,包括大半个亚洲,朝鲜半岛、台湾海峡等热点地区都在它的监控视线内。

2013年5月14日,美国一架X-47B型隐身无人驾驶飞机,从弗吉尼亚海岸附近的"乔治·布什"号航空母舰上起飞,完成一系列的预定飞行动作之后飞往位于马里兰州的一个降落地点。X-47B的航程为2000海里,有人评论这是专门对付中国弹道导弹部队的。

隐身、战斗轰炸、舰载,这三大要素,将美国无人机的技术和战术性能,提升到一个新高度。

无人机是当代航空技术和信息技术结合、融合的最新典范,意味着空中智能化阶段的到来。由于不必担心付出人命的成本,就使得战争的门槛进一步降低,而使战斗的烈度大幅度提升。而无人机的大规模使用,事实上也让恐怖分子多了一种选择。总之,这样一个阶段,对于人类来说不是增加了安全系数,而是面临更大的威胁。

"冷战"格局解体后,世界上已经没有了制衡美国的力量,所以,美国就像一个恶霸一样,任意抢劫、屠杀别的小国。凭借着20世纪60年代开始的信息革命积累下来的科技、工业和军事优势,美国高举"主持正义、人权高于主权"和"反恐"的战旗,喊着"中国威胁论"的口号,从1986年一口气打到2003年,灭掉了巴拿马、格拉纳达,慑服了海地，肢解了南联盟，直接摧毁伊拉克、阿富汗，包围了叙利亚和伊朗。

海湾战争之后，各世界大国就开始了以美军为模板、以信息化为核心的军事革命。其中，老欧洲由于一直是美国的战友，原来也在一个军事政治经济体系中，所以，它们的军事变革顺理成章、悄无声息地就完成了。由于老欧洲这些历史列强，在"二战"后一直处于美国的战略随从地位，各国的军备已经削减到武装警察的水准，所以，这些军事变革几乎被世界忽略。

无人机蜂群

苏联-俄罗斯军队，在当代世界是机械化军事体系的总代表，在它的身后是一系列采用苏式军事体系的国家，而那些被美国屠杀的几乎都是苏式军事体系的国家。这让俄罗斯的震动格外强烈。2003年伊拉克战争之后，俄罗斯著名军事理论家斯里普琴科发表了一篇文章《俄罗斯需要新型军队》。明确提出：俄军应当准备未来的战争，而不应准备过去的战争。他建议在今后的军事改革中，对

第五讲

第五次军事革命：实质为精确制导武器的"空权信息化战争"

俄军现有指挥体制和军兵种结构进行彻底的改组：加快研制常规高精度武器的进度，彻底改造以俄罗斯陆军为核心的军队组成。他认为俄陆军现在有9个集团军，1个独立军，28个师，是俄军中人数最多、装备最复杂的军种。可是未来战争是非接触战争，传统陆军将失去作用。交战双方再也不可能像第二次世界大战那样在广阔的战场上投入千军万马的大兵团进行决战了。斯里普琴科建议将陆军重新排列组合，将守卫边防、保持国内稳定的任务交给内务部队；撤销现有6个军区，成立一个中央军区，其负责组织国家的天空防御和国家重要目标防御配系之间的协同。在此基础上，将现有军兵种统一组建为战略突击力量和战略防御力量。他认为未来的战争样式是宇宙－空中－海上突击战役和防御战役。陆海空三军不仅仅是联合作战问题，而是"一体"战问题。这标志着俄罗斯被现代战争唤醒了。

之后，俄罗斯展开了大刀阔斧的军事变革，希望将一支装备、思想、编制都过时的机械化军队转型为现代化的军队。

而美国又已经掀起了更新一轮的军事变革，这一次，斗争的空间不再局限于大气层内，而是扩展到了大气层之外，开始在区域性的制空权之外，争夺全球性的制天权，也就是太空战争。由于单独的太空战争还没有发生过，所以，军事理论界还无法将这种理论层面的战争称作新一代战争，而是把它看作空权信息时代的最高版本。

在这样的一大趋势下，作为驰骋在大气空间的传统的飞机，必须实现对新技术、新空间的适应性，因此，隐身战机和空天飞机应运而生，与此同时，其经济成本和技术、战术的复杂性也剧增。计算机信息技术的全面融入、无人机的大量装备，正将空中战争的主

2010年12月3日，美军一架X-37B可重复飞行无人空天飞机在结束220天的旅程之后成功返回地球。空天飞机项目是美军秘密太空探测项目之一。（新华社/美联）

角——飞行员变得越来越不重要。曾经辉煌灿烂的飞行王牌变成历史名词，就是这一新战争趋势对传统空军文化摧毁性影响的证明。正如我们在坦克时代怀想战马，在正在到来的太空时代，曾经叱咤风云的飞机和飞行员，也正在成为我们怀念的老照片。

2013年8月底，美国国内军界和学术界掀起了一场争论，那就是美国还需要不需要独立的空军。反对者认为，美国各个军种都拥有空中力量，再单独拥有空军是浪费资源。这场争论才开始，结果不得而知，但这场争论本身却证明美国早已是实现了空中化，并在此基础上，正在向着新空间的新形态急剧地转变着。

未来学家阿尔文·托夫勒说：在新的战争形式正在崛起之时，旧的战争形式还不可能完全消失，就像信息时代虽然正在到来，工

第五讲

第五次军事革命：实质为精确制导武器的"空权信息化战争"

业时代还没有消失一样。至今还有大约 20 个国家拥有对本地影响很大的工业时代的军事力量。至少在未来的冲突中，有些国家仍派步兵前往作战，为国捐躯。只要那些贫困落后、愤怒不满的国家的军火库里还充斥着低技术水平、低精确的武器、愚笨型而非智能型的坦克和大炮，那么，所有工业时代的作战方式和武器，包括战壕、建地堡、人海战术、肉搏战等都将毫无疑问地被继续开发利用下去。但是，随着世界从工业时代跨入一个新的世界，这种传统的战争和反战争的知识已十分危险地过时了。托夫勒还说：人类不只在过渡，而是在转型；我们要面对的不仅是一个新社会，而是一个崭新文明的再创造。他把人类社会的发展比作一辆不断加速的赛车，随着每一次技术进步，这种发展速度呈几何倍数地上升：公元前人们普遍使用的交通工具马车的时速是每小时 20 英里，1880 年发明的蒸汽火车已经提高到每小时 100 英里，当 1938 年喷气式飞机出现，速度已经达到了每小时 400 英里，1960 年发明火箭飞机则再一次将速度提升到每小时 4800 英里，而宇航飞船的速度则达到每小时 18000 英里。

透过近年来的各种危机，托夫勒发现了与财富相关的三个基本原理——时间原理、空间原理、知识原理，三个基本原理互相影响，改变着我们对这个世界的认知。

其实，这三个基本原理，也是我们认识军事革命本质、把握未来发展趋势的钥匙。

第六讲

太空军诞生——太空战蓄势待发

——新"冷"兵器"高"战争的序幕

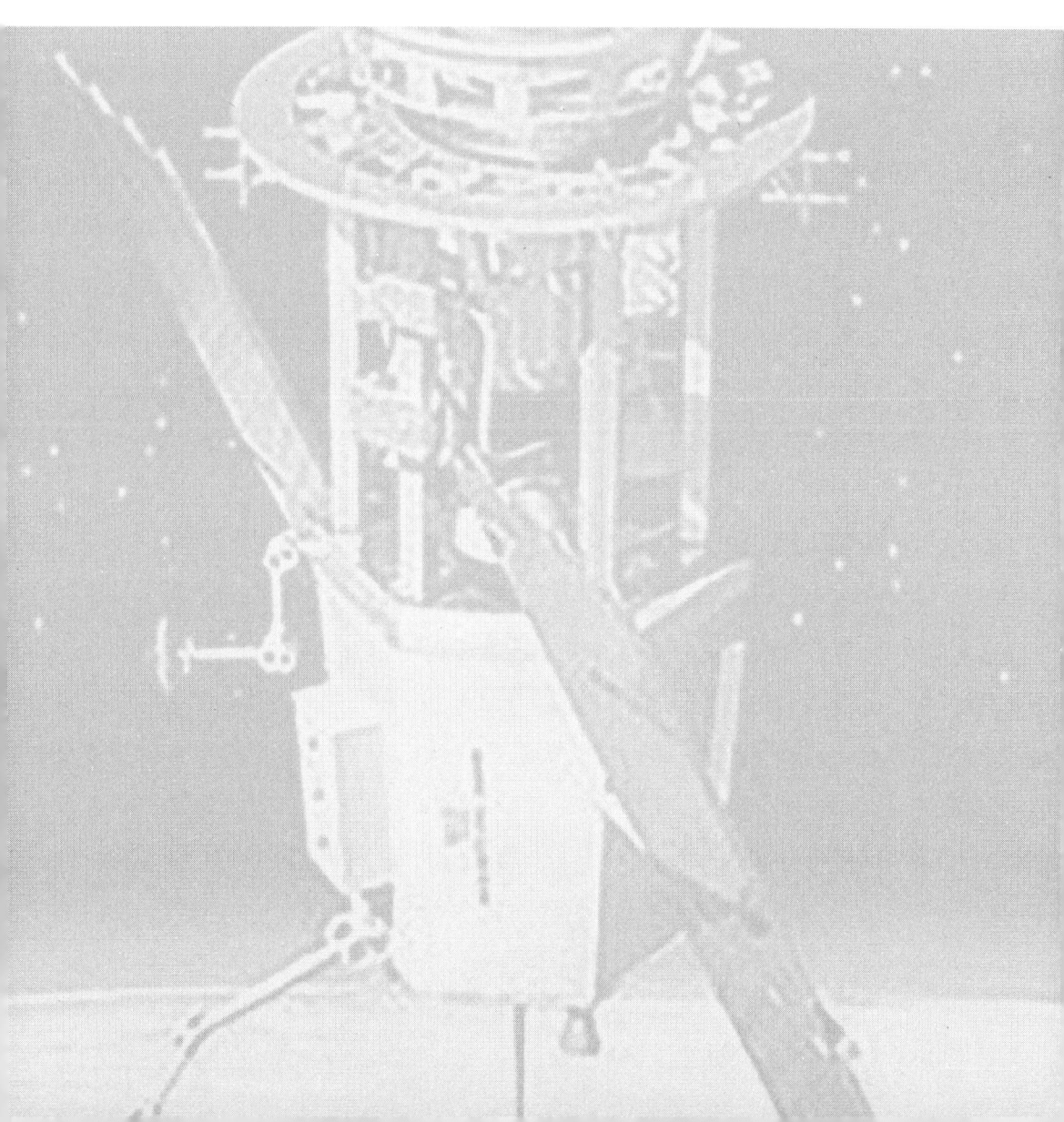

第六讲
太空军诞生——太空战蓄势待发

2003年伊拉克战争，美军先是采取"震慑和畏惧"战略，以雷霆万钧之势扑天而下，接着几乎是兵不血刃高歌挺进巴格达，拉倒了萨达姆雕像，闯进萨达姆总统府，拿走萨达姆镶金的宝剑和冲锋枪，当然也洗劫了伊拉克的银行和艺术品等。

一个经济发达、装备不算落后的中等国家，如此轻易地被征服、占领，军队没有做任何像样的抵抗就作鸟兽散，其战绩不仅远远不及南联盟，甚至也不如游击队性质的塔利班。这不能不引起各国军界的高度关注。中国军队由于长期没有进行过这类战争，所以对世界上发生的"高科技战争"就更加关注。

半年后萨达姆的儿孙们被美军特种兵全部杀死，他本人也被从一个乡村的地道中搜出来，绞断了脖子。这一幕和米洛舍维奇被逼

2003年3月20日，美国海军发射的6枚巡航导弹击中伊拉克首都的部分重要目标，巴格达上空响起爆炸声和防空火炮声，伊拉克战争正式爆发。图为2003年3月25日，一支炮兵部队从科威特城驶向科伊边境。（新华社记者 李晓果 摄）

死在海牙法庭一样，一直在我的脑海中挥之不去。美国取得战场上的军事胜利还不罢休，还对一个国家的首脑满门抄斩，这是企图对一国民众心理造成打击，并同时恫吓威胁世界：与美国作对的国家和个人都没有好下场。它1986年抓巴拿马的诺列加时就这样。2011年美国又弄死了卡扎菲。

我对这场战争最大的感受是，它可能是空权信息化时代的战争闭幕式了。对于美国，这场战争军事意义上的胜利太完美，而对于伊拉克，这场战争的失败又太彻底。整个21天的战争，连一场战役和像样的战斗都没有发生。伊拉克共和国卫队的坦克只有一次趁着沙尘暴发起反攻，但很快就被美国的空中力量像乱石砸蛇一样，全部击碎了。号称有重兵把守的首都，最后竟没有一支成建制的部队进行哪怕是战术级的抵抗。这不像战争，而像是美国单方面的进军和血腥的杀戮表演。

自1982年空权信息化战争揭幕到现在，这是空中化和信息化特点展现得最充分的一次。美国使用的卫星、最先进的有人战机和无人机、精确制导武器以及美军各军兵种通过数据链的无缝连接，等等，都堪称登峰造极。当然，这是以伊拉克方面的完全无法招架作为陪衬的。在长达12年的全面制裁中，伊拉克已经被踩踏得奄奄一息。因为没有武器装备的研发生产能力，又买不到新武器，所以军队的装备和士气都远远低于海湾战争时期。

但是，美国以后也很难再碰到这样的机会了。在美国锁定的下一个敌人当中，伊朗和朝鲜虽然都和伊拉克的规模差不多，但它们都不上美国的当，决不允许美国借核查核武器为名进行抵近侦察。而美国在情报掌握不清楚的情况下，是不敢全面大举进攻的。因此

第六讲
太空军诞生——太空战蓄势待发

美国不可能再打出像伊拉克战争一样的表演式的战争——那完全就是一个全副武装的彪形大汉，骑在一个遍体鳞伤的幼儿身上施暴，还得意扬扬地展现自己的武功。另一方面，美国武器库中又一大批新的武器系统已经问世，其战争理论也已经到了重大突破的时候，美国也不准备再打伊拉克那样的战争了。

2004年，美国挟伊拉克战争的余威，在太平洋上集中了7艘航空母舰，进行了一次全面的大演习。它耀武扬威的目的，就是向这个地区的国家展示它的帝王威风，而不是展示它的最新军事成就。

2005年，F-22列装。这是代表世界最高机械制造技术和信息化技术融合水准的战斗轰炸机。在1999年的科索沃战争中，美国已经使用隐身战略轰炸机B2。美国宣布将组建由48架F22和12架B2组成的全球隐身打击特遣分队，并宣布将驻扎在关岛。美国空军的战术司令部还专门为它量身定做了"把门踹倒"的战术，甚至有针对中国沿海和大陆的作战计划。

2013年7月29日美国太平洋空军司令部司令赫伯特·卡莱尔毫不掩饰地说，五角大楼正在努力加强驻亚洲美军的换防，就像"冷战"时美军在欧洲一样。空军的F-22战斗机有一半部署在太平洋地区，F-35战斗机的首次海外部署也在亚洲，"全球鹰"无人侦察机同样将派往该地区，还有B-2隐形轰炸机。美国《外交政策》双月刊对此解读为"美国在亚洲部署战机继续包围中国"。

美国人在外交辞令上会有掩耳盗铃和此地无银的情况，但在大战略上从来一以贯之、持之以恒。朝鲜战争以后美国就开始构筑对中国的战略包围，直到今天从来没有停歇过。中国历史上有自己修的长城是为了防止外敌入侵，现在美国在中国的国门外也构筑了一条长得多的地缘长城式的包围圈。只不过这个长城是进攻性的。

2006年，美国公布了它的军事战略，叫"一小时打遍全球"。

"二战"以后，美国的军力只能打遍半个地球，因为苏联顶着它。"冷战"结束后，正如海湾战争证明的那样，美国可以打遍全球，但至少需要半年时间。可是现在美国说它一小时就可以使用常规军事力量而不是核武器系统打遍全球。

它靠什么做到这一点？

对于研究军事的人来说，这个一小时很关键，它很可能就是新一代战争的标志。因为机动速度这么快，如果杀伤部分也出现新的质的变化，那就构成了新军事革命。

其实，美国在伊拉克战争中展现出来的实力只是冰山一角。美国真实的工业技术和军事实力和建立在这种物质实力之上的新军事理念，不仅在今天的世界上没有对手，即使是在它之后的很多大国加起来，也不足以与美国在常规军事领域相匹敌。美国一年的军费是它身后十几个大国的总和，美国的总体军事实力差不多也是这样的情况。

世界军事理论界认为，以海湾战争和伊拉克战争为代表样式的战争已经过时。以太空为高端战场，以太空武器为主战兵器的新一代战争，呼之欲出。它既可以被称之为空权信息化战争的2.0版本，也可以被视为一种新战争样式。目前这一点还没有定论，但新型战争轮廓已经显现出来了。

按照美国的构想，这种一小时打遍全球的战争，将分四个波次：第一波，先以太空战和网络战，捣毁对方的"头颅""眼睛"；然后以空天轰炸机和装挂常规弹头的洲际导弹为第二波，从太空、空中、

第六讲

太空军诞生——太空战蓄势待发

2003年4月14日,几十架抵达科威特的美军"黑鹰"及"阿帕奇"武装直升机准备从科威特城港口起飞,增援伊拉克前线。(新华社记者 李晓果 摄)

地面、水下集中轰击对方的政府首脑、金融、交通、电力、军事枢纽和战略反击力量,全面瘫痪对方的"神经系统和防卫系统",让其陷入全面混乱。第三波,以隐形空军机群突防,携带电脑逻辑炸弹、电磁脉冲炸弹进行补充式的面状打击,以消灭敌人的残余反击力量;第四波,以航空母舰和其他空中力量,以普通大威力炸弹进行常规轰炸,掩护机降、空降兵实施登陆和地面军事行动。

为了进行这种战争,美国早就凭借强大的侦察卫星、商业卫星和先进的计算机技术,建立了全球地理信息数据库,就是数字地球。一旦美军决定在某一地区展开军事行动,只需要轻点鼠标,该地的基本概貌便即刻浮现。美国数字地球的民用版也就是谷歌地球,早就投入商业运营。它在商业运营的同时,还肩负着美国的战略侦察使命。军事打击可以分为战时和平时，但侦察却不分战时和平时。美国对全世界的太空侦察和网络侦察都是 24 小时实时进行的。

"一小时全球打击"计划完全是进攻性的，算上美国一直以来在紧锣密鼓构建并已进入实战部署的导弹防御系统，一矛一盾，一攻一防，美国全球快速作战体系已基本构成。

从美国四个打击波次看，其后半段还有着空权信息化战争的大部分痕迹。等到激光、电磁、定向能等新概念武器全面取代现在的导弹用于太空搏杀，则战争将呈现出"新冷兵器"的特点。这将又一次彻底颠覆人类的战争概念。

从冷兵器时代向热兵器时代迈进的第一次军事革命发生之后，世界军事革命的特点都是在两个层面体现出来的：一个是投送系统，一个是火力，只有两者结合起来才有划时代的意义。无论是火药枪还是核武器还是导弹，火和热都是基本特征。

但是，到了 21 世纪，新军事革命却呈现出完全不同于以往的特点：它的投射系统不再是平台，而是由太空飞行器和遍布世界的网络组成的大立体系统，速度不再是机械时代的飞机，也不是每秒 7.9 公里的宇宙速度，而是光电速度：每秒 30 万公里！它的火力部分，也不再发声发烟，而是悄无声息的逻辑炸弹，主要用于摧毁计算机系统；它杀伤的对象也不再是肉体，它摧毁的目标不再是城市、桥梁、港口，不再是坦克、飞机、军舰和兵力集团，而是对方民众和领导层的意志。就本质来讲，这和核武器的使用效果很类似，只是这种太空打击，没有核武器那样的附带污染和难以控制的附带损害。

纯粹的太空战到目前为止还是设想中的战争，所以还没有一个完整的实例可供分析。我们只有通过回望历史，循着历史演进的轨迹，

第六讲

太空军诞生——太空战蓄势待发

才能对这样一场未来型的战争做一番想象和描述。

1982年是空权信息化新战争苗头初现的一个年头。这一年，中国在华北地区进行了以空军和陆军为主，特别是地面装甲部队进攻特征明显的"802"演习。但就在这一年，一位美国陆军的退役中将格雷厄姆，向当时的美国总统里根递交了一份名为《高边疆：新的国家战略》的研究报告。如果把英国、以色列、中国和美国在这一年进行的战争、演习和设想拼在一张图上进行比照，可以清晰地看出各国军事现代化程度的明显代差，而美国人的战略思维领先着世界。

这位美国中将在回顾了美国的历史之后指出，美国是一个非常善于开拓新边疆的大国，但是以往的边疆开拓都是平面的扩张。而今后的国家边疆将出现立体发展的趋势。地球外层空间的开发将日趋影响一个国家的国家安全和国家利益。他说："纵观人类历史，那些最有效地从人类活动的一个领域转入另一个领域的民族，总能获得巨大的战略利益。"

这就是欧洲人地理大发现的开拓精神。他们先是从陆地到海洋，然后又到天空，现在又到太空，到网络，不断开辟新空间，占据新的技术优势、工业优势、军事优势，最后夺取最大的利益。而美国，就是英国建在美洲的一个"分国家"，他们都是一个民族，盎格鲁撒克逊人，说一种语言用一种文字，拥有着同样的思维。从地理概念上说，英国是历史上老牌的海洋帝国，美国是历史上的空中帝国，现在又向太空帝国迈进。

美国政府采纳了高边疆战略的建议。在此后的岁月中，美国开始了和苏联的太空竞赛，在星球大战口号的激励和庞大财政及工业力量的支撑下，美国的制"太空"权悄悄地确立了。

1982年，美国空军成立航天司令部。这个时候，世界上大多数国家还在对"飞鱼"式导弹和电子干扰、预警机感到好奇。1983年，美国海军成立航天司令部；1985年，美国成立航天司令部，直接隶属于参谋长联席会议，统一指挥陆、海、空军航天司令部的作战活动和弹道导弹防御作战。

1996年，美国空军大学完成了一份研究报告，认为到2025年，大部分战争可能不是攻占领土，甚至不发生在地球表面，而可能发生在外层空间和信息空间。

有趣的是，美国国会也参与到关于太空的重大战略问题研究上来，重磅推出《未来50年太空军事力量》的研究报告，提出"谁控制了环地球太空，谁就控制了地球"。

此时"冷战"已经正式结束，但美国军备发展的速度丝毫没有减慢的迹象。在美国人的思维中，"冷战"的结束正是美国加速推进世界帝国进程的契机。一个苏联倒下了，更多的次重量级潜在对手被美国纳入包围、肢解的目标。

正是因为"冷战"的结束，美国将节省下来的军事开支，集中于两大新空间：太空和网络。

在一片向太空进军的全国性的高涨氛围中，美国空军推出了2020年作战构想，非常明确地提出要研制并装备空天飞机，提出这种飞机将像普通飞机一样从跑道起飞，在高空加速到十几倍音速，直接进入地球轨道成为航天器，以第一宇宙速度飞抵目标后重返大气层，再像普通飞机一样在机场着陆。

美国空军和国防部认为空天飞机可以完成多种军事任务，比如将某型卫星送入低地球轨道、对敌方进行监视或直接摧毁敌航天器、

第六讲
太空军诞生——太空战蓄势待发

在大气层内向地面目标发射武器、作为应急通信中继平台以及运送货物等。

这意味着美国军事航空技术和空中作战理念都已经在发生着质变。美国早已发现国际法的漏洞：只规定了领空不许侵犯，而没有规定太空的划分。因此，美国将太空视为无主地，谁占了就是谁的。而太空和天空之间没有任何阻碍。太空不仅可以成为更便利的侦察高地，还是更方便的攻击高地。

请记住这个时间节点：美国完成对太空占领的理论准备和物质技术准备是2000年左右的事情。想想看，这个时候别的国家都在干什么？世界大多数人在庆祝千禧年和关注悉尼奥运会。

2001年1月11日，美国国家安全太空机构发表了一份研究报告，建议在确立空军为太空作战执行者的同时，成立一支3万人的太空战部队。

2001年1月22日—26日，美国在科罗拉多州施里弗空军基地进行了第一场太空战演习。演习设想2017年，美国和另外一个拥有太空系统的国家，因为区域性的冲突发生了战争。代表美国的"蓝方"，凭借已经建成的国家导弹防御系统（NMD）和战区导弹防御系统（TMD），利用可重复使用的空天飞机，迅速在地球轨道上布置新的航天器和对受损的航天器进行维修，同时从地面和太空瘫痪和摧毁作为对手的"红方"太空系统。在常规大战爆发之前，美国占据了全面的战争优势。

美国一直盯着势均力敌的大国准备太空大战，但是，现实却跟美国人开了个玩笑：就在美国进行太空战演习8个月后，发生了让美国人心惊肉跳的"9·11"事件。于是，美国只能牛刀杀鸡，对塔利班展开卫星对准星、导弹对子弹的战争。

美国是志在成为全球帝国的国家，当然不可能在阿富汗和塔利班这里耽误工夫。它真正着眼的还是和大国的太空决战。

2005年美国《大众科学》月刊11月号发表题为"太空战场"的文章说：尽管军事设备已经围绕地球运行了几十年了，但太空中尚没有部署真正的武器，这种情况可能不久会发生变化。说"今天布什总统跟当年肯尼迪总统一样，非常希望在太空占有优势。白宫不久将颁布新的国家安全方针，从而使美国朝着在太空部署武器迈出一大步"。

《大众科学》生动地形容"太空战争开始时可能不是轰隆一声，而是叮当一声"。

2006年，美国成立太空司令部，由一位四星上将任司令。这一年，美国还成立了网络司令部，也是一位四星上将。两个上将主管美国的"天罗地网"。

这样，美国事实上已经拥有了六大军种，而不是传统上的陆军、海军、空军和海军陆战队四大军种。

中国古代有诸侯统三军，天子统六军之称。美国现在就以世界帝王自居统帅了"六军"。

美国成立这两个新军种，是水到渠成。它的航天工业和电子信息工业，已经成为国民经济中的支柱产业，它能够轻松自然地为军队提供包含最新技术和工业含量的装备。而有了知识和装备，新型军队的出现就是自然而然的事。新型军队出现之后，新型战争的出现也是自然而然的事。

美军这两个司令部的成立，使美军脱胎换骨，是从机械化和初

第六讲
太空军诞生——太空战蓄势待发

步信息化形态转向空天网络化形态的最直接的标志。这两个司令部是美国军事发展的新引擎,也是未来美军新型军队的雏形。从美军最新的理论文章和美军的一系列做法可以看出,美国已经把未来战争的主战场设定为太空和网络空间。美军将把太空司令部和网络司令部打造为未来的主力军种,同时,以太空、网络技术装备和理念,对传统的在陆海空领域作战的四大军种,逐步进行全面的升级改造,以作为未来新型战争的辅助力量。

2010年12月3日,在经历了7个多月之后,一种被美国媒体称为"神秘的航天飞机"的X-37B,在洛杉矶范登堡空军基地顺利降落。它长约8.8米,翼展约4.6米,起飞重量超过5吨,体积只有美现役航天飞机的四分之一,在太空期间进行了5次机动变轨。中国的《解放军报》对此评述说:"完全可以把它看作是一种先进的空天战斗机或空天作战飞行器的雏形。既可用于洲际轰炸和战略侦察,又可作为航天运载工具或太空兵器。"其主要任务有:运输、发射小卫星、攻击敌国卫星、打击地面目标、快速投送兵力。X-37B发射升空之后,有人观察称X-37B轨道大约在地球上空410千米,大约每90分钟绕地球一圈。这正好是美国一小时打遍全球战略所需要的指标。2011年、2012年,X-37B又进行了两次试飞。

2001年,美国举行了第一次太空战演习,这是一次以美国太空力量为主,基本上是单独进行的太空战预想,设定时间是2017年。

2012年4月26日,美国空军太空司令部在内利斯空军基地进行了第七次太空战演习,设定时间2023年。此次演习使用了北约及澳大利亚部队领导的联合小组。以北约/澳大利亚在非洲之角展开对抗海盗的联合军事行动为背景,检验与太空系统及服务相关的多机构联合行动。这已经是美国和盟国的全球性太空战的雏形了。

美国从来不隐瞒它独霸太空的军事野心和计划。除了空天飞机之外,美国还有很多太空武器计划。

1969年美国人登上月球。美国是以科学成就来宣扬这次登月的。但是,早在1958年,美国空军的一名将军霍默·博什伊就提议在月球部署核弹,只是他不知道这些导弹从月亮飞到苏联至少需要3天时间,还不如从地面发射快。不过自那以后,美国空军在太空中部署武器的梦想一直没有停止,先后提出了月球军事基地、载人军事太空站、几种空天军事飞机和其他野心勃勃的太空计划,由此派生的许多太空研制计划。

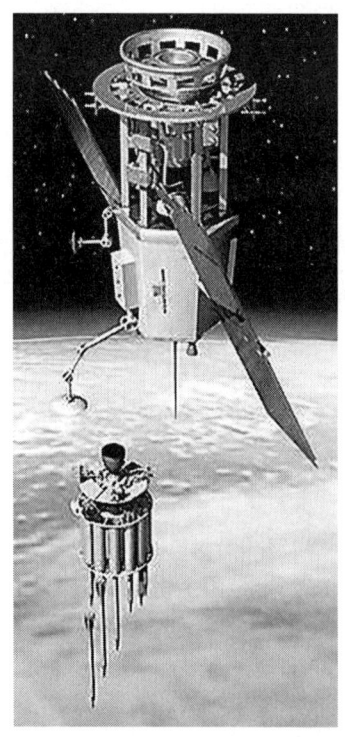

美国空军设想的"上帝之棒"天基威慑武器。其原理是从太空投掷钨、钛或铀等金属制成的圆柱体,用来摧毁目标。

有人设想了一种"上帝之棒",其原理是从太空投掷钨、钛或铀等金属制成的圆柱体,用来摧毁目标。这些金属圆柱从太空中飞落时的速度可达每小时11587公里,所产生的威力相当于一颗小型原子弹。美军认为,这种太空威慑与核威慑相比有很多优点。例如,它杀伤人员少,太空作战以信息瘫痪作为主要作战方式,打击的主要是无人操作的太空设施,这就大大降低了战争的残酷性。再比如,它可以减少由于偶然因素和失误造成的战争危机。核武器易发难收,危害极大,而太空攻防系统以防为主，精确的远程常规打击不会造成核辐射等长期的环境危害。

在2003年的一次太空武器讨论会上，美国外交学会著名国家安全专家理查德·加温又提出用微型卫星充当"太空雷"的构想。

美国还准备实施"轨道战斗太空母站"计划，即在太空站中装载四十到五十枚由红外线导引的小型"猎杀"拦截导弹。只要地面操作人员传输攻击指令，太空站就能在敌方导弹刚脱离发射器的推升阶段，从外层空间发射吐司面包大小的拦截导弹，摧毁来袭导弹。同时这种太空导弹还可对地球表面目标发起攻击。

"轨道战斗太空母站"实质就是天基动能拦截系统。这样，与陆基和海基系统相配合，美国不仅有三位一体的洲际导弹的进攻能力，还基本上建起了三位一体的导弹防御体系。就是说，美国不仅有了全球之矛，还有了全球之盾。

除此以外，美国还在研制定向能武器：这类武器通过发射高能激光束、粒子束和微波束照射目标，使其毁坏或丧失工作能力。

美国在20世纪70年代是研制空中反卫星导弹的，并且在1984年击毁一颗靶星。正当准备投产时，听到苏联研制反卫星激光武器的消息，于是美国立即中止反卫星导弹计划，集中力量研制激光武器。

激光武器是利用定向发射的激光束攻击目标，快速而精确，往往在几秒之间就可摧毁目标，不同型号的激光武器可分别部署在太空、飞机、战舰和陆地。

美国曾于1978年用战术激光炮成功地击落一枚"陶"式反坦克导弹；1983年用装在空中加油机上的激光武器击落5枚"响尾蛇"空对空导弹。

2002年，美国成功试验以波音747发射激光武器，摧毁300

多公里外的一枚导弹。该机被命名为YAL-1A"攻击激光"。

《美国空军2000年鉴》这样称：它"将成为世界上第一种可用于实战的机载高能激光武器系统……能够发现数百英里外的TBM目标（战区弹道导弹）……能够在己方领土上将TBM击毁"。

美国空军空中作战司令部计划将激光攻击机驻扎在美国本土，但也可以在"最低程度的空运支持下"将其部署到世界任何地区。一架这样的激光攻击机，可以攻击20—40枚弹道导弹。

2003年7月，英国曾披露美国将恢复太空军用激光器方面的研究，并在最近几年内向太空轨道发射4000颗卫星，每颗都载有拦截弹道导弹的激光炮。这样一来，未来太空上美国激光炮的总数至少会达到4000门。

2010年美国海军在海上试射激光炮，成功击毁了一艘小船。

2012年，激光炮被装上美国军舰。还是在这一年，美国海军的新型电磁轨道炮完成了它的首次试验，弹头速度达到约2.5千米/秒。美国最终的目标是将这种武器的射程达到100海里，即185公里。这是一个划时代的事件。

地面的、海面的、空中的激光武器都有了，太空中的激光武器指日可待。

激光武器应用于太空，将远比当年飞机应用于军事更深刻和迅速地改变战争方式。专家研究认为：从空中投下一枚炸弹，最多毁掉一座楼房；而部署在1000公里地球轨道上，功率为20—30兆瓦的激光武器，对地面连续发射150秒，就可立即引起大火，几分钟就可以毁灭一座城市。

"冷战"中美国有很多人对于太空战争非常痴迷，朝思暮想从

第六讲

太空军诞生——太空战蓄势待发

太空中突破核武器这道战争门槛。这是一种整体性的痴迷,集中表现在美国的星球大战计划上。在这种追求战争统治权的强烈欲望的牵引下,加上美国"二战"后形成的军工综合体优势的推动,使美国在"冷战"结束后,事实上已经形成独霸太空的超级战力。

还在 1993 年,美国航天司令部和空军空战司令部就联合组成了一所航天战术学校,为未来的太空战源源不断地培养人才,美国的太空司令部不仅拟定了太空防御和进攻、组织实施以及未来需求预测等详细的作战方案,还制定了完善的太空部队的条例、条令。

可以说,美国已经为太空战争做好了一切准备,只等一次战争爆发的机会。

在世界上其他国家利用"冷战"结束的时机大力发展经济的时候,美国却是凭着自己超强的技术、工业和经济力量以及超强的统治世界的梦想,一次又一次打造超级武力,领跑世界军事革命。

这就是今天世界军事领域的现实:美国一边使用着低端的军事技术屠杀着小国,同时也时刻备好了对付大国的高端军事力量。

由于美国已经形成现代科技、工业和军事、战争复合体,通过追求建立世界帝国的政治目标,点燃整个美国的精神狂热,形成循环动力。因此,美国的军事体系,是在以加速度的方式,每时每刻进行着更新。

追求帝国统治是人类社会发展的必然,对此谴责、愤怒都没有任何意义。只能认真研究,积极应对,以免成为帝国的牺牲品。近代中国就是因为不思进取,而相继成为欧美七八个帝国和日本帝国的牺牲品。

回顾历史可以看到,凡是立志要建立帝国的国家,都是首先在军事装备、军事制度和军事思维上进行大幅度创新，遥遥领先于时代的国家。从亚历山大帝国、大英帝国，直到今天的美国，都是如此。

冷兵器时代，由于马蹄子的速度和陆地的局限，即使伟大如成吉思汗，也只能纵横欧亚大陆；热兵器和大航海时代，同样由于机动工具和杀伤威力的不足，威风如大英帝国，也只能触及其他大陆的边缘地带。但是，到了今天的空天时代，借助现代机械带来的超音速和第一宇宙速度，地球已经急剧变小，地理障碍统统不复存在，统治地球成为可能。这一点既激发了美国的雄心，同时也使世界其他国家面临空前的被征服、被奴役的危机。巴拿马、格拉纳达、伊拉克、阿富汗和利比亚早就做了帝国的牺牲品。俄罗斯、伊朗和中国还有其他国家，都处在美国的战略威慑之下。这是我们思考军事变革时不能不考虑的最基本的时代背景。

自海湾战争开始，中国军队掀起的新军事变革已经进行了20多年。按照现代战争的更新速度，这正好是一代战争的跨度。在这20多年当中，战争形态从最初的精确制导炸弹空中袭击，演进到空天飞机问世和太空激光武器的初步成型。

10年后的2006年，美国进行了"网络风暴I"演习。之后和太空战演习一样，这种超越军事领域也超越国界的大演习，也是每两年举行一次。美国每年在世界各地和盟友们具有数百次常规军事演习，相当程度上都是掩盖其军事进步的烟幕。美国真正在准备着的是太空战和网络战，美国把这两种战争，称之为"高端战争"。

2011年，美国公布对华空海一体战。美国国防部在2010年发布的《四年防务评估报告》中就明确地指出，为了击败各种军事行动中的敌人，空军和海军正在共同研究制定新的联合军种作战概念。

第六讲
太空军诞生——太空战蓄势待发

在这一概念指导下,空军和海军将融合空中、海上、陆上、太空和网络空间等所有作战领域能力,对抗不断增长的挑战行为。所谓空海一体战,其实就是五维一体战,太空和网络已经成为与陆海空一样的正式的作战空间。

2003年5月份——伊拉克战争刚刚由美国宣布结束,美国外交委员会独立特别工作组由前国防部长布朗和前驻华大使普里赫挂帅,组织50多名专家,历时一年就推出了《中国军力报告》。报告说:"中国现在的军力结构和军事方针可以对任何来犯之敌进行有效的纵深防御,可以在周边小国的陆地边界进行兵力投送……但从海洋、航空航天和技术方面的军事力量来看,长期以来中国都是最弱的,这些却是美国的最强项。"

在一系列局部战争胜利的基础上,美国的政治家们已经滋生出一种目空一切的战略狂妄,而美国的军人们则由技术自信渐渐滋生出一种战争自信。20世纪,美国仅有的两次战争败绩——朝鲜战争和越南战争的教训,正在被新一代的美国政治家忘记。这从美国不断在朝鲜半岛进行军事演习、制造紧张空气、肆无忌惮地支持一些小国在南海对中国进行挑衅就可以看出来。

可以说,战争的幽灵已经在中国的门前游荡。

对此,我认为中国已经到了加速更新军事观念和国防战略的时候。

在中国的历史上,遭受过好几次亡国灭种的民族灾难,其中以五胡乱华、宋朝、明朝和清朝的教训最为深刻。主要原因都是只注重衣食住行的经济发展,忽略先进军事技术的掌握和新型军队的建设,同时还忽略民族尚武精神的塑造。宋朝那么高的GDP数字,那么繁荣的文化,那么多的军队,居然被彻底灭掉了。宋朝是典型的重视经济贸易，重视和平外交，却不重视军事进取。军事建设不是只更新装备，也不是供养大量的常备军，而是一种态势，就是随时警惕威胁，并把威胁控制在无害程度的能力。明朝对女真人部落的军事发展没有警惕意识，晚清对日本的国力和军事发展，警觉性也不高。所以，才对轰轰烈烈的世界军事变革无动于衷，最终导致惨烈的民族灾难。

今天的世界，是人类历史上继地理大发现、两次世界大战以来又一次战国时代，是美国胁迫西方力量，为建立全球帝国，而进行征服全世界的大战国时代。在征服欧洲和东亚地区的过程中，美国完成了从平面机械化时代向立体机械化时代的军事革命；在"冷战"战胜苏联的过程中，美国又完成了核武器的革命，并在此基础上前进到空权信息化初期。它主要是打击中东伊斯兰世界，现在已经进入尾声。在这个过程当中，美国完成了由空权信息化战争初期到空权智能化战争的转型，并在此基础上发展到太空光电"冷战"争初期。

眼下，美国已经公开宣布要战略东移，包围挤压中国。当然，这是一次全面的大国博弈，是整体性、世界性的。可以预计的是，在这个过程当中，无论最后结局如何，美国将完成另外的一到两次军事革命。中国的命运，注定要接受未来新型战争的挑战。

因此，我想说，从现在起，中国要确立战国意识。我们的经济建设要从这一基本的国际政治现实出发，注重GDP的国防转化能力。这一点非常非常重要，它是美国为什么在近代征服世界的战争中战胜对手的全部秘密。"一战"爆发的时候，美国的军队无论装备还是作战经验都不能和欧洲比。但它庞大的工业，瞬间转化成强大的军事装备生产能力压垮了对手。第二次世界大战又是如此，"冷战"

当中也是如此。美国以战争拉动科技，以科技拉动工业，以工业拉动经济，又以经济支撑战争，夺取世界的资源，支撑美国发展。像手机、电脑、GPS、可口可乐等，都是军事技术产品的商品化。它的汽车可以造坦克，它的通讯公司可以造雷达，它的网络公司、它的卫星系统可以监视全世界，它的民航公司可以造最先进的战斗机。它直到今天还是这样一个循环。

苏联因为单纯发展军事，导致经济被拖垮，这个教训是巨大的。可是，清朝由奢侈品和农产品组成的占世界三分之一的GDP，却无力保卫自己财富，教训巨大。这是未来中国发展经济和保障国家安全时，应该对照的两面镜子。

大国之间的博弈，主要是由双方整体技术形态、现代化工业规模、有现代知识的人口决定的。人类社会已经进化到信息化，人类的活动已经开辟了太空和网络空间，具体到军事层面，现代化的标志应该是两个：一是空天机动能力，二是信息化。

如果对当今世界各国军队做一下现代化程度比较的话，我们可以看到，处在现代化第一梯队的是美国：拥有太空军、网络军，四大传统军种都已经实现空天化和全球机动，算是苍鹰级，飞得高，看得远，抓得准；第二梯队的是欧洲、日本，其陆军也基本上实现空中化行进。俄罗斯勉强也算得上这一梯队，信息化程度不高，但空中机械化程度高，属于虽然飞得不高，抓得不准，但跑得快；第三梯队就是印度这样的，军队人数众多，但是机械化、信息化程度都不高，陆军比重大，军队行进主要依靠地面机动。像企鹅一样，飞不高，也跑不快。还属于20世纪的军事体系，和最新的军事形态相差一代以上。

为什么会有这样的形态差？就是因为各国的工业水平不一样，社会技术形态不一样。

所以，我近十年来一直猛烈批判中国的房地产经济，我认为这是一种低端技术的发展模式，与现代化无关，却大量耗费金钱，贻误中国的现代化进程，无法为军队的现代化提供现代化的战争系统。

走到中国和其他国家的机场，就知道今天世界的天空是被欧美统治着；走进中国的电子超市，就知道网络信息空间也被欧美统治着。一个国家使用什么样的工具生产，就一定是使用什么样的装备作战；从一个国家在生产什么样的产品，就可以断定那个国家的现代化的程度。中国的发展，如果不能在标志现代化的领域赶上世界水平，中国军事现代化就是一个梦想。军事从来就不仅仅是军队、军人的事，而是国家和民族生死存亡的事。

我想再重复一下那个提出高边疆的美国前陆军中将的话："纵观人类历史，那些最有效地从人类活动的一个领域转入另一个领域的民族，总能获得巨大的战略利益。"

这句话解释了历史上那些成功的国家成功的原因。在现有的人类活动领域：陆地、海洋和天空，美国都占据着绝对优势。除了各国的领土、领海和领空之外的公共部分，几乎都在美国的控制之下。事实上，美国还以联盟的方式，控制着几十个国家的领土。

在太空这个人类活动的新领域，美国也占据了绝对的优势。

大多数的国家总是把发展定义到经济，且把经济定位到衣食住行的话题上，但美国却是把经济的话题定义到拓展国家和民族自由活动的空间，把经济上升到文化和价值观的话题上。这很符合德国社会学家也是近代思想家的马克斯·韦伯的观点。

第六讲

太空军诞生——太空战蓄势待发

马克斯·韦伯1895年5月的弗莱堡大学就职演讲中，本来是谈《民族国家与政策》，但开篇就谈德国东部边界、经济移民和民族生存竞争，由此引出德国到底"怎么办"的战略设问。当时的德国是后发崛起，西边有英国、法国老牌列强，远一点有美国，东部有虎视眈眈的俄国和实力不弱的波兰。马克斯·韦伯说，德国问题的关键是它不能作为一个只图小康安逸的国家，而是要作为一个有世界抱负的大国求生存。这是他对德国国情的一个基本判断。

德国是近代世界军事变革的直接推进者，研究德国人从本质入手，抓纲带目的思维方式，对我们思考今天的世界变化和军事领域的变革，有着重要的意义。

第七讲

电磁空间战和独立网军的诞生

—— 战争进入无国界时代

第七讲
电磁空间战和独立网军的诞生

精确制导武器的战争,指哪打哪的神奇让世界印象深刻。但,这是战争的最后形态吗?当然不是。在现代战争发展的波浪式前进中,只有起点,没有终点。超越始终在进行。

闪耀于1991年的空权信息化战争形态,也正在成为过去式。

先讲一个20年前的虚拟的老故事:

1996年,在里根政府担任国防部长达7年之久的温伯格的名为《下一场战争》的书中,五角大楼计算机的模拟作战的预言如下:2007年,一支日本舰队以逻辑炸弹和具有超强感染能力的计算机病毒,分别将中国台湾和中国大陆的铁路系统、空中管制系统、海上交通导航系统等切断、锁死,接着,日本隐形战斗机分别到达中国大陆和台湾上空,投下电磁炸弹,把计算机系统的电子组件全部摧毁,使中国火车不能行进,飞机不能起飞,空军陷入瘫痪,庞大的地面军队也不能有效地调动,战略威慑失效,国家社会结构陷入混乱。然后,日军强大的空中攻势开始,战斗轰炸机扑向北京、上海、台北,巡航导弹如暴雨般飞来……

这个战争预言中提出了一个军事新名词:逻辑炸弹。

当然,2007年并没有发生预言中的事。这一年,笔者正行进在中国西南部的崇山峻岭中,调查完成《C形包围》一书。但是,这一年,在距离中国和美国都比较遥远的中东,发生了一件非常神秘的事。

这是一个真实的老故事。

2007年9月6日夜晚,在叙土边界以南约120公里的叙利亚境内,一座巨大的神秘建筑,被几枚从天而降的炸弹突然摧毁。非常奇怪的是,袭击者和被袭击者谁都不吭声。只有美国和英国媒体,随后报道说是以色列轰炸了叙利亚东部一个由朝鲜人构筑的复杂设施。以色列对此不得不回应说那是一座在建的核工厂，而叙利亚总统阿萨德则宣称被摧毁的大楼只是一座"空建筑"。

但媒体披露说，美国不同程度地参与了这次袭击：美国卫星发现了该工地，美国可能帮助制定了轰炸计划。而美国总统小布什，则拒绝回答记者提出的与这次袭击有关的任何问题。2008年4月，中央情报局（CIA）不同寻常地公开透露了一段轰炸之前设施内部的秘密图像视频，而7个月之后，联合国国际原子能组织宣布从那里取回的土壤样本中含有一些"人造"放射物质。这种画蛇添足的做法，坐实了媒体的猜测。

很多人的注意力都被吸引到建筑物是不是核设施的话题上去了。但是，最为重要的是，自贝卡谷地惨败后，又重新引进了俄罗斯防空导弹系统的叙利亚军队，在9月6日的晚上，为什么没有抓住以色列战机？事后披露的情况表明，以色列空军的F-15和F-16编队通过土耳其进入叙利亚领空。这和在贝卡谷地时使用的飞机是一样的，都不具备隐身性。而叙利亚给出的答案是：头天晚上以色列"占领"了叙利亚军队的防空网络，叙军雷达屏幕上，一直显示的是以色列人植入的一幅什么都没有的图像，尽管以色列空军编队已经进入叙利亚东部空域。雷达形同虚设，导弹当然无法开火，战机也无法迎战。这是比贝卡谷地惨剧更让人震惊的一幕，不仅叙利亚，伊朗和俄罗斯都感到震惊：雷达为何熟视无睹、呆若木鸡？

但在美国和以色列看来，这就是正常的现代战争方式，即网电空间战。而有关证据显示，美国很可能正是以色列的网电空间战空间老师。1982年夏天，西伯利亚的一条天然气管道突然发生了惊天动地的爆炸。这条管线对当时的苏联来说，是一条战略性管道，相

第七讲
电磁空间战和独立网军的诞生

当于国家经济的大动脉。爆炸导致通往西欧国家的油气线大面积中断,高度依赖能源出口的苏联因此大受挫伤,国内经济的正常秩序也受到重大冲击。

对于这次爆炸,很长一段时间以来,都被理解为一次意外。然而,只有两个国家知道这绝非意外,那就是美国和苏联。

就在一年前的 1981 年 7 月,在加拿大的渥太华,法国总统密特朗借举行各国首脑经济峰会的机会,向美国总统里根提供了苏联迫切需要的秘密技术清单。里根立即指示中情局——帮助苏联获得这些技术,前提是带上"后门"和陷阱。

当时苏联需要通过西伯利亚将大量石油和天然气输往苏联西部,并向其他欧洲国家出口。然而,苏联缺乏管理上千英里管道的自动泵和控制阀,更缺乏相关的控制软件。美国表面上拒绝向苏联提供该软件,逼迫苏联通过秘密渠道订购相关产品。同时,作为一出外交双簧的明角——加拿大的一家公司向苏联出售相关产品,而作为暗角的中情局则提前在软件中下"毒"。不知情的苏联人自以为捡了大便宜,回国后就迫不及待地用这些软件管理其石油管道。一开始工作良好,但没过多久就开始出现故障,最终发生了上述大爆炸。从此之后,苏联官员才意识到从西方得来的很多技术中存在"陷阱",然而相关技术已经遍布苏联工业的每一个领域,许多重大工程因此不得不中途停止。美国国家安全委员会成员托马斯·C.里德不无得意地说:这次爆炸的结果,带来了"冷战"的提前结束。

此后,随着信息化、网络化技术的普及,在后"冷战"时代,世界各国的基础设施中信息化、自动化、智能化的程度越来越高,而美国人始终对这一领域的技术保持着绝对垄断地位,相应的,美国在虚拟空间的虚拟战争能力也日趋提高，并渐渐达到炉火纯青的程度，而其对手却往往连这个战场的存在都不知道。

正是预见到这种前景，早在克林顿时期，美国军队便高度重视发挥"信息系统"对整个军队的信息化改造，并相应地高度重视"信息战"。必须说明，美国人关于信息战的概念，绝不局限于常规军事系统、作战平台和精确制导武器。要过很多年世界才知道，美国的信息战是一个贯穿平时与战时、陷阱预置定时引爆、网络攻击瘫痪、辅助常规军事打击以及以互联网为平台，经常性展开的心理空间舆论思想战。

到今天，谁都不怀疑以色列完美地计划和圆满地完成了他们的网电空间袭击，但是，除了以色列谁也不知道他们是怎么做到的。先后担任过里根、老布什、克林顿和小布什的安全顾问，也是美国总统的第一位网电空间安全特别顾问的克拉克，在分析以色列如何控制叙利亚的防空网络时，认为至少有三种可能：一是以色列在攻击发起前，首先派遣隐形无人机（UAV）进入了叙利亚防空雷达波束。1982年以色列就是先派出无人机诱使叙利亚雷达开机然后获得叙利亚雷达频率实施干扰。性能大大提升了的以色列无人机在收到叙利亚雷达波束后，立即使用相同的无线电频率把一个特定数据包发送到叙利亚的雷达计算机中，从那里进入叙利亚防空网络。这些数据包会导致整个雷达系统失灵，却不会让系统表现出故障迹象。而且以后不管空中情况如何，雷达只显示一切正常。也就是说，雷达已经变成了睁眼瞎。美国媒体报道指出：美国也拥有类似的网电空间攻击系统，代号为"高级舒特"。

第二种可能性是以色列情报局破获了控制叙利亚防空网络的俄

第七讲

电磁空间战和独立网军的诞生

罗斯计算机代码,在这些防空系统卖给叙利亚之前,通过在俄罗斯或叙利亚军工厂中那些为以色列或其同盟国效力的人,在防空程序代码中植入了"逻辑炸弹"。"逻辑炸弹"就是类似于计算机木马病毒的几行简单的编码,很难被发现。"逻辑炸弹"可以按指令对某些情形做出响应。例如,如果雷达处理器发现了特殊的电子信号,"逻辑炸弹"会让它在预定的时间段内不显示空中任何目标。这个代码就是电子战领域经常说到的"后门",就是一个秘密的电子接入点。

第三种可能性就是以色列情报局在叙利亚境内的某个地方找到防空网络的光缆并接入线路中。一旦接入网络,以色列情报人员就可输入一个指令,使"后门"为其打开。

2011年5月1日,美国又在巴基斯坦防空系统完全没有觉察的情况下,以直升机突入巴基斯坦首都附近,击毙了本·拉登。我高度怀疑美国对巴基斯坦实施了网电攻击。

自从世界进入网络时代,有一批美国人天天沉浸在网络大战的幻想中。正如一个习惯了杀人越货的人,总是在琢磨更好的杀人手段,同时却担心受到相应的报复。

就在2011年,又一个美国人设想了这样一个中美间网络大战的剧本:美国前外交官、莱斯大学信息技术和公共政策专家斯托弗·布隆克,在美国空军刊物《战略研究季刊》发表了题为"炸毁:中国的网络战争(2020年8—9月)"的文章,设想十年后美国及其同盟国和中国之间爆发网络战争。

布隆克假设:2020年,美国以台湾问题或其他事情为由,拒绝偿还中国债务;美国大力扶持日本,并与印度联手阻断中国航道,为控制马六甲海峡而争夺新加坡，中国很可能在2020年8月挑起中美网络空间战。中国网络部队不仅破坏美国、日本和其他盟国的计算机、无线电、卫星通信以及战地通信能力，还渗透到美国军队、政府和企业的网络系统，并实现系统控制，以至于五角大楼未能及时调动常规部队行动。美军网络专家立即进行反击。55天后，随着中美两军陷入僵局，这场亚太冲突结束，没有达成任何公约或协议，甚至没有进行国际交涉。由于两国希望规避风险，只需从网络战场撤退即可，一场全面战争得以避免。新加坡依然保持独立。但是，中美双方都有潜艇被击沉，航空母舰舰队始终在对峙。

在布隆克的假想中，中国的网络攻势极具破坏力，不仅仅瞄向高度安全和机密的美国网络，还渗透进许多军民部门的非保密性网络，以获取相对低级别的信息。这对中国了解美国的部署和战略也非常有用，如可以详细了解美军调动、对燃料及其他基本物资的需求等情况。

布隆克根据自己的设想推断，到2020年解放军将建成数字行动指挥部，负责指挥6万多网络士兵。7大军区各建超过4000人的网络战团。布隆克认为，为了应对中国的网络攻击，美国必须从国家安全局、国土安全部、国防部信息系统局、中央情报局、国务院、司法部及其他机构调动一切可调动的资源。高级理论专家、工程师甚至是语言学家及私营部门专家也要参与。尽管这样，还是要好几周才能瓦解中国的网络进攻，并实施网络防御，然后重新恢复美国网络系统。

布隆克的这一网络战设想，在中国会被当作电影海报，但在美国，却是新型空间战争浓厚氛围下的自然产物。美国总统第一位网

第七讲
电磁空间战和独立网军的诞生

电空间安全特别顾问克拉克和另一位网络战专家科奈克描绘美国遭网电攻击时的场景是这样的：157个大城市在15分钟内陷入大面积停电；有毒气体云正向威灵顿和休斯敦飘去；多个城市炼油厂在燃烧；纽约、奥克兰、华盛顿、洛杉矶的地铁相撞；四条主干铁路上的货运列车在重要枢纽和马歇尔地区脱轨；飞机在空中无序飞行，发生多起撞机事件；向西北输送天然气的管道破裂，泄漏了几百万单位的气体；金融系统冻结，数以T计的数据丢失；气象、导航、通信卫星脱离轨道；美国军用通信中断……

到这个份儿上，关于网络战争的概念，已经不是空洞、遥远的了。

其实，自海湾战争至今，网络始终扮演着空权信息化战争的辅助者、支撑者的角色，是幕后英雄。但是，正如空军在"一战"后一直是陆海军的辅助力量，结果到科索沃战争中却单独打赢了一场战争所表明的那样，随着计算机网络技术的全面普及，整个世界都被网络连在一个电磁空间内，单独的电磁攻击战——或网军为主，以陆海空军为辅的战争，很有可能会在未来出现。

2005年3月，美国防部公布的《国防战略报告》已明确将网络空间和陆、海、空、天、电磁定义为同等重要的、需要美国保持决定性优势的六大空间。电磁与网络密不可分，但又不完全相同，应该说，电磁空间是网络空间的基础，网络空间是电磁空间的延伸。

于是，在传统的制陆权、制海权、制空权、制天权之后，军事理论界又出现了前所未有的"制网电空间权"一词。

之所以称之为前所未有，是因为自传统的陆权文明兴起，到海权革命、空权革命，直到制天权的兴起，战争变革始终是在有形空间内进行，而网电空间却是一个人造的虚拟空间，指的是由互相依赖的信息技术基础设施结成的一个网络。在现实世界中，这种网络是无法进行空间定位的，但它确实存在，而且对战争产生了革命性的冲击。

伴随着信息技术的发展，战争的决胜空间第一次以虚拟空间的形式表现出来，战争的战法和军事力量的组织，都随之发生了天翻地覆的变化。而引领这一轮变革的先行者又是美军。自从美国接过具有政治血缘关系的大英帝国衣钵之后，就把地理大发现的后续篇章演绎得有声有色，先后开辟了大气层空间、电磁空间、太空空间和超越物理空间之外的心理空间。

早在"二战"期间，电磁空间的争夺战就已经开始发挥重大作用。无线电的出现，使得军队的遥控能力得到极大提升，也使得机动部队在高速运动中进行信息传递成为可能。很少有人还记得这样一个事实，即大力推动了闪电战发展的德军名将古德里安，最早就是一个无线电兵。而在当时，这是一个高新技术兵种，相当于今天的网电战士。在"二战"初期，德军坦克的装甲与火力都不如盟军，但是，其对无线电技术的重视，再加上优越的机动性，团队协作精神，多兵种协同能力，终于使得德国装甲兵能够在战场上压制敌手，控制战场。

有了无线电通讯，无线电干扰和无线电破译，也就如影随形地登上战争舞台。假如美军没有提前破译日军的密码，中途岛海战将是另外一种结局。

同样是在"二战"中，雷达的出现成为又一种深刻改变战争形态的新装备。它宣告了一种全新的侦察搜索方式，对海战和空战产生了立竿见影的影响。英伦空战中，英国空军之所以最终能够击败

第七讲
电磁空间战和独立网军的诞生

强敌,关键就在于雷达。而德军的失败,很大程度上就是轻视了雷达的作用,没有持之以恒地摧毁英军的雷达系统,从而使这场战争变成了瞎子与明眼人的不对称较量。后来德军也意识到雷达的重要性,从而给盟军对欧洲大陆的空袭制造了巨大的困难。盟军则针锋相对地发明了投掷铝箔片,形成了原始的干扰作战。同时,在遥远的太平洋上,日本海军依然以目力观测为海战的主要手段。事实证明,日军的训练堪称严酷高效,其依赖目力观察进行海上夜战的能力,更是堪称世界一绝,在瓜岛海战中曾令美军付出惨重代价。但是,美国海军却不会再和日本打这种海战了。借助日趋精良的舰载雷达,美军迅速赶超了顽固坚守目测战斗的日军,让后者明白了什么叫不对称较量。

今天看来,这些武器和战斗方法非常原始,但在当时却拉开了新型战争的序幕。

"二战"后,美苏"冷战"。双方武器装备和战争思维旗鼓相当,但微妙的差异也已经潜伏其中。苏联虽然对"二战"中的电磁战教训进行了总结反思,但总的来说,苏军更注重的仍是纯战斗单元的更新,如坦克、飞机、火炮、导弹……而美军不仅注重硬件的发展,更加注重软件的发展,尤其是电磁技术,并不断将之转化为战斗机器的一部分。这使得在"冷战"初期军事技术形态相似的美苏军队,到"冷战"结束时变得完全不同:苏联拥有数百万大军、数万枚核弹头和数以万计的坦克、火炮、飞机,看起来是庞然大物,把机械化时代的张力膨胀到极致;而美军则借助电磁技术,不仅赋予传统武器以越来越精确的打击力,而且对整个军队的指挥、管制都产生了革命性变化。

因为忽略了未来军事变革的发展趋势，苏联军队停滞并老化了。因为捕捉到了未来技术发展和军事革命的生机，美国实现了飞跃。海湾战争展现出的军事代差，几乎和一百多年前英军入侵中国的鸦片战争时一样。

由于计算机技术的发展，加之互联网的出现，使得传统的电磁对抗迅速成为常规战争的基本样式。无论是现代化的武器，还是现代化的战争，电磁部分所占比例都开始超越火力部分。由于电磁战的重要性越来越高，一些军事专家开始将制电磁权与制陆、海、空、天权相并列，提出了海陆空天电五维战争的概念。但很快，这些专家的新理论就被美军的新实践变成了旧理论。

在海湾战争中，美军在开战之初就对伊拉克军队的指挥和信息传递系统进行了全面的渗透和瓦解。但是，在指挥模式和战斗设计上，正如美军自己也不得不承认的，仍是一场"二战"式的战争，假如让巴顿、古德里安来指挥，也不会有太大困难。此后，美军开始不动声色地继续发展新技术、新装备，并不再将之看成是对"二战"模式的补充，而是要彻底颠覆掉这个模式。

"冷战"期间，是人类社会从工业时代向信息时代迈进的阶段，战争方式随之发生巨变是必然的。随着互联网的发明，电脑、手机的普及，全球信息化进程日趋加速。电磁空间开始被更大的网电空间所笼罩，战争形态相对于"冷战"刚结束时的海湾战争时期，已发生了天翻地覆的变化。

战争的地理边界日趋模糊，无所不在的虚拟空间处处可为战场。以往，一方的军队擅自越过对方的国境线，这就是入侵行为。为了防止类似情况发生，最好的办法就是通过部署军事力量及时阻止对

第七讲
电磁空间战和独立网军的诞生

方。而在进行部署时,又往往要借助一些有利的地形设置防线。在中国,边防和边关一词就是从这里来的。

可是,在网电空间面前,国际法意义上的国境线,军队部署的军事线,自然地理的障碍线,都无法阻止网电空间的蔓延和渗透。而且,蔓延速度是以光速进行的。这就是我在前面讲到的,"国防"的概念,已被彻底突破。以往,国的概念主要是领土、领海、领空。但是,现在,你的陆海空老空间里可能不会有任何敌人、敌机、敌舰,但你的大气层外有卫星在监视着你的一举一动,你国家的通讯、交通、电力、金融等各领域都处在巨大的颠覆和毁灭威胁之中,你比以前要脆弱得多。正如科索沃战争和伊拉克战争所表明的那样,你为保卫老空间准备的那些武装力量,在新空间的战争中甚至可能无能为力。

随着网络技术的发展,不仅军事系统深深依赖,民用系统也深陷其中。如交通系统的管理,如电力、自来水系统的控制。可以说无网不国。假如一个国家的网络渗透能力足够强,通过网络控制,就可以直接瓦解对手的现代文明基础,而根本不用再发动几十万大军的地面推进,也不需要千机大轰炸的战争,更不需发动核攻击。

因为网络袭击可以从任何地方发起,现代网络技术也可以隐蔽袭击源的有关信息。一个公共服务器,也可以成为进攻的发动器。而且,无论是袭击者,还是被袭击者,身份都是多样的,可能是政府,也可能是军队,也可能是民间组织,甚至只是某个毫无组织的个体户。这就是世界俗称的"黑客"。因此,现代军队的形态也开始出现不确定性。如果说"9·11"事件的发生,基地组织颠覆了制式化战争样式,网电空间战则又一次对机械化时代的战争体系和思维方式进行了新的肢解。

具体到战场上，在以往的军事行动中，信息传递是单向进行，速度缓慢，代价高昂。所以强调"上情下传"。整个指挥机构像是一棵大树，越向下越接地气，越往上视野越开阔。但是，接地气的视野有限，视野广的不接地气。第一线的战斗者无法掌控全局，能够掌控全局的高层则无法及时获得一线信息。而不同的枝杈之间，哪怕是距离很近，也是断开的，无法互相进行信息沟通。军队很容易变成反应迟钝的巨型恐龙。信息技术的发展，使得指挥机构可以进行网状重组。网络的任何一个点都能实时共享信息。这就使得传统的通过集中兵力来集中战斗力的方式被打破，形成了全新的兵力分散、火力集中模式。这又反过来影响了战斗方式。

有了制海权、制空权、制天权，就必然要有相匹配的海军、空军和天军。同样的，有了制网电权，也要有与之相匹配的网电新军。美国作为这一轮军事变革的先知先觉者，很快就将其付诸实践。

美国未来学家托夫勒指出，在不同的技术环境下，要有不同素质、不同性格的士兵。"教育水平落后的军队，在农业文明浪潮战争有代表性的徒手搏斗中，能勇猛善战；在工业文明浪潮战争中，也能战胜敌人；但在信息文明浪潮的军队中，他们犹如一堆废物，一如那些毫无文化知识的制造业工人。"

因而，能否培养、征召到足以打赢网电战争的兵员，就成了美国组建网电新军的基础。

1969年，美国出于军事目的开发了互联网。1983年，自信已经充分掌握了网络控制能力的美国，对互联网进行了军民分网。从而启动了互联网的全球化过程。1988年11月2日，一种不知名的

第七讲
电磁空间战和独立网军的诞生

计算机病毒突然入侵了美国国防部战略系统的主控中心和各级指挥中心，导致8500台军用计算机出现各种异常情况，给美军造成了上亿美元的直接经济损失。事后调查发现，这一切居然只是美国康奈尔大学计算机系一个23岁的研究生的恶作剧。然而，美军并没有因此就得出结论说问题都在于学校和社会没有教育好年轻人。相反，美军非常感激这次行动，认为这一攻击给整个美军敲响了警钟——只要有一台计算机接入互联网，就有可能导致核心机密被窃取，甚至导致美军的整个指挥系统瘫痪。

假如这次攻击不是恶作剧，而是有组织的蓄谋行动呢？那恐怕就不仅仅是上亿美元的损失了。相反，如果是美国用这种方法打击了对手呢？那就等于节约了大笔经费，同时又取得了巨大胜利。因此，美军决定，大力招募网络人才，成立专职网络战部队。要抢在其他国家之前，成为真正的互联网主人。

1988年，美国国防部建立了三军计算机应急反应中队，各军种分别设一个分队。

从90年代起，美军开始大量招募网络人才。1995年，五角大楼开始组织第一批"黑客"，在网络空间与对手展开全面信息对抗。两年后，第一批国家级"网络战士"参加了美国国家安全局组织的秘密演习。

此后，美国国家安全局每年都从全美各大院校招募大量计算机、数学、语言学等专业的优秀毕业生。

近年来，国家安全局还设立了网络战学术中心，通过在一些特定大学开设新的网络战课程，来提高网络战人员的能力。2012年5月，国家安全局宣布四所大学获批参加这项计划，它们分别是达科他州立大学、海军研究生院、东北大学和塔尔萨大学。据外媒报道，上述计划开设的课程包括编写计算机病毒、入侵网络、破解密码、数据挖掘等。

国家安全局还试图从更大的范围招募黑客。2012年7月，国家安全局局长基思·亚历山大参加在拉斯维加斯举行的"防御形势"国际黑客大会时发言，鼓励民间黑客参与到国家网络行动中来。

据相关专家评估，目前美国的专职网电战部队的总人数已经接近9万人。相当于7个101空降师的规模。不仅广大第三世界国家望洋兴叹，就算是俄罗斯、日本、欧盟国家也难以望其项背。

规模的膨胀，必然引发指挥的困难。因此，将散兵游勇式的新战士变成有组织、有建制的新军队，是势在必行的选择。

2002年，美国总统布什签署了《国家安全第16号总统令》，组建了美军历史上，也是世界上的第一支"黑客"部队——"网络战联合功能司令部"。这支部队由世界顶级电脑专家和"黑客"组成，包括了中央情报局、国家安全局、联邦调查局以及其他部门的专家，所有成员的平均智商在140以上，因此也被外界称为"140部队"。

掌控网电空间的绝对优势，已经成为美国政府和军事领导人、美国高层智囊们的一致共识，各类政策性的文件层出不穷，从宏观到微观，越来越清晰地描绘着这一新空间战争的形态，已经显示美国必须主宰这一战争形态的决心和计划。

2007年5月，美国空军组建的第一个网络战司令部已经形成战斗力。该司令部是一个由四星空军上将领导的一级司令部，与空中作战司令部、空中机动司令部等其他9个一级司令部平级。

从2008年起，美中经济与安全审查委员会、美国智库战略与

第七讲

电磁空间战和独立网军的诞生

国际研究中心和国防部,陆续推出应对网络战争的报告。奥巴马上任不到4个月,就将网络战争视为"最严重的经济和国家安全挑战之一",承认网络战争"从理论走向实战"。五角大楼甚至提出"网络威慑"概念。国务卿希拉里发表"网络自由"演讲,大力推行网络外交,组建网络司令部,社交网站助推西亚、北非动荡……

2009年初,美国展开了为期60天的全国网络安全状况评估。1月,美国国防部发表了《四年任务使命评估》,将"网络中心战"列为美国的"核心能力"。5月29日,在白宫宣布组建网络安全办公室的同时,美军战略司令部司令凯文·希尔顿称,战略司令部正在征召2000—4000名"士兵",以组建一支"特种部队"。这支部队不仅要承担网络防御任务,还将对他国的计算机网络与电子系统进行秘密攻击。

2009年11月,网络安全公司迈克菲发布报告《近在眼前:走进网络大战的时代》,报告作者是美国国土安全局前顾问保罗·库尔特,他在对20多位国际关系、国家安全以及网络安全专家进行采访后完成了这份报告。报告认为,大国正积蓄力量警惕网络"冷战"爆发,他们积聚网战武器、搞间谍活动等,以利用网络控制战争。备战网络战争的国家,以美国、以色列、俄罗斯和法国最积极。报告称:"尽管目前还没有看到国与国之间爆发网络大战的迹象,但这些大国都在为建立日益完善的网络攻击武器而努力。许多案例证明,网络战争随时都有可能会爆发,全球网络已经进入网络'冷战'的时代。"比如,2009年7月,美国和韩国网站遭到大规模攻击,黑客试图切断韩美军与五角大楼及夏威夷太平洋司令部的网络通信。还有许多网络攻击事件也带有战争意味,比如爱沙尼亚、格鲁吉亚分别在 2007 年和 2008 年遭到网络攻击。美国国家安全局前副局长威廉·康沃尔说："20 到 30 年之内，网络战争将成为未来战争的重要组成部分。我唯一不能预测的，是网络大战可能会对未来社会造成的影响。"

2010 年初，美国战略与国际研究中心完成《交火：网络战争时代的关键基础设施报告》，对 14 个国家 600 家 IT 和基础设施企业进行调查。报告称，56% 的受访者认为，网络攻击的首要目标是金融信息，然后是能源，如电力、石油、天然气部门，其中一半以上网络攻击是针对计算机操控系统的。如，广泛用于电力系统的数据采集与监控系统（SCADA 系统）几乎没有安全措施。白宫前反恐顾问、国防部前部长助理理查德·克拉克曾描述过一场世界末日式的可怕情景：由于病毒和其他网络武器令飞机无法起飞，并引发核爆炸，美国在几天之内就回到了石器时代。这就像施瓦辛格主演的《终结者3：歼灭者》的情节，由病毒控制的"天网"系统引发全球核爆炸，毁灭了人类文明。

2010 年 5 月，首届世界网络安全峰会在美国达拉斯举行。各国代表认为，网络攻击将导致新一轮国际矛盾，激发中国、印度、俄罗斯、美国等之间相互防卫、相互猜疑，甚至引发网络战争。

2010 年 5 月 21 日，网络司令部开始正式运行，由四星上将、美国国家安全局局长基思·亚历山大兼任司令，办公地点就设在国家安全局总部内。美国国防部长盖茨还宣布，网络司令部隶属于美国战略司令部，这表明美国已将网络战作为一种全球性的作战方式来看待。

美国政界和军界都十分看重网络空间的跨国属性和战略价值，大

第七讲
电磁空间战和独立网军的诞生

肆渲染中国、俄罗斯等国家的网络威胁，同时制定《网络空间安全政策评估》《网络空间作战能力构想》等报告，还试图以打击全球网络犯罪、网络恐怖主义为由，发展先发制人的网络攻击能力，并对他国发展网络战力进行约束。2010年8月，国防部还向国会递交《中国网络战争执行能力报告》，指责中国政府和军队"指使"民间黑客集团向美国政府和商业部门发动网络攻击，不仅抹黑中国形象，还为对中国进行网络制裁制造口实。美国已经把网络议题作为中美外交的新摩擦点。奥巴马、希拉里都把网络空间作为全球外交和传播西方价值观的主战场和主渠道，利用优兔、脸谱、推特等社交网站和谷歌博客等，插手中国经济社会热点问题；鼓噪谷歌退出中国大陆市场事件，两次发表"网络自由"演说，点名道姓指责中国；西亚、北非多国出现政局动荡后，又企图把动荡祸水通过互联网引向伊朗、中国等国家。2011年8月，迈克菲发布《隐蔽远端存取木马行动》报告，强烈暗

安全挑战　　　　　　　　　　　新华社发　朱慧卿　作

示中国是全球黑客袭击的源头,是美国最需要防范的网络敌人。直到斯诺登突然出现,美国的这一系列谎言背后的巨大天机才被戳破:美国黑客军团已经深藏中国网络十五年!

2011年6月,美国国防部长盖茨在新加坡演讲时首次表明,在确认遭到来自他国的网络攻击时,将"视为战争行为并以武力还击"。美国成为网络战争的先行者。

美国防部于2013年公布的《四年防务评估报告》,也要求美军强化网络战能力,以应对恐怖分子、"流氓"国家和"潜在竞争对手"使用网络进行"不对称"进攻的可能。

美国国家安全局动用120余颗卫星,建立了著名的"梯队系统",并在加拿大、新西兰和澳大利亚等国设立了数十个大型地面接收站,

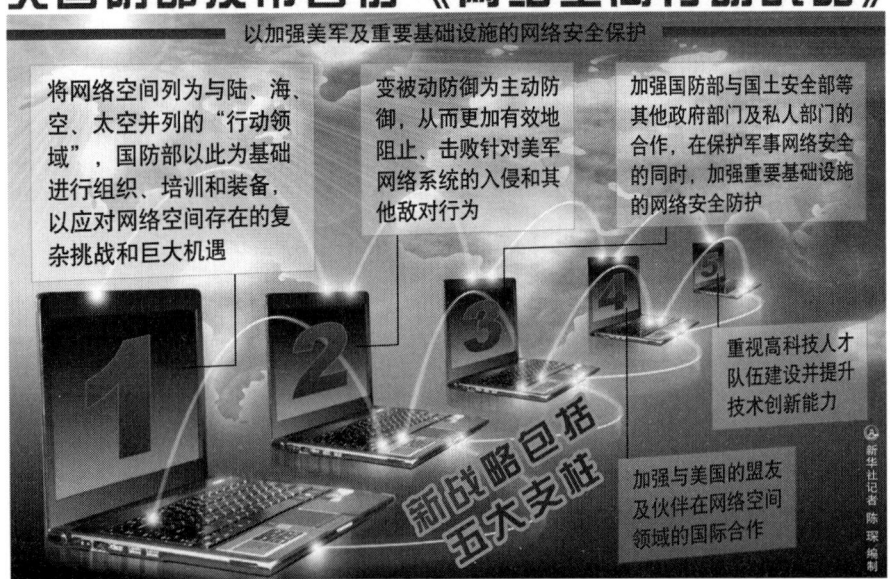

2011年7月14日,美国防部发布首份《网络空间行动战略》。

在美国和英国设有两个数据中心。

全世界95%的通信信息都要经过"梯队系统"的"过滤",电话、文传、电子邮件等都会被它截获。它利用美国的卫星网络,截取移动电话通信的微波信号,在同一时间可记录数百万个电话通信信息,然后利用效能强大的搜索设备,寻找通信内容中可能对美国安全构成威胁的字眼,同时可以随意发起对"敌国"网络的攻击。

如果说美军是推动网电革命的先行者,美国空军则又成了先行者中的先行者。2010年10月1日,美国空军组建了自己的专职网电战部队。其下辖部队主要有:第67网电战大队,负责组织、训练及装备网电空间部队实施网电防御、进攻及开发行动;第688信息作战大队,其任务是投送可靠的空、天、网一体化信息作战与工程基础设施;第689作战通信大队,负责训练、部署与投送专业的通信、空中交通管制及降落系统,对人道主义救援行动与重大作战行动提供支持。国外军事专家一致认为,美空军网电司令部是美军人数最多、分布范围最广、作战能力最强的网电战部队之一。

新的战争不仅需要新的人员、新的编制,而且需要新的武器。海洋和天空一直存在,但是,没有舰船,就不会有海战;没有飞机,就不会有空战。网电战争需要的则是能够在网电空间中克敌制胜的武器。

从计算机的硬软件核心技术的垄断,到各种电脑病毒和程序攻击武器,都是美军网电空间战的利器。美国拥有全世界最强大的计算机工业和软件公司,全世界大多数国家的战略设施中,大量使用美国生产的电子设备和软件。而这些设备和软件中,很多都被安置了"后门"。据不久前中情局前雇员斯诺登的爆料,美国黑客军团

决胜新空间
世界军事革命五百年启示录

已经深潜中国 15 年！这也是美国大批电子信息装备和软件进入中国的大致时间。美国不仅可以大量生产用于网电空间战的武器，还可以把武器预置在潜在对手的心脏部位。

有了这些武器，美军就可以摧毁对手的电脑网络，穿透敌人的网络防火墙，窃取或者修改关键数据，还能在对手的指挥控制系统中放置"蠕虫"病毒，使其失去通讯和调动部队的能力，或者使其不能及时发射防空导弹。不仅如此，如果战略需要，美国甚至可以仅凭网电空间战就使某个国家的正常运行瘫痪。

有了人员、军队和武器，打磨全新的战争系统、进行新战争演习就是自然而然的事。

2016 年 8 月 3 日，一名与会者在拉斯维加斯参加 2016 年黑帽大会。黑帽大会是公认的全球信息安全领域顶级聚会，吸引全球各路黑客、信息安全专家、研究人员等相关人员汇聚一堂。（新华社记者 郭爽 摄）

第七讲
电磁空间战和独立网军的诞生

2006年2月,美英等四国举行了"网络风暴1"演习。演习内容是模拟恐怖分子、黑客等发起破坏性网络攻击,导致能源、运输和医疗系统瘫痪,网络银行和销售系统出错等。美国国家安全委员会、国防部、国务院、司法部、财政部、国家安全局以及联邦调查局、中央情报局等均参与演习。

2008年3月,国土安全部举行"网络风暴2"演习。18个联邦机构、9个州、40家公司和5个国家参与,当时堪称史上规模最大。来自美国、英国、澳大利亚、加拿大和新西兰5国,陶氏化学公司ABB公司、思科系统公司、美联银行、微软等40家企业的网络专家在演习期间要面对约1800项挑战,包括黑客入侵、网络欺诈、服务器被攻击等。与"网络风暴1"相比,"网络风暴2"的规模和难度均有所增加。演习耗资600多万美元,仅制定预案就耗时18个月。

这两次演习都是由美国网络部队人员分成两组进行模拟网络攻防战。攻防通过网络技术甚至物理破坏手段,大肆攻击美国能源、信息科技、通信与交通等关键部门以及著名公司企业的网站和基础设施;守方负责搜集受攻击部门的反应信息,及时协调行动,制定对策。举行演习的原因是美国计算机和通信网络面临"真正的、不断加剧的威胁"。黑客会侵入帝国银行系统,修改或删除账户,导致敌国政府失去信任,引发社会动荡。

2009年11月,美国举行"网络拂晓"电子战演习(即"网络风暴3"),为发动与应对全球网络战做准备。国土安全部会同商务部、国防部、能源部、司法部、交通部和财政部,联合11个州和60个私营企业,以及澳大利亚、英国、加拿大、法国、德国、匈牙利、日本、意大利、荷兰、新西兰、瑞典和瑞士12个伙伴国参与了演习。

这些企业来自金融、化学、通信、水坝、防务、信息技术、核能、交通和水资源行业。演习内容是针对互联网身份认证系统和域名系统的攻防战。演习设想的网络攻击后果，包括通信、电力系统等重要公司部门运作受重创，以及遭受生命损失。来自各地黑客通过互联网针对美国政府网络和关键基础设施网络实施攻击，攻击次数超过1500次。

2011年11月，美军又首次举行了代号为"网络旗帜"的大型演习，演习持续数日，有来自各军种网络战司令部的300人参演。2012年10月29日至11月9日，美军再次举行"网络旗帜"军演，参演人员规模提升至700人，演习形式也从侧重防御变为双向攻防对抗。

对于"网络旗帜"演习的效果，美军第三军团与德克萨斯州胡德堡基地司令小坎贝尔少将表示，由于陆军网络战司令部的参与，"敌军"的指挥和控制水平降低了40%。

单纯的演习永远不能代替真正的战争。任何理论分析和语言描述，也都不能替代实战的检验。

自1991年首次把网络攻击手段引入到战争，谁也不知道美国迄今为止实施了多少次秘密的网络攻击。1999年的科索沃战争中，美国及北约第一次遭到南联盟网军的反击；而巴基斯坦与印度冲突中，网络战袭击一直是两国间主要的"军事行动"之一；2008年8月爆发的俄罗斯与格鲁吉亚的战争中，网络攻击的激烈程度一点不亚于空中和地面。2009年，美国和韩国指责朝鲜发动大规模网络攻击。但是，这些发生在世界各地的网络攻击行为，比起美国来，仍是小巫见大巫。2010年，国际原子能机构发现，伊朗的纳坦兹铀浓缩平

第七讲
电磁空间战和独立网军的诞生

台报废的数量达到惊人的程度,仅在几个月中大约 1000 到 2000 台离心机被替换。后来才知道,原因是在 2009 年,美国人使用了一种复杂而致命的蠕虫病毒"震网"攻击了伊朗的核设施,其目的只有一个,就是破坏该国的铀浓缩进程,从而阻止伊朗获得核武器。

美国已经实现了网电空间与常规物理空间打击单元之间的无缝对接。2011 年 10 月 20 日上午 8 点半左右,此前一直严守无线电静默的卡扎菲,拨通了自己的卫星电话,被美国网电部队抓住电子信号,美军先是出动战机将其车队摧毁,然后又告知反政府武装迅速赶到,以非常残忍的方式处死了卡扎菲。

在美国征服欧亚大陆的道路上,无论是伊拉克、阿富汗,还是茉莉花革命所扫荡的相关国家,乃至本·拉登,都只是美军的小操练。美军精心打造的屠龙战刀,是不会只用来杀狼的。

据相关研究数据显示:"思科占据了中国电信 163 骨干网络约 73% 的份额,把持了 163 骨干网所有的超级核心节点和绝大部分普通核心节点。在金融行业,中国四大银行及各城市商业银行的数据中心全部采用思科设备,思科占有了金融行业 70% 以上的份额;在海关、公安、武警、工商、教育等政府机构,思科的份额超过了 50%;在铁路系统,思科的份额约占 60%;在民航,空中管制骨干网络全部为思科设备;在机场、码头和港口,思科占有超过 60% 以上的份额;在石油、制造、轻工和烟草等行业,思科的份额超过 60%,甚至很多企业和机构只采用思科设备;在互联网行业,腾讯、阿里巴巴、百度、新浪等排名前 20 的互联网企业,思科设备占据了约 60% 份额,而在电视台及传媒行业,思科的份额更是达到了 80%

以上。"[1]

更加危险的信号是，自 2008 年开始，美国国会下属的美中经济与安全评估委员会，在年度报告中持续渲染中国是美国网电空间的最大威胁。2010 年 5 月 31 日，该委员会前主席拉里·沃策尔撰文称："最恶劣的、可能对美国安全构成最大威胁的网络攻击行为来自中国。我们必须为网络司令部提供支持，确保其拥有足够的人力和设备，能够有效开展网络防御，并且在必要的情况下能发起进攻。我们还应该与澳大利亚、日本、北约和韩国携手应对网络入侵。"

2012 年 11 月 14 日，该委员会又公布了其向国会提交的一份涉华报告，其中将中国称为"网络空间的最大威胁者"。

这无异于倒打一耙，更可以看作是一种攻击前造势的信号。而更多的危险信号还在不断穿越太平洋，陆续呈现在我们的眼前。

2011 年 8 月，美国著名的智库兰德公司公布了战略分析报告《对华冲突：前景、后果和威慑战略》。报告认为，未来 30 年内，中美间军事冲突爆发最有可能有六个原因：首先是朝鲜的崩溃，其次是台海两岸冲突，第三是网电战，然后是南海、日本、印度。其中，网电战部分明确指出："考虑到进入解放军的情报网并非易事，美国在反击时或许会攻击那些支持中国运输体系的网络，包括通商航行以及军事后勤。这会直接影响到中国的贸易。在接下来对抗逐渐升级的过程中，中美两国都会经历重要网络暂时中断的情况，致使股票、货币、信用以及贸易市场猛然受到冲击。"

我想再次引用美国总统的首位网电空间安全特别顾问克拉克的

---

[1] 东鸟：《中国输不起的网络战争》，长沙：湖南人民出版社，2010 年 11 月版。

第七讲
电磁空间战和独立网军的诞生

话,他说:"如果网电空间战士接管一个网络,他们能获取所有信息,或者发出指令,转移资金、泄漏石油、释放燃气、摧毁起重机、让火车脱轨、使飞机坠毁、让军队进入埋伏区,或者让导弹发射到错误地区。如果网电空间战士破坏网络并删除数据,使得计算机被锁定,那么金融系统就会崩溃、供应链将停止、卫星可能脱离轨道、航班停飞。"放眼全世界,只有美国有这个能力。

在美国的带动下,世界正在迎来网电空间战时代。

身处美国重压下的伊朗最引人注目。2005年,内贾德上台伊始,伊朗就提出互联网本土化概念,并开始秘密筹建网络战部队。2010年底伊朗最高国家安全会议公开提出建设"清真互联网"设想,以取代目前的国际互联网。2011年3月14日,伊朗高调宣布已建立一支由志愿者组成的网络战部队。在伊朗和美国剑拔弩张的形势下,伊朗常备军一边密集进行各种演习,同时,伊朗网军也对西方国家的网络入侵展开反击。伊朗还设立网络警察,抓捕西方网络间谍。2010年一次就逮捕了30名由美国资助、在伊朗境内实施"网络战"的特工组织。伊朗还采取各种措施加强舆情监控,从2009年开始,伊朗革命卫队全面接管国内的通信企业,控制所有的互联网接入、手机及社交网站。伊朗还从诺基亚—西门子网络公司购入电子监控系统,对网络信息进行全面的监控。

俄罗斯曾于20世纪90年代成立了信息安全委员会,目前在联邦安全局的牵头下,由各强力部门的情报、通信和电子对抗等单位协同配合进行网络战。在2002年的《俄联邦信息安全学说》中将信息网络战称为未来的"第六代战争"。

英国在2009年的《国家网络安全战略》中把网络攻击列为英

国面临的四大威胁之一，2001年英国成立了一支隶属于军情六局的"黑客"秘密部队。

日本在2010年5月的《信息安全战略》中要求各部门构建能够应对大规模网络攻击的体制，确保网络空间安全，并于同年成立了网络空间防卫队。

印度也组建了自己的网军——陆海空三军联合计算机应急分队，并计划在所有军区和重要军事部门建立网络安全分部。

韩国多年前就开始投入巨资研究网络战，大力培养计算机专业人才，各军种都建立了网络战中心。

2013年6月2日，美国《华尔街日报》说："北约的下一场战争可能发生在网络领域，北约在柏林墙时代保护成员国，在防火墙时代也必须准备好提供保护。""时代变化真的很大，在柏林墙时期，边界两边对峙的是坦克和意识形态；在防火墙时代，边界是开放的，观念自由流动，战争虚拟化，但结果却同样具有真实的破坏性。"

《华尔街日报》话音未落，6月4日北约28国防部长就以"网络防御"为主要议题举行评估会。法国防部长勒德里昂表示，法国以往"太天真"，未能对信息时代网络安全的挑战给予充分认识，而如今认识到针对战略网络目标的黑客攻击足以威胁法国的战略安全，因此法国不但要强化网络安全防卫能力，还要发展"可逆的网络反击技能"。法国需要在第五战场拥有完全实战能力。法国媒体认为，法国现在已经拥有4个战场的实战能力，分别是陆、海、空与核领域。

法国去年秋天开始在国防部架构下建立网络防御中心，法国海军上将古斯蒂耶尔今年1月提出建立自己的网络战力量，并将网军上升到"第四维度"，即与传统的陆海空三军并列的高度。

第七讲
电磁空间战和独立网军的诞生

2013年3月美国军方透露，网络司令部将在2015年秋季前组建13支进攻性部队，以便在遭到国外网络攻击时发动网络战。美国《空军时报》5月29日报道称，美国国防部许多领域都面临预算削减问题，但网络战预算却在增加。美国陆海空三军分别有自己的网络战力，都归网络司令部指挥，该司令部预计到2016年将建立起100支网络战队伍，他们将被分为三类：一是保护军事网络安全，二是破坏敌人网络，三是协助保护美国基础设施安全。

2008年，北约在爱沙尼亚首都塔林设立网络防御中心，2011年批准修订版网络防御政策和加强防御的行动计划，目前已经把网络防御纳入正常规划进程，赋予与战机等传统军事体系一样的地位。从2013年起，所有北约国家都将推出网络防御国家政策，建立网络防御国家主管机构，并形成针对网络攻击的即时响应能力。

德国柏林工业大学网络和军事学者霍尔茨曼说，把网军纳入军事体系是未来军事的一个主要方向，但在发展能力的同时各国必须做出选择，是对着干，还是共同维护合作。有人预言，网络空间威胁将来可能要超过核武器。

世界各主要国家纷纷成立网军的情形，很类似于第一次世界大战结束后各国纷纷建立航空兵。众所周知，正是在军种航空兵的基础上，空军诞生了。现在的情况也一样，各国的网军目前都处在军种规格之下，随着技术的进步、战场经验的积累，网军成为独立军种将是一种必然。

美军正在利用其信息技术的优势打遍全球，同时却喊着提防"网电珍珠港"的口号，准备以网络技术的优势，进一步控制世界。在一些追赶者还在谈论信息战、黑客的时候，美国和美军已经基本完成了新一轮军事变革的转型，并在此基础上向另外的空间伸出战争的触角。它是立足于网电空间，但重心更加偏向互联网世界，手段也更加远离热战的一种全新的心理战、舆论战、思想战。正如太空战是空中战争形态的高端样式一样，心理空间的舆论思想战也是网电空间战的一种高级形态。

2006年底，美军又组建了网络媒体战部队。

2009年3月美国战略和国际问题研究中心发布《确保新总统任内网络空间安全》报告说："网络空间既像城市广场，可以辩论政治，发表演说；又像商业大街，可以逛街购物，消遣娱乐；也像阴暗小巷，滋生罪恶，潜伏危机；还像秘密地道，间谍钻地遁形，窃取情报；更像隐形战场，充满攻防对垒，生死搏杀。"

而那位美国总统第一位网电空间安全顾问克拉克在《网络战争：对国家安全的下一个威胁及应对措施》中明确提出，网络战争是真实的，是超越战场的，而且已经在全球打响。

2011年以来，还是在中东这个世界新武器和新军事革命的试验场，连续发生了突尼斯事变、利比亚战争和埃及革命及政变，美国的信息思想战模式得到初步验证。加之"冷战"战胜苏联的战略体会，结合战略东移、解决中国的现实需要，美国的战略家们开始筹谋一种全新样式的战争。可以说，在可以想见的将来，中美之间发生核武器对战的可能性微乎其微，发生常规大战的可能性也不是很高，双方博弈的决胜战场将主要在这里。这就是下一讲中我们要重点讲述的——现代信息思想战。

未来十年，将是美国加大战略东移，收紧对华包围圈的十年，也是中国面临挑战、转危为机的十年。历史表明，美国的每一次战

第七讲
电磁空间战和独立网军的诞生

略转移,都同时包含着一场乃至几场新军事革命在内。当美国从"一战"后确立世界工业国家老大地位后,从大西洋向太平洋转移,这次转移包含了核武器革命;当"冷战"结束,美国战略转向中东,又包含了空权信息化革命;现在美国战略东移,同时还兼顾着欧亚大陆其他对手,这次战略转移及其所引发的战略大博弈,我判断,将在太空、网电空间和网络空间乃至心理空间同时引发新军事革命。

人类历史从未有过的、同时面对三场新军事革命的危局,摆在这一代中国人面前,而我们此时还没有完全完成从机械化到信息化的军事革命,形势逼人,任重道远!

在这几场同时到来的新的军事革命面前,是美国又一次不战而胜,还是中国浴火重生,将不仅决定未来的亚太格局,也直接决定未来的全球格局。这是一个惊心动魄的时代,也是中华民族必须面对的生死存亡的又一次严峻考验。

第八讲

心理空间的开辟和信息思想战

—— 当代大国博弈的主战样式

第八讲
心理空间的开辟和信息思想战

随着互联网和空天技术的普及，传统的"领土、领海、领空"的国防概念早已被全面突破，由战略心理战演化而来的信息思想战已经登堂入室。战争再也不仅仅是常备军之间的攻防，安全概念已超越军事，成为国家、民族生存和发展的常态问题。

现在，大国对小国，小国对小国还在进行军事层面的争夺。但大国对大国进行的，主要是文化和经济融合式的征服、反征服。

有史以来，"思想战"一直是国家与国家、民族与民族、政治集团与政治集团之间决战的最高阶段，而军事战只是思想战的结果呈现的外在表现形式之一。历史上凡是占据了思想政治优势的一方，尽管一时在军事层面上处于劣势，最终也一定会取得胜利。最容易理解这一命题的最近例子，在中国，是解放战争及抗美援朝战争——特别是解放战争，没有人心即思想层面的优势，大到整个战争的结果，小到如淮海战役这样的结局，都是无法用军事常识解释的；在世界，如美国内战中的北方、俄国内战中的红方。反之，在思想政治方面处于劣势的一方一定会失败，如"二战"中的德国和日本法西斯军国主义。如果双方在思想政治层面上势均力敌，则战争将呈现长期拉锯状态，如历时两个多世纪的十字军东征等宗教性战争。

战胜一个国家的军队，占领一个国家的领土，往往只是战争的胜利开始，打赢思想文化战，统领一

《思想战与宣传战》封面

个国家的思想和文化，才是战争的真正结束，才能取得长久的统治。

在人类社会发展的最初阶段，由于信息传播方式落后，国家与国家、民族与民族间的思想文化的征服，一般发生在物质武力的征服之后。物质武力的征服是思想文化征服的先导，无论是基督教的世界扩张还是伊斯兰教的世界扩张，都是如此。大英帝国在全球的扩张也遵循了这个方式：今天遍布世界的英联邦国家，和英语成为世界通用语言即是例证。晚清正是在鸦片战争中失败，西方军队大举进入中国之后，基督教文化才随之大规模漫入中土，太平天国起义的思想源头即由此发端，以后又有戊戌变法、辛亥革命等，无不是欧美政治文化浸润的结果。

应该说，从有战争时起，生理杀伤和思想征服就在不同层面上进行着，但碍于技术原因，信息传播能力受限，心理渗透效果无法触及每个直接参战的人员及其身后的社会公众，因此，20世纪中叶以前，人类社会的战争形态，基本是由军事帝国主义主导，战争主要呈现出直接的人员杀灭——即我们熟知的"消灭有生力量"。即使在思想政治方面占优势，也要通过转化为战争上的军事优势，通过直接消灭（包括瓦解）对方的军队来实现最后的胜利。

第二次世界大战，苏联社会主义的思想优势，通过工业化和超强军事能力的展现，震惊了整个西方——它再也不是那个邋遢的欧洲小伙伴俄罗斯了。而借着苏联战胜德国的赫赫威势，大批社会主义国家在东欧、东亚和中东地区出现了，横行世界近500年的西方欧美势力，第一次遭遇到东方的整体性阻挡。

"二战"后美国正式确立全球霸权目标。考虑到东西方阵营军事实力旗鼓相当，特别是双方都有核武器的现实，美国战略家提出，

第八讲
心理空间的开辟和信息思想战

世界正由军事帝国主义向经济帝国主义和文化帝国主义形态过渡。

美国政府以军备竞赛"明修栈道",以经济封锁、文化渗透、思想收买"暗度陈仓",持之以恒地实施和平演变战略。历经约半个世纪,借助新的电子技术的全球覆盖性信息传播,辅以雄厚的资本及军事实力的新战略组合拳,美国在苏联、东欧地区成功地实践了思想战这一古老的战略决战模式,彻底瓦解、颠覆了苏联、东欧社会主义阵营。

"冷战"后,世界技术形态由电子时代进入网络时代,借助全球卫星通信系统,通过个人电脑和

苏联"冷战"宣传漫画:华盛顿的"和平鸽"

手机,信息可以超越各国政府的行政阻隔,直达个人心脑。美国立即将这一技术优势转化为政治优势和军事优势,在文化帝国主义成功的基础上,又辅以信息帝国主义的技术支持,将征服的触角伸向欧亚大陆另外两个古老文明地区——中东和中国。

这种思想战的规模、持续的时间、涉及地域的广度,都远远超过了两次世界大战的总和。各国一直都喊着警惕第三次世界大战,其实,第三次世界大战早已经开始,只不过它不是军事战,而是思想战、文化战!

自"二战"结束以来,美国就一直引领着世界军事革命:从核武器时代、信息化时代到网电空间战时代,但这只是从技术角度看到的一条单行线。从战略思想角度观察,其实美国不再依靠以传统

军事力量作为大国博弈和决战为主要手段，而将文化作为一种具有极强战斗性、颠覆性、毁灭性的国家战略工具。

美国操纵世界反社会主义运动，如海啸一样，先席卷了东欧和苏联，又掀起第二波，席卷了中东原苏联势力范围和中亚地区。然后，战略东移，准备对中国进行第三次海啸攻击，以彻底掏空社会主义的历史根基，完成西方对全世界的文化征服。

第二次世界大战，从意识形态的角度看，是世界共产主义运动的胜利——一大批社会主义国家诞生了，这是对全球资本主义体系的重大颠覆。共产主义运动使用军事手段——即暴力，直接消灭资本家——当然也同时消灭了附着在资本家阶级身上的资本主义。

"二战"一结束，以美国为首的西方资本主义体系就开始对全球共产主义运动进行反颠覆。和共产主义的疾风暴雨不一样，资本主义的颠覆悄无声息但同样致命，也就是通过资本（附带文化）渗透，然后以变种的资本主义，植入社会主义国家的肌体，像中国的"冬虫夏草"。

这就是"冷战"，就是以经济和文化为主要"作战"区域的第三次世界大战。

到20世纪末，西方资本主义在"冷战"中取得了重大胜利：苏联解体，南斯拉夫和捷克斯洛伐克解体，东欧全部归西，唯一的南联盟也在1999年被北约用军事手段活活打死。

然后，美国去收拾中东那一片"解放区"了。2003年美国强行发动伊拉克战争，强推"大中东民主计划"。到2011年，突尼斯事变爆发，茉莉花革命兴起，最后一个反美的叙利亚陷入绝境，伊朗不寒而栗。美国的文化战略又取得重大进展。

第八讲
心理空间的开辟和信息思想战

美国在中东的战略是"大中东民主计划",即以直接武力干涉和内部"民主"策反相结合。通过金属炸弹和民主概念灌输和资本的秘密渗透,20多年来美国已成功地将中东地区变成世界上最混乱的地区,遏制了伊斯兰教的复兴。

同时美国和西方阵营加大对中国进行"战略改造"的力度。

由于中国的高度警惕和应对得当,美国的文化帝国战略也在中国曾连续遇到严重挫折。新中国成立后,应对美国的经济帝国主义和文化帝国主义战略入侵堪称铜墙铁壁。毫无疑问,突出政治的做法,挡住了当时美国和西方的"和平演变",并为后来东欧剧变和苏联解体时中国挺过1989年的"风波"提供了足够的思想免疫力。但是,这一过度的预防性吃药,也带来了一定的副作用,那就是太多的人受到误伤。正是这一误伤带来的后遗症,在中国改革开放开始后,中国社会出现一股否定、丑化革命领袖的现象。美国的文化战略,从这里找到顺藤摸瓜的路径:通过否定"文革"—否定毛泽东—否定共产党—否定新中国—否定现政府,最后肢解中国。

中国很少有人意识到,这是一场事关中国共产党同时也是事关中国和中华民族生死存亡的大决战。直到2013年8月19日,习近平总书记指出,网络是意识形态领域的主战场。有关部门亮剑狠狠打击网络造谣传谣,抢占网络舆论主阵地。

当年新中国在思想、文化方面的森严壁垒,随着"冷战"后世界局势的转变和中国改革开放的实施,已呈现告急态势。邓小平同志在1989年政治风波之后,开始意识到问题的严峻,连续发出预警:"我们一定要经常教育我们的人民尤其是我们的青年,要有理想。为什么我们过去能在非常困难的情况下奋斗出来,战胜千难万险使革命胜利呢？就是因为我们有理想，有马克思主义信念，有共产主义信念……一定不能让我们的青少年做资本主义腐朽思想的俘虏，那绝对不行。""不管是什么专家、学者、作家、艺术家，只要是党员，都不允许自视特殊，认为自己在政治上比党高明，可以自行其是……只要我们党真正加强马克思主义的领导，坚决克服软弱涣散的状态和自由主义的态度，认真开展积极的思想斗争，思想战线的上述种种问题都可以被解决，也不难解决。""了解自己的历史很重要，这个历史告诉我们，中国走资本主义道路不行，中国除了走社会主义道路没有别的道路可走。一旦中国抛弃社会主义，就要回到半殖民地半封建社会，不要说实现'小康'，就连温饱也没有保证。青年人不了解这些历史，我们要用历史教育青年，教育人民。""应当明确指出，当前思想战线首先要着重解决的问题，是纠正右的、软弱涣散的倾向……加强党对思想战线的领导，克服软弱涣散的状态，已经成为全党的一个迫切的任务……在工作重心转到经济建设以后，全党要研究如何适应新的条件，加强党的思想工作，防止埋头经济工作、忽视思想工作的倾向。"

江泽民同志说："国际国内的严峻形势和不同社会制度、不同思想体系的对立与斗争，经常考验着每个党员。尤其是一个时期以来，资产阶级自由化思潮的泛滥，资产阶级的'民主、自由、人权'口号的蛊惑，利己主义、拜金主义、民族虚无主义和历史虚无主义的滋长，严重侵蚀党的肌体，把党内一些人的思想搞得相当混乱。而我们却放松了党的思想建设工作，这是一个失误。有些党员在大是大非面前分不清是非，迷失方向，跟着错误思潮跑；有些党员同情、支持以至不同程度地参与动乱和反革命暴乱。党内暴露出的各种问题告诉我们，

第八讲
心理空间的开辟和信息思想战

必须把加强思想建设，提高党员的思想政治水平，作为一项迫切的任务提到全党面前。"胡锦涛同志说："意识形态历来是敌对势力同我们激烈争夺的重要阵地，如果这个阵地出了问题，就可能导致社会动乱甚至丧失政权。敌对势力要搞乱一个社会、颠覆一个政权，往往总是先从意识形态领域打开突破口，先从搞乱人们的思想下手。"

习近平总书记指出："一个政权的瓦解往往从思想领域开始的，政治动荡，政权更迭可能在一夜之间发生，但思想淡化是个长期过程，思想防线改变了，其他防线就很难守住。我们必须把意识形态工作上的领导权、管理权、话语权牢牢掌握在手中，任何时候都不能旁落，否则就要犯无可挽回的历史性错误。"

随着互联网技术的兴起和美国战略东移步伐加快，融合了最新技术、发展了更多样式的"战略思想战"的威胁，以排山倒海般的态势压向中国，就实际破坏效果来说已远远超过核武器和常规武器系统对中国的国防压力。

在政治、经济、文化难解难分、融合交汇的新形势下，如何抵御已经被大大完善和加强了的、以文化帝国主义为主、经济帝国主义和军事帝国主义为辅、三位一体的美国战略威胁，已成为事关中国发展与安全的核心战略任务。由于没有战略自卫能力，清朝洋务运动败于一场小小的甲午战争并招致国家解体，教训何其深刻！今天中国仍然面临外部颠覆和征服的战略威胁，但由于新中国"两弹一星"的威慑作用尚在，直接的大型战争的危机并不存在。但是，非传统战争的致命威胁却越来越突出，特别是以网络为载体和平台的思想文化颠覆，不能不引起人们高度警觉。

在20世纪中期以前，思想文化的传播是相对缓慢的。马克思执笔的《共产党宣言》于1848年问世，直到1920年才被引入中国，前后经历了70多年。然而，随着信息技术的出现以及成熟，随着广播、电视、大众传媒乃至互联网的出现，思想文化的传播速度逐步加快，一种观点、一种舆论乃至一种理论可以在很短时间内投送到特定人群的大脑里，21世纪的世界已经和19世纪的世界完全不同。

从青铜器到铁器到火器到内燃机再到核武器，新的技术革命总会带来新的战争模式和军事革命。然而，信息技术革命对战争的影响与之前历次技术革命存在本质的区别。以往的军事变革都主要发生在物质层面，然而信息技术革命则有可能使战争形态发生质的飞跃，使人类战争的主战场从物质空间转向精神和心理空间：在信息技术革命之前，在思想文化领域展开的破坏，其效果是缓慢而长久的，远远不如在物质层面的破坏来得迅速而及时。因此，发生在物质层面的战争远远在思想文化层面的战争之前；然而在信息技术革命后，根本性地颠覆了物质武器破坏力和精神武器破坏力的效能对比。既然可以通过巧妙的综合手段迅速影响和改变敌国政治精英乃至普通民众的思想文化，那么根本不用发动物质层面的武力战争，并可以征服对方，实现"不战而屈人之国"。当然，严格来说并非"不战"，只是战争发生在精神层面而已。

随着中国国力的不断增强，可以判断：美国直接用武力战胜中国的可能性越来越小，而通过经济和文化渗透手段，以战略思想战样式搞乱中国，不战而胜的可能性越来越大。这是一场中国无可回避、将伴随中国发展全过程、每时每刻都在激烈进行的大决战。

迄今为止，大多数中国人还只是把使用金属武器进行的直接杀伤人员和肉体的行为当作战争。这是机械化时代以前的概念。前面已经

第八讲
心理空间的开辟和信息思想战

说过,美国在"二战"后已经在概念上彻底放弃了这种关于战争的定义,而将经济帝国主义和文化帝国主义当作主要的"战争意识"。

把经济当战争,美国继承的是其文化先祖欧洲的传统。德国思想家马克斯·韦伯早就说过:民族间的经济斗争即使是在"和平"的外表下也在进行着……在生活的经济斗争中,并不存在和平。只有当人们把和平的表象当作事实时,才会相信后代的未来是和平而幸福的。

自欧洲发生资产阶级革命之后,为经济而战、把经济当战争,就是西方世界最基本的生存常识。几乎每一个欧洲强国都是军事工业商业综合体,直到"二战"后这一形态在美国登峰造极。

俄罗斯是西方列强向现代社会进化中的迟到者,按照当时的丛林法则,庞大的俄罗斯版图本来会成为其他列强瓜分的战利品,但激进并富于创新精神的俄罗斯人像发明先进武器一样,突然选择了社会主义制度,寻找到一条从农业时代向工业时代迈进的捷径。作为新俄罗斯的苏联从一个落后的工业国迅速地转化为工业国,因此赢得第二次世界大战,躲过工业化时代的民族大劫难,并一举超越原来欧洲并肩的诸强,雄视世界。

这一巨大的成就,当然深深地吸引了在西方蹂躏下苦苦挣扎、社会形态远远落后西方的中国。于是,整个民族不惜付出最大的牺牲,推选出以中国共产党人为代表的先锋队,宁可爬雪山、过草地、抛头颅、洒热血,也要走苏联的道路,实现时代的跨越,拯救中华民族。这种民族求生存的原动力,不是任何枯燥的政治学概念可以解释的,但放在人类发展和中国历史的长河中,则很容易理解中国人民的这一根本抉择。中国革命固然是中国共产党领导的,但中国共产党的历史责任,却是中华民族的整体托付。正是中国人在那个时代的正确选择，中国赢得了500年中唯一一次追赶世界军事革命浪潮的胜利——研制和掌握了核武器；赶上机械化工业时代的最后一班车。中华民族得救了。中国有了可以从容设计未来的条件。

但是，苏联抄捷径的发展转型是有代价的。由于选择了完全新型的社会制度，一切内在外在的体系，来不及进行精心设计和完善，便须用来和已经成熟运行了几百年的西方资本主义体系进行整体对抗。最后，在内部缺陷自戕、外部阻挡破坏的共同合力下，苏联摔碎了。作为对手的美国将此视为"战争意识"转型的最成功实践，几乎没有片刻犹豫，就将全部经验和由经济、文化、军事组合成的整个"帝国主义体系"，用于社会主义中国。

一幕似曾相识而又诸多新奇的大国博弈，自1989年之后，在世界拉开序幕。

在经济帝国主义的层面上，美国当年诱导苏联按美国的路线图实现经济改革，最后几乎在休克中死亡；今天美国世界银行也一直在对中国做着同样的事：说服中国以城市化发展为核心，而美国自己却快马加鞭发展信息网络、生物高科技；说服中国革掉国有企业的"垄断"，同时，却以世界性的垄断资本，准备鲸吞。

在战略误导的同时，美国还伸出"经济杀手"实施着对中国金融和战略产业的秘密控制。

中国资本在世界上不少地区都是堵截和哄抢的对象——比如在伊拉克和利比亚，一场美国和北约发动的战争就可以让中国的巨额投资灰飞烟灭，一个弱邻就可以轻声终止中国的大笔投资。但谁敢动美国的企业？谁敢抢美国的公司？美国那是带枪的资本！美国几乎人人带枪，美资也是个个带枪。而这些带枪的资本进到中国后，并不仅仅以

第八讲
心理空间的开辟和信息思想战

赚取利润为目的。更有以学术或慈善面目出现的非政府组织，大举进入中国，资助（实质是"感"化和控制）各类智囊机构、大学、媒体等，以资本方式控制互联网，再以已经洗过脑的自己代理人来掌控网站……一个庞大的信息思想战体系就这样隐蔽地部署完成。

美国经济帝国主义的终极目标是迫使或诱使中国由主权独立国家转变成为拉美、菲律宾模式的主权不完整区域，变成在金融和经济、政治上都不得不依附于美国的新殖民地区域。在这个进程中，自然促成中国的政治、社会动乱以及国土、民族分解，将自然而然地同步完成……

在文化帝国主义层面上，争夺青年、争夺民心是核心战略目标。大国竞争，10年之内可凭军事，50年之内可以比制度，百年之上，就是文化定胜负。美国很早就认识到争夺人心的重要性。1905年，由于美国的排华政策，引发中国各地发生抵制美货运动，青年高涨的反美情绪引起美国上下警觉。美外交官与智囊团认为，这是因为美国所接收的中国留学生太少，美国将因此在精神领域内失去对整整一代中国人的影响力。伊利诺伊大学校长詹姆士提醒罗斯福总统说："哪一个国家能够成功教育这一代中国青年，哪一个国家就将因此而在精神与商业两方面收获最大的回报。如果美国在35年前能成功吸引中国的留学潮流，并使其壮大，那么我们此时就能以最圆满和最巧妙的方式控制中国的发展，那就是以知识和精神支配中国领袖的方式……与军旗相比，道义与精神将更有力地支配商业。"1908年5月25日，美国国会通过向中国退还庚子赔款的议案，以用于增加中国留美学生和用于在中国办学。这项政策实施的结果，是一度夺得中国政权的国民党整体性亲美，而1949年美国上下都在争论"谁丢掉了中国"。

美国对苏联,政治上是诱导其民主化,文化上自由化,军事上,则诱导其军备竞赛,一天到晚准备永远也不会发生的战争,把资金全部浪费掉。战略战术上,美国以代理人和第五纵队为颠覆苏联的主力——这是人类历史上从来没有过的复杂的战争体系。与之相比,双方军队之间的军事对决,是最简单和短暂的过程。

美国对华战略基本上也是这个套路。当今中国,就处于这样一场对于美国是故技重施、轻车熟路,对于中国自己尚未有切肤之痛的"新"(心)战争之中。

在抗日战争、解放战争和保家卫国战争,中国共产党带领人民取得过无可争议的军事成就;在改革开放中中国共产党也带领人民取得了举世公认的经济成就,未来,中国共产党面临着如何在新的形势下,在物质建设和意识形态领域同时取得胜利的艰巨战略任务。对此,中国人民和中国政府有着清醒的认识。知己知彼,百战不殆。中国战略界应及早研究美国的战略思想战,同时制定符合中国现阶段发展需要和长治久安"效力"、系统全面的"反思想战战略",以指导当前愈演愈烈的意识形态斗争,赢得事关党和国家、民族前途命运的持久性的大决战。

美国放眼未来 500 年,认为那是它全球帝国的时间边界。

中国也应该放眼未来 500 年,对于一个庞大的民族来说,这样的时间跨度只相当于一个人的 50 天。

美国的全球战略是军事硬实力、经济软实力和文化巧实力三位一体的合围战略,而不仅仅是陆海空天电五维一体的军事围攻战略;中国也不能把国家和民族安全的概念锁定在军事名词上。

第九讲

生物国防与基因战时代

——战争与和平界限的消失

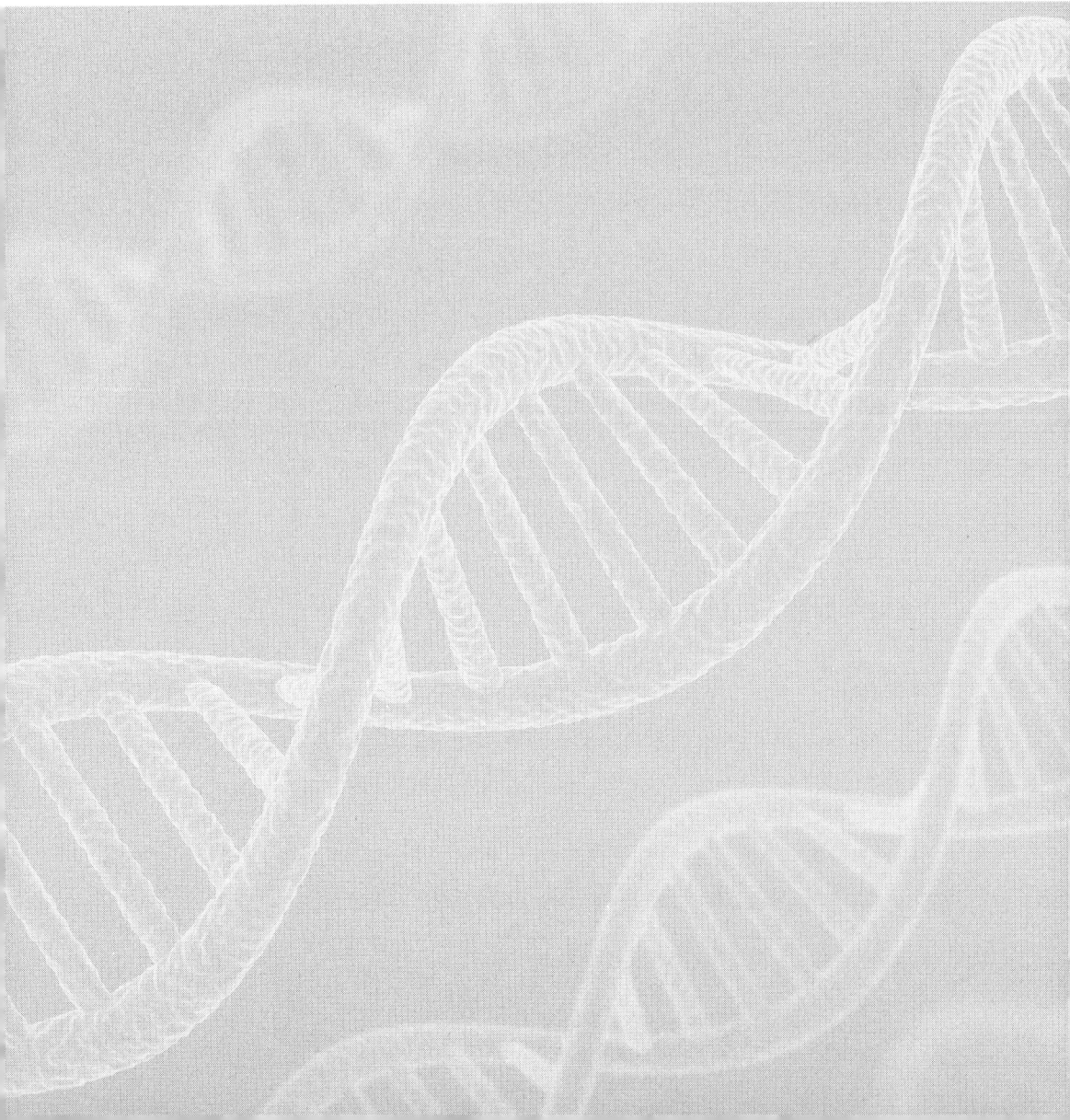

第九讲
生物国防与基因战时代

美国未来学家阿尔文·托夫勒说过:"人类用什么样的工具生产,就使用什么样的工具战斗。"这句话几乎可以用作对整个世界军事革命史的观察指南。

回顾历史,不难发现,新技术催生新的生产模式和战争模式,新的战争模式又催生出新的国家安全架构。这一组逻辑反应链条贯穿了整部人类文明史。每一次变革都是由新技术推动,新思想完成。

人类生活所涉及的领域,主要是农业、工业、医疗、文化。在基因等现代生物技术发明之前,人类几乎所有的重大发明都是集中在提升生活质量上,大部分时间是在改善生产工具、提高劳动生产率的层面上绞尽脑汁。这直接催生了工业和军事革命。从第一次世界大战发生以来,战争的进步主要是在工业领域进行的,但在20世纪中叶延伸到文化领域,就是我们上一讲所讲到的信息思想战。到21世纪的今天,战争又覆盖了最后两个领域:农业和医疗。这本来是为了延续人类生命而存在的两个行业,但由于历史规律的作用,由于新的革命性技术的应用,它们终于还是没有能够避免成为战争的领地。

核技术的发明本来是提升工业的效率,最后却成为一种大规模杀伤性武器;基因技术的发明本来也是为了提高人类的生命质量和生活质量,现在也难以避免武器化的结局。战争就是以限制和剥夺一部分人的生存权为根本特征的,什么技术更便捷地达到这一目标,政治家和军事家就优先选择这种技术武器。所以,从这个角度讲,基因武器的出现并没有什么不好理解。试想,如果有一种技术可以发明出这样的武器:不需要像核武器那样高昂的成本,不需要像导弹那样复杂的系统,不需要像坦克、飞机、航空母舰那样庞大的体积,不需要众多的数量像枪炮那样，同时它又具有核武器那样足以震撼对方的战略威慑性，具有导弹系统那样的精确猎杀能力，具有坦克、飞机、航母和枪炮那样的广泛适用性……那一般人都会想：有这样一种理想的武器，为什么不发明、制造和拥有呢？

正好，基因武器就集上述各种"理想"于一身，甚至在有些方面还超越了上述"理想"。它像核武器一样具有大规模毁灭能力，但却没有核武器那样的长期放射性污染和强烈冲击波的附带损伤；它的精确猎杀能力是导弹信息化系统不可同日而语的：常规导弹一般攻击点状或集团目标，而基因武器是攻击一个地域广大的族群。基因武器在人类活动的陆海空等传统空间使用，但又完全超越了一切空间，包括思想空间。

但是，基因战还不是我这讲要谈的现代生物战争的全部。

上一讲谈到，21世纪初网络技术正在成为世界工业、经济、军事乃至政治领域的主导，以此为核心的军事革命正从空权信息化时代穿越出来，沿着网电空间向思想心理空间蔓延。其实，与网络技术主宰工业相同步的还有另一个趋势，那就是基因技术对农业领域的主宰、对生命科学研究的突破以及对医疗领域的重大影响，新型武器和新型战争又在悄无声息地孕育着。

历史规律表明，当一种技术成为时代主宰的时候，新军事革命就必然发生。如前面所讲的网络时代军事革命，当大多数国家、大多数人都处于网络之中的时候，网络战争就是自然而然的事情，各国战略界已无太多异议。

但是，关于现代生物生态战争时代的概念，目前还没有得到世界军事理论界的认可，原因在于基因技术虽然发展迅猛，但还没有普及到大多数人身上。中国人对转基因问题争议非常激烈，是因为中国先于很多国家大规模使用转基因粮食。

在我提出"现代生物生态战争时代"这一整体性概念之前，关于生物战争和基因武器的概念，实际上已经充斥于学术领域。对于一种正在蓬勃发展的技术和复杂多变的走向，任何人、任何机构，都不能以权威自居，垄断社会大众对未来的探索。特别是与每个人生活息息相关的基因技术。

所谓基因武器，是指利用基因工程技术而研制出的新型生物战剂。它是在基因工程的基础上，采用遗传的方法，通过基因重组，把特殊的致病基因移植到微生物体内而制造出的新一代生物武器。从生物武器的发展看，基因武器也可称为第三代生物战剂。由于基因是一个种族最基本的生理特征，因此，掌握了潜在对手的基因，理论上就具有了精确定向进行种族灭绝的可能。据有关专家预测，除基因武器外，还将有生物医药、生物炸弹、动物兵种、生物传感器、生物能源、生物电子装备等系列生物技术应用于军事领域。

但我认为，"现代生物生态战争时代"绝不是军事革命的范畴所能容纳的，它必将像当年的核武器一样，引发整个人类对于战争伦理和其他各方面的反思，然后才是军事层面的争论。只是眼下我们只能限定在这个层面进行研讨。

从近代生化战的历史和当代最新生物技术在军事领域的应用，可以将现代生物生态战争划分为两个阶段：第一阶段是生化战，第二阶段是基因战。

我们首先来看生化战。说到生化战，我们最容易联想到的就是第一次世界大战中的毒气战，和抗日战争中日军的731部队。事实上，

决胜新空间
世界军事革命五百年启示录

这个理解是比较狭隘的，生化战的历史和人类追求控制生化战的历史都要长远的多。

　　早在现代化学、生物学还没有出现的时代，人类就已经先感性地认识到了传染病的可怕和其在军事上的用途。公元前600年，亚述人就已经在用黑麦麦角菌来污染敌人水源；古代雅典政治家和战

1915年4月22日下午，伊普尔战场的德军对英法联军阵地实施化学武器攻击。4月25日德军故技重施，向协约国阵地释放毒雾。协约国军队坚守了几个月的防线就这样被德军轻易突破。这是现代化学战的先例，协约国约有15000人中毒，其中约5000人死亡。

日本731细菌战部队

略家梭伦在包围克里沙城邦的时候用突菘给敌人的水源下毒。

　　李自成为什么

第九讲
生物国防与基因战时代

能轻而易举地攻入北京城？很大一个原因在于此前天津发生了大规模的鼠疫，传染所致，"有一二日亡者，有朝染夕亡者，日每不下数百人，甚有全家全亡不留一人者，排门逐户，无一保全。"（谷应泰《明史纪事本末》）以至于京师地区"死亡枕藉，十室九空，甚至户丁尽绝"，连收尸的人都没有。

瘟疫的力量如此巨大，如能为某方所驾驭，比较容易形成压倒性的优势。所以在《封神演义》里才出现了可以自由发起、终止瘟疫的法宝。但这毕竟只是神话故事里的想象，李自成借助鼠疫攻占北京也只能算是运气好。古往今来，还没有哪个国家、哪支军队，能够自由自在地操控疫病。但这并不等于说在古代没有精心策划的生物战，目前可知的就有两个例子，且都和游牧民族有关。第一个例子是匈奴在和汉军作战时，将牛羊埋在汉军进军路线上的水源里，以在汉军中制造疫病。第二个例子是蒙古人留下的。蒙古军在攻打克里米亚的卡法城时，曾用投石机将鼠疫死亡者的尸体抛射入城，引发了持续多年的黑死病，摧毁了欧洲三分之一的人口。

在经历了现代科学革命的洗礼后，人类战胜疫病的能力得到了巨大的提升。同时，制造疫病的能力也大幅度提升。在印第安战争期间，盎格鲁·撒克逊人就借助病菌传播，重创了北美印第安人，但这还只是一种非常原始的应用，和后来出现的现代生物武器依然无法同日而语。

"二战"前，在"优生学""生物学""生物国防"的幌子下，英国、德国、美国、日本，甚至苏联都心照不宣地投入巨资进行现代化的第一代"生物武器"研究。这就是人工培养的病毒和细菌武器，以在未来战争中造成传统武器所不能达到的大规模杀伤力。

德国在"一战"中便曾使用化学武器,"二战"爆发前,德国已经研制出成熟的化学武器,然而英国同样具有化学战的能力,这使纳粹一直没有在战争中使用化学武器。

在"二战"进行中,英国、德国、日本、美国、苏联等都研制出了第一代生物武器,同核武器一样,所有拥有生物武器的国家都没有遭受到敌人的生物武器攻击。由于中国没有生物武器,中国军民在抗日战争中就很不幸地惨遭日本的生化攻击。

然而,由于第一代生物武器定向性较差,危害敌方的同时也威胁己方的安全。因此"二战"前后,第一代生物武器并没有得到普遍应用。但是,相关的研究却没有断绝。

说起日本的731部队,国人无不切齿。但是,如此践踏人性的一支部队最终却顺利逃脱了国际法庭的审判,原因何在?就在于该部队巧妙利用了美国想获得相关技术的心态,达成了合作的密约。

1947年初,美国陆军情报处邀请马里兰州美国生物战实验室的师长诺尔伯特·费尔到东京,其目的是全面评估日本的生物战武器计划对美国的价值。1947年5、6月间,费尔与"731部队"的负责人石井四郎进行了谈话,并得出结论,日本的资料和成果对美国意义很大。费尔在报告中指出,美国已有的生物战成果高于日本,但是日本有非常宝贵的活体实验资料,"由于对人体试验的顾忌,在我们的实验室里是不可能得到这些资料的。"

石井四郎配合美国,将其在研制细菌武器时,以大量人类活体实验观察记录,和在中国战场及后方实施生物战的经验,总结成四篇文章:

第一篇是由19人编写,长达60页的"用活人细菌武器的试验

第九讲
生物国防与基因战时代

图为侵华日军第七三一部队旧址冻伤实验室遗址。（新华社记者 王凯 摄）

报告等书"；第二篇是长达20页的"对摧毁农作物的细菌战研究"；第三篇由10人编写的"关于对牲畜进行细菌战的研究"；第四篇是由石井本人亲自撰写的，"20年来对细菌战的全面研究总结"；还附有8000张有关用细菌武器做活人试验和活人解剖的幻灯片。

为得到这些生物战资料，从麦克阿瑟到杜鲁门都曾亲自过问此事并作出指示。最后，在美国的庇护下，"731部队"绝大部分人未受到任何惩罚，"731部队"的真相和材料也完全被美国秘密控制起来，很多关键人物被美国高薪聘用为教官，转而为美军培养生物战人才。石井四郎本人先是"失踪"，后来公然主持美国在日本设立的细菌战研究机构，1959年在东京死于喉癌。

同时美国还吸收了纳粹德军的同类研究成果，从而为发展自身的生物武器奠定了雄厚的基础。也可以说，美军正在借助科学的力量，一步步地将《封神演义》里的幻想变成现代战场上的事实。

第二次世界大战后，美国以不加审判为条件，获取了当年日军全部细菌武器资料和成果，一举成为细菌战大国。

在抗美援朝战争期间美国在朝鲜北部和我国东北地区，用飞机投掷鼠类、昆虫、蛤蜊、杂物等手段，散播鼠疫杆菌、霍乱弧菌等，造成人、畜的发病和死亡，又犯下了滔天大罪。

使用生物武器的罪恶史，引起了世界人民的普遍关注：1972年联合国签订了禁止试制、生产和储存并销毁细菌（生物）中毒素武器的国际公约，于1975年正式开始执行。然而在1980—1988年伊拉克对其邻国使用了生物武器。1980—1986年两次审议中与会者担心近年来分子生物新技术发展会被滥用于生物战，事实上这种担心完全被证实。发达国家并没有放弃生物战的准备，事实上还有继续增长的趋势，只不过研究、试验、制造更加隐蔽罢了。

虽然美国在生化战研究领域一路领先，但是，世界进步力量对生化战的反对也一直在加强。早在1925年6月17日，世界上38个国家就在日内瓦签署了《关于禁用毒气或类似毒品及细菌方法作战议定书》，英国在保留重要条款的前提下批准了该协议，这意味着英国一直在秘密进行生物武器研制计划。而美国从一开始就拒绝参加这个条约。

"二战"临近结束时，美国的核武器研究和生物武器研究已经处于世界顶端水平。战争马上胜利的前景，不仅没有使美国停止研发活动，反而加快了相关灭绝性武器的研发进度。其中，核武器由于在日本的实际使用而无法再保密，最终只能公之于众，很快就在

第九讲
生物国防与基因战时代

美国国内引发广泛的讨论,在民间也发展起了强大的反核组织,包括爱因斯坦这样的著名科学家也加入了反对的行列。

与核武器不同,美国的生物武器计划几乎是始终处于秘密状态,禁止媒体和公众讨论。早在1947年,当时担任陆军参谋长的艾森豪威尔就曾下令禁止对生物武器计划进行披露。1949年,美国国防部长弗雷斯塔尔则诡辩说,美国只研究防御性的生物武器。

到20世纪50年代初,美国已经形成了完整的生化战战略。1952年6月11日,美军联合战略计划委员会向参谋长联席会议提交了一份《关于生物战争政策和指令的陈述》,里面特别强调美国应该利用生物武器,以秘密战争的方式,对敌方平民进行隐秘伤害:"生物武器最有吸引力和最有效的方式可能是在秘密的军事行动方面。在敌人后方活动的特工人员或游击队,可以把少量的生物媒介准确地投放在能够产生最大效果的地方,这是一种极有杀伤力的方式。秘密使用的另一个好处是,以这种方式使用生物武器其结果很难与疾病的自然爆发相区别,因此可在正式军事行动之前使用,以削弱敌人实力。"

在此后的几十年时间里,以苏联的威胁为借口,打着开发防御性生物武器的旗帜,美国一直大力推进生物武器的研发,并在美国本土和其他国家进行了大量的相关实验。

在越南战争时期美国军队为求速战速决,在越南胡志明小道泼洒大量落叶剂。

朝鲜战争结束后，美国于1956年重新制定了生物武器的使用政策，正式给在战争中首先使用生物武器开了绿灯：在一次全面战争中，美国将使用这种武器以提高军队的效率，这种武器的决定权在总统。同样是在这一年，美国陆军守则中还删除了生物武器"只做报复之用"的内容，并肆无忌惮地强调，美国没有参与任何现行的、有关禁止或者限制相关武器的条约。

整个五六十年代，美国以史无前例的热情推动了生物武器的研发，并和英国合作进行了大量的生物战实地实验。尽管生物武器所需的科研经费动辄几亿美元，但美国对相关武器的开发始终没有停顿。由于核武器使用门槛高，而越南战争常规武器和部队又屡屡陷入困境，美国甚至准备将生物武器当作比核武器更加重要的战略武器进行开发。

可是，到了1969年的11月25日，美国总统尼克松忽然在白宫发表讲话，宣布美国放弃生物武器并限制化学武器的进一步生产。到福特政府时期则正式宣布批准《日内瓦议定书》，同意在未来战争中限制使用化学武器。

为什么会有这样的一个政策急转弯？为什么美国政府一直拒绝参加的《日内瓦议定书》忽然被通过？六七十年代，正是苏联威胁最严重的时候，美国却在越南战争即将失败的时候做出上述决定，让全世界都感到很奇怪。

40年后，谜底才被揭开。原来，美国的基因技术那时已经获得突破性进展，美国已经拥有了远比生物武器和生化战更先进的东西：那就是基因武器和基因战争。

60年代，就在美国重视细菌、病毒武器的作战使用时，其分子

第九讲
生物国防与基因战时代

生物学和遗传工程技术取得了巨大突破，基因工程技术日益成熟，通过人工合成新的基因，有可能制造出自然环境中无法出现的新的微生物、植物，而这种微生物或植物对人将有更强的杀伤力，其在自然环境中生存能力也更强。

1962年，美国国防部在国会证词中就承认："在美国陆军的生物研究所内的微生物研究中，遗传学越来越受到重视。目前的注意力放在遗传学的基础研究方面，以了解有关机理，引出新的概念和增长一般科学知识。约有40名科学家参与其中，其中从事遗传学研究的学者很多是在国内外负有名望的学者。……对遗传学的研究和更多的了解，将对生物武器系统及其防护做出重要的贡献。"

至1969年，美国国防部已向国会指出，新型的生物武器即将问世："在今后5到10年内，很可能研制出一种新型的致病微生物，这种致病微生物在某些主要方面不同于任何已知的致病微生物。最重要的是，我们用以控制传染病的免疫和治疗措施对于这种致病微生物是无效的。"

正是在1969年，美国人首次应用生物工程原理，从大肠杆菌中分离出DNA片段。

1973年，美国的赫伯特·博耶等人创立了DNA重组技术。1976年，基因工程进入技术开发阶段，并生产了人工胰岛素、生长激素和干扰素等一批特效新药。

基因工程也称遗传工程，根据基因的遗传性，用类似工程设计的方法，把生物遗传基因（DNA）从细胞中分离出来，有目的地进行剪切、拼接、重组，把一种生物的基因"嫁接"到另一种生物体中，从而实现基因转移，使后者获得新的生物遗传物质。

2006年5月18日,英、美科学家公布了人类第1号染色体的基因测序图。美国北卡罗来纳州杜克大学的西蒙·格雷戈里说:"公布最后一个人类染色体的基因测序图,不仅标志着人类基因组计划全部完成,而且也标志着建立在人类基因组测序图基础上的生物和医学研究的浪潮将日益高涨。"2012年,能够对人类DNA进行修改的基因技术在美国加州大学霍华德-休斯医学研究中心与瑞典分子感染医学实验室的共同研究下问世。

在欢呼基因技术进步的同时,世界上也有人提出疑问:历史上任何新的科学发现都可能会被人们用作军事发展的工具。如20世纪初科学家发现了细菌,不久以后便出现了细菌武器;科学家发现核分裂现象后,不久就出现了核武器。现代基因工程会例外地不成为武器吗?现实的情况和历史的逻辑都不支持这样的希望。

理论上说,利用基因工程技术,创造出具有新特性的致病微生物及其毒素战剂,去破坏人的免疫系统,也可以针对某一种族、人群个人的基因特征,去杀伤特定种族、人群和个人的基因武器,将不存在技术上的障碍。

专家指出,一旦基因武器运用于战争,将给人类带来巨大灾难。有人估算,用5000万美元建造一个基因武器库,其杀伤效能将远远超过50亿美元建造的核武器库。因为拥有这种武器的人不必顾虑对自己及对地球整体环境的破坏。基因生物武器的使用者也不必兴师动众,而只需在战前将基因病菌投入他国地域,或利用飞机、导弹等将带有致病基因的微生物投入他国地域,让病毒自然扩散繁殖,就会使对方人畜在短时间内患上难以治愈的疾病,从而导致一个种族的灭绝。国外有科学家称:"只需20克超级热病毒基因武器就足

第九讲
生物国防与基因战时代

以使全球60亿人全部死于非命。"从这个意义说，把基因武器称为"世界末日武器"或"终极武器"毫不夸张。

几年前英国生物学家就断言，基因武器的问世不会晚于2010年。英国《星期日泰晤士报》曾披露，以色列军方早先曾研制一种专门针对阿拉伯人而对犹太人没有危害的基因武器——"人种炸弹"。研制计划由以色列的尼斯提兹尤纳生物研究院负责。该研究院是以色列研制生物武器的秘密中心。

据美国媒体报道，美国政府每年用于生物工程研究的经费均为数十亿美元。自1983年以来，美国人已用现代生物技术繁殖成功炭疽杆菌、A型肉毒杆菌、霍乱弧菌等基因。他们还在普通酵母菌中接入一种在非洲和中东引起可怕后果的裂谷热细菌的基因，从而使酵母菌可以传播裂谷热病。位于马里兰州的美国军事医学研究所其实就是基因武器研究中心。那里的研究人员已经研制了一些具有实战价值的基因武器。

俄《生意人报》报道称，俄基因安全研究所主任巴拉诺夫表示，目前，西方一些国家确实正在研究基因生物武器，并且这一研究已经达到了可以消灭一个种族的阶段。俄情报人员认为，世界上有10—15个国家已经制定或正在制定基因与生物战计划。

国外媒体报道称，在美国科学进步协会的一次年会上，生物学家莫瑞诺披露，在前南非种族隔离政府统治时期，南非军方曾致力于研制一种专门针对黑人的生物制剂。他们对如何使有色人种的妇女绝育特别感兴趣。这种新式的基因武器还可以影响人口出生率、婴儿死亡率、发病率甚至农作物产量。而通常在受到这种生物武器袭击数十年后，它的后果方才显现出来。

美国情报部门则宣称，苏联一直处于世界基因武器领先地位。目前俄罗斯仍有 4 个主要实验室在从事生物战剂包括基因武器的研究工作。西方情报部门透露说，俄罗斯的基因武器可以在规定的时间内使作战人员腹泻不停或泪流不止，以致不能使用武器进行作战，并且可以穿透北约目前正在使用的防化设备。从不造成人员伤亡的角度看，俄罗斯的基因武器比西方国家要先进得多。普京上台后，多次表示要研制储备更多的"撒手锏"武器，以对抗北约和美国对自己安全的威胁。

根据联合国的《人类基因组全球宣言》，每个人对于自己的基因组拥有无可争辩的所有权。因此研究人员在收集基因样本时，必须获得其所有者的同意。专家表示，大量个人基因样本被一些国际项目取走，其实就是国家基因资源的流失。由于人类不同种群的遗传基因不一样，基因武器的制造者可以针对特定人群的基因缺陷，生产出只杀伤特定人群的基因武器。要研制这种基因武器，关键就是获取指定人群的基因密码。

不难发现，基因武器和第一代生物武器最大的不同，便是可以针对特定的种族和人群甚至个人来开发基因武器。可以说，基因技术和生物武器是一种完美的结合，这种结合不仅使第二代生物武器的杀伤力更大，使战争发起者更加隐秘，更使传统生物武器的一切缺点不再存在。比如，第一代生物武器对敌我双方都有毒，而基因武器则可以做到仅对特定人群有害。和第一代生物武器相比，基因武器最大的优势是可以做到杀人于无形之中，最适合进行战略奇袭。

基因武器一出现，便超过了核武器、化学武器、第一代生物武器，成为大规模杀伤性武器的王中之王，这种武器不但廉价、便捷，而且

第九讲
生物国防与基因战时代

具有极度隐秘的特性。从理论上说，假如 A 国针对 B 国人或者 C 国人的某些独特基因特性开发出有针对性的基因武器，并投入使用，将会在暴发传染病的现象欺骗掩护下，完成种族灭绝，最轻的，也将会造成敌对国国民的大规模心理恐慌，从而陷入社会瘫痪。

早在 1969 年，就已经有军事专家计算出下列数据，如果要在一平方公里内造成百分之五十的死亡率，使用常规武器要花费 2000 美元，使用核武器要花费 800 美元，使用化学武器要花费 600 美元，使用基因武器则只要花费 1 美元。

更可怕的是，基因武器不仅可以在人种这个层面上进行区别攻击，甚至还具备了对个体进行区别攻击的能力。

据 2012 年 11 月的美国《大西洋月刊》披露，近年来，随着 DNA 基因组设计技术的突飞猛进，美国很容易制造出为某国首脑特别打造的 DNA 病毒，这是最新型的杀人于无形的恐怖武器。

除巡航导弹定点清除之外，这是另一种精确猎杀。作为呼应，查韦斯曾经猜测称，美国可能已经研发出一种技术来诱发癌症，因此拉丁美洲国家领导人纷纷患癌。如巴拉圭总统费尔南多·卢戈，巴西总统迪尔玛·罗塞夫，以及巴西前总统路易斯·伊纳西奥·卢拉·达席尔瓦，阿根廷总统克里斯蒂娜·费尔南德斯都被诊断出患上了癌症。他说他不是在谴责美国，只是把自己的想法说了出来。他在某个军事基地对部队发表电视讲话时说："如果他们已经研发出一种诱癌方法，而且到现在也没有人知道的话，那也一点儿不奇怪。我不知道，我只是在思考。""但这非常、非常、非常奇怪，解释起来和推论起来都有点儿困难，包括用机率法则来解释。"

相关专家还设想了以下使用 DNA 病毒进行的"斩首"行动：

某年 12 月,一名大学教授在家里收到了一个包裹,包裹里是他网购的药丸,这种治头疼的药丸他常吃。吞下一粒药丸后,教授感到不适,出现轻微发烧、打喷嚏等症状。这些都是典型的染上流感的症状,所以这名教授并不在意,他继续去校园授课。他并不知道,他之前收到的药丸,已经被美国特工加入了特别调制的 DNA 病毒。来到校园后,这名教授体内所携带的几十亿个病毒,会随着他打喷嚏传染给其他人,最终校园里大批员工和师生都得了"流感",不过在流感多发的 12 月,没人对此怀疑。

美国特工的最终目标终于出现:某国总统来到这所大学演讲,他手下的特工对校园进行了严密检查。演讲顺利结束,可不久后,这名总统就感觉头疼,随后记忆力逐渐减退,最终一命呜呼。原来,美国特工所使用的病毒,是根据这名总统的 DNA 特别制作的:其他人染上这种病毒,只会出现轻微的流感症状,不会死亡,而一旦总统本人染上这种病毒,他体内的细胞就好比是触发致命病毒的"机关",病毒会"认出"总统的细胞,发生突变,从而大量破坏总统的脑神经系统,最终令其死亡。事后法医在进行尸检时,也很难查出总统死亡的真正原因,会以为他可能死于"遗传疾病"。

《大西洋月刊》表示,以上就是 DNA 基因病毒的强大和特殊之处:可以只让目标一个人死亡,其他感染者却安然无恙,因为这种病毒的致命成分只能由目标本人的细胞触发。使用 DNA 病毒进行暗杀,隐秘性极高,成本低,达到的效果却不亚于特种暗杀小组或无人机突袭。但使用 DNA 病毒进行斩首有一个前提,特工或特种兵必须事先获取暗杀目标的活体细胞,获悉其 DNA 信息,从而让科学家根据相应信息,制造专为目标设计的 DNA 病毒。

第九讲
生物国防与基因战时代

与这种可怕的区别功能相伴生的，还有基因武器本身的高度隐蔽性。除了前述假象案例中的药丸外，最寻常的食品、饮用水，无不可以基因武器化。

既然有了如此廉价、高效、清洁、隐秘的新武器，又何必再冒险搞传统的生物武器呢？正是悟透了这一点，美国才改变了策略，断然抛弃了已经变成鸡肋的生物武器和生化战争。

在这种情况下，人们恐惧基因战争就不再是杞人忧天了。

这种恐惧很自然地从军事领域溢出，向其他涉及生物基因技术的领域蔓延。

从1982年开始，洛克菲勒基金会将大量资源投入到应用分子生物学，以对全球的农作物进行基因改良育种。由于水稻是亚洲人的主粮，洛克菲勒基金会在1984年决定进行一个为期10—15年的项目，把亚洲水稻种子进行基因工程改造。

1989年，洛克菲勒基金会在其"培训与能力建设"项目上每年追加5400万美元，用以培养第三世界国家的生物学家，或派遣第三世界国家的农学家和科学家到美国进修、参观。在后来的10年中累积追加投资高达5.4亿元。

1992年，老布什政府宣布转基因食品和天然食品在"实质上相同"，为转基因食品从美国走向世界铺平了道路。

1994年，世界贸易组织建立，这个组织通过了新协定《与贸易有关的知识产协定》，第一次允许跨国公司对转基因形成的新型物种申请专利保护，并规定WTO成员如以安全问题拒绝转基因食品是违法的。

如何看待基因战和转基因食品问题，我也想多说几句自己的看法。历史证明，当我们不掌握某种核心技术的时候，我们总是受着这种技术的压迫和伤害，有时甚至是毁灭性的威胁。比如，鸦片战争时的中国就受到蒸汽机和火器技术的压迫和伤害，民国时期的中国就受到机械化技术的压迫和伤害，新中国有很长的时间是在核讹诈中度过的。同样的道理，我们现在受着信息网络技术的压迫和伤害，因为我们还没有掌握核心技术，不仅我们每个人的信息随时被监控，我们国家的各个战略系统也处于威胁之中；还是同样的道理，由于我们没有掌握基因和转基因的核心技术，理所当然地会处于技术优势方给我们所构成的经济压迫和军事威胁之中。论经济，至少中国传统农业生产被摧毁的可能性是存在的；论军事，至少中华民族从理论上说是存在种族生存被威胁的现实。

正如我们掌握了火器技术，火器的威胁就消失，我们造出了核武器，核武器的威胁也基本消失，等我们拥有了自己的基因技术，那么压在我们头上的基因威胁也会消失。

恩格斯说："一旦技术上的进步可以用于军事目的并且已经用于军事目的，它们便立刻几乎强制地，而且往往是违反指挥官的意志而引起作战方式的改变甚至变革。"火药、蒸汽机、内燃机、航海、航空、航天、计算机、网络，等等，带动人类社会进步的新技术，刚发明的时候，有的是出于军事目的，也有的是出于爱好和商业动机，但最后无不是大规模地应用于军事，推动世界军事革命血战前行。在这个过程当中，落在技术时代后面的国家和民族，或彻底消失，或遭受重创，跌出原有的历史定位。如印第安人和游牧民族消亡于火药时代；如中国在鸦片战争、伊斯兰世界在"一战"后期的遭遇。

20世纪初，细菌理论诞生不久，人们就开始了细菌战实验，并

第九讲
生物国防与基因战时代

在第二次世界大战开始进行细菌战。核裂变发现不久，马上用于核武器实验，并于1945年爆炸了世界上第一颗原子弹。20世纪，脱氧核糖核酸（DNA）双螺旋结构的发现，标志着现代科学达到了巅峰。随着遗传工程技术在军事领域的不断应用，一些国家置《禁止生物武器公约》于不顾，以研究疫苗为名开展传染病和微生物研究，竞相投入大量经费和人力，在生物武器的基础上发展杀伤力更强的基因武器。

1971年12月16日，联合国通过《禁运发展、生产和储存细菌（生物）及毒素武器和销毁此种武器的条约》（简称《禁止生物武器公约》），1972年4月10日在华盛顿、伦敦和莫斯科签署，1975年3月26日正式生效，至今已有143个国家加入该公约，但该公约一开始就缺乏监督核查机制。1960—2000年，全世界发生有据可查的生物恐怖事件共121起，其中，利用生物基因直接进行有预谋谋杀的有66起。

世界上有一种力量对基因武器情有独钟。

任何武器都不会自动发起战争，看这种武器会不会使用，主要看当代世界的政治，看有没有需要这种武器的集团，看这种集团有没有统治世界的需要，看武器拥有者是否有清除其他种族的念头（至于有没有使用这种武器的胆量，人类道义对这种集团的道德约束则几乎可以不予考虑，因为这些软绵绵的因素从来没有阻止过战争的发生）。

不幸的是，我们发现今天的世界上真的有这样一个主导世界的集团，他们掌握着地球和世界的大部分控制权，拥有世界上最多的钱、最先进的技术、最强大的军事力量，他们不仅按照着自己的政治意愿在改造着世界，还准备对世界其他种族进行神秘的生育控制以及必要时候的强行清除。

美国自建立国家以来一直是一个种族意识强烈的国家。20世纪20至30年代，优生学风靡欧美，许多遗传学家和政治人物都信奉"优生学"。欧美的上流社会，尤其是那些世袭的垄断财团们认为，血缘和遗传、人种和民族是经济、社会或文化最重要的决定因素。20世纪初的美国总统西奥多·罗斯福曾公开地说："我们不应该让那些劣等血统在这个世界上存留。文明社会的一个重大社会问题，就是确保优等血统人口不断增加，劣等血统人口不断减少……我非常希望能禁止劣等血统人的生育……禁止低能人留下后代。"[1]

自西方地理发现以来，欧美国家一直凭着先进技术和工业锻造出来的军事和政治力量，改变着世界的势力版图。核武器一度让他们几乎登峰造极，但由于技术垄断的被打破，他们在距离世界帝王宝座还有一步之遥的地方被挡住了。但是，现在，他们又拿出了新的法宝，那就是基因武器。

握着这种武器，就等于握着其他种族的生死开关。平时可以威慑，以达到奴役别国别族的目的；必要时则实施非传染性的区域清除。

我不冤枉美国，但我不愿意轻信美国。当它发明并拥有领先世界的航空技术的时候，它拥有了全球最大的空中力量；当它拥有航天优势的时候，它在筹划太空战争，并建起了世界无与伦比的太空力量；当它发明计算机和互联网的时候，它拥有世界第一支网军，并对世界发起网络舆论思想战；现在，它同样拥有世界最先进的基

---

[1] 何彩：《统治世界》，北京：中国书籍出版社，2011年。

第九讲
生物国防与基因战时代

因技术,它真的不会用于军事?不会用于保持自己的霸权优势?它为什么不?

指导美国外交政策的,是现实主义理论。该理论认为,构成大国的必要条件,首先是人口,然后才是经济力量、军事力量、自然资源和政府的强弱。人口庞大的国家,由于政府的软弱涣散,可能不会成为大国、强国,但是人口少的国家,即便拥有强有力的政府,也不可能成为顶级大国,而人口极少的国家无论如何也只能是小国和弱国。

既然美国将人口、经济、军事、资源、政府视作支撑一个大国的五元因素,那么美国削弱他国、控制他国,也必然从这五个层面下手。换言之,即使是单纯地从常规意义上的国家间竞争来说,美国也有可能利用基因武器对付某个国家。更何况,美国能够运用的武器还不仅仅是基因武器。

世界各国对基因武器的预防,从另一方面警告了这一还处在幽灵状态的战争形态的逼近。

2000年6月26日,美国总统克林顿在白宫宣布美国完成了人类基因组草图绘制成功。正如计算机和网络的发明带来逻辑炸弹和网络战争时代一样,基因技术的突破,也让世界各国开始对新型生物战争的担忧陡然升高。

2007年的俄罗斯《生意人报》报道称,有情报证实,一些西方医学中心正通过非法渠道购买俄罗斯公民的器官组织样本,以研制用来对付俄罗斯人的基因生物武器。尽管俄媒体没有披露其情报来自何处,但据国外媒体报道,俄情报机构一直对西方生物细菌战研究极为关注。英、美等国生物战的秘密数十年来一直被俄国人掌握着,即使是目前也还有大量俄间谍潜伏在西方国家高度敏感的生物技术部门。

英国《每日电讯报》报道说，曾是苏联克格勃高级间谍的亚历山大·寇兹米诺夫2005年出版了一本名为《生物间谍》的书。寇兹米诺夫透露，他的小组隶属克格勃S局第12处。该处是克格勃管理绝密间谍的部门。12处把主要谍报工作放在了搜集生物战情报上。

寇兹米诺夫说，英国威尔特郡的波顿当生物武器实验室和美国位于马里兰州德特里克堡的生物实验室的秘密都已落入俄罗斯人手中。一名长期潜伏的代号为"罗莎"的间谍已经接触到英国生物武器发展计划的核心。另一名12处出身的高级间谍可能是英国人，或是以英国为基地展开活动，而这个人曾混入北约总部的高层。寇兹米诺夫还透露，过去，世界卫生组织总部内也曾存在12处成员"经营"的间谍网。

寇兹米诺夫表示，苏联时期有大约60名负责搜集西方生物武器项目情报的间谍。每个月至少有一个装有活生物样本的包裹从英国或德国发往莫斯科。他确信作为克格勃的继承者，俄对外情报局仍在从事其前身所进行的某些活动。

根据俄罗斯卫生部的建议，从2011年6月上旬起，禁止向国外出口俄罗斯人的生物材料，包括血液样本和头发等。俄媒体称，这是因为俄政府担心西方国家会利用这些材料研究对付俄罗斯人的基因生物武器，从而威胁到俄罗斯民族的生存。

2005年1月14日，美国及其欧洲盟国在华盛顿举行了代号为"大西洋风暴"的生物战演习。美国前国务卿奥尔布赖特扮演美国总统，英国、法国、德国、荷兰、捷克、以色列等国家的前政府高官分别扮演其所在国的首相或总理。

演习设定的背景是，世界各国的领导人在华盛顿参加一个峰会，讨论如何应对类似印度洋海啸的突发事件，这时"基地"组织发动了一场大规模的生物恐怖袭击，"基地"组织在澳大利亚制造出天花细菌病毒，向全球数十个城市发动了生物恐怖袭击。

演习后散发的模拟新闻公报指出，生物恐怖袭击后两个月，美国有4.5万人死亡，世界上有数百万人奄奄一息，全球经济整体不前，各国之间民族冲突烽烟四起。在演习中扮演荷兰首相的前任内政大臣德弗里斯说："许多国家对于生物恐怖袭击缺乏准备的程度，让人震惊。"

美军认为，一个国家的医疗系统对于应付大规模基因恐怖袭击的分子生物学、遗传工程、细胞基因领域的开拓性工作应作充分准备。有效的本土防御与一个国家的医疗政策不可分割，应由政府出资在大城市广泛建立大型精确的检测系统和快速自动化诊断系统，侦测生物病原细菌，在高层建筑物上，建立分析基因恐怖袭击的化学仪器。如果不能把基因武器研究与医疗基础设施建设结合起来，预防基因恐怖袭击的能力将很差。基因恐怖预防能力不仅取决于国家的国防部门，也取决于医疗系统。因此，急需对进攻性和防御性基因袭击的趋势进行全面评估。

鉴于存在爆发基因袭击的可能性，美国迫切需要提出一种把社会平民和民间机构考虑在内的基因战战略防御理论，并要制定一项历时10年、耗资300亿美元，由国防部和卫生与公共服务部共同承担的研发计划，专门对付由基因生物学带来的致命疾病。

美、英、法、德等西方发达国家是全世界最早将防御生物武器袭击作为国策,将反恐怖提到重要议事日程,并建立有关反恐怖组织。英国在1997年成立了由生物技术、医学等多学科专家组成的小组进行基因恐怖袭击防御的相关研究。1999年组建第一支防核生物武器联合部队,严密监视和控制各种可能发生的恐怖活动,英国政府最近成立了生物武器政策管理局,专门规划、协调有关生物武器威胁的工作。2002年11月,英国耗资1亿英镑在剑桥建立了世界上最先进的基因实验室。2002年3月,捷克军方宣布将在东波米亚修建一所生物战医疗中心,作为捷克预防恐怖袭击而建立的预警系统的一部分。

美国早在20世纪80年代就开始研究生物制剂的防范措施,把天花、炭疽、鼠疫和肉毒中毒和埃博拉出血热列为对国家安全构成最大威胁的疾病,并研制了各种预防生物武器袭击的疫苗。

1993年,美国将防御核、生物武器袭击纳入政府规划,在国防部成立了生化防御局,在联邦政府成立了由国防部等6个部门组成的反恐怖办公室。制定了各种预案,建立了全国性的反恐怖网络系统,统一协调、处理恐怖事件,并拨款数百亿美元,用于反恐活动建设。1998—2003年拨款7.31亿美元,用于研究、实验和评估战场探测、识别和防御生物武器的方法和设备。

2000年1月,国防部调整战略,提出建立防御大规模基因杀伤性武器的诸兵种联合计划,改进武器的联合作战能力,调整防御基因杀伤性武器制剂和装备的研制、采购、经费投入和人员部署。

"9·11"恐怖袭击事件一发生,纽约有关部门首先想到的就是可能发生的生物恐怖袭击,并立即派出快速反应部队,进行严格的监测检查、消毒和清洗。美国政府估计要使基因武器防御系统时刻保持运行状态，每年须投入 5—10 亿美元。

"9·11"事件后，美国防部制定了一项计划，准备在遗传基因上设计，并以基因方式制造一种能够使数百万美国士兵接种的疫苗，抵御俄罗斯制造的一种可能比炭疽病细菌更厉害的超级细菌。2001年6月，国防部在一份报告中称，将用生物技术装备部队，并将在2001—2020年，研制可以侦察到各种化学、生物细菌病毒的感应器。在美国发生的炭疽细菌事件，使法国恢复了对天花疫苗的生产，法国已正式要求欧盟伙伴国家在对付生物恐怖袭击方面协调行动。

美国防部 2002 年 8 月 7 日宣布，它即将着手准备在全国范围内实施一项防御生物武器袭击的计划"生物防御国土安全支持计划"，对现有生物武器防卫体系进行全面升级。在新墨西哥州建立测试设施，以改善华盛顿地区目前使用的浮质监控系统和医疗通信网络，并以此作为在其他城市建立生物防御的基础。

2002 年 10 月国防部决定研制防御基因恐怖袭击的预警系统，2003 年 10 月强化在城市探测与基因武器相关联的生物细菌病毒的能力，在 2004 年上半年建立两套供全国使用的设施。一旦境外对美国本土进行基因恐怖袭击，各军事机关和民用机构都能具备抵御恐怖袭击的能力。

2013 年初，中国又发生了 H7N9 禽流感传播。这种病毒 20 世纪八九十年代最早在美国境内的火鸡身上发现，并被美国生物实验部门破译了 DNA。它几乎又一次在中国引起社会心理恐慌。

当代中国，已经有一些先知先觉者在关注现代生物战争问题。其中,第三军医大学的郭继卫教授还提出制生权概念。在他的专著中，有这样一个想定的情节：在一场两国军队对垒的大海战中，一艘渔船释放了一只携带病毒的军舰鸟，那只鸟落到了对方的航空母舰上，结果导致航母人员大量病倒，从而失去战斗力。

对 2003 年非典记忆犹新的中国人，对这个科幻般的情节，也许不应该只是一笑了之。

无论是网络攻击，还是生态攻击，都有着很深的隐蔽性和突然性。很难找到明确的攻击发起者。比如生物战，通过转基因粮食可以实现，利用迁徙的候鸟，同样可以实现。掉几个死鸽子，带来的是一片禽流感的恐慌。

克劳塞维茨说，战争迷雾永远存在。过于依赖清晰的情报，往往是坐以待毙。在今天，这场迷雾更加浓密，也就更需要这种判断的直觉力和敏感性。而且，不仅军人掌握这种直觉和敏感，战略家更要掌握。而无论军人还是战略家，都不能等到战争降临后才发挥这种直觉和敏感，在和平时期就要时刻保持。这样才能保持对国家安全和时代大势的敏锐感知，才能避免大明朝晦暗不明，大清朝方向不清的历史错误。回顾历史，我们已经失去了太多的机会。兵者，死生之地，存亡之道，不可不察也。

由于网络技术发明和大规模应用较早，普及程度、辐射到社会和军事领域的空间，都比基因技术要广阔，但我还是格外重视基因技术对世界军事的影响。这是因为，不管网络技术如何成熟，无论是电磁空间战还是信息思想战，它仍然还是局限在传统战争的领域，通过一个长长的链条，穿越巨大的空间，最后作用于人的肉体和思想。但是，基因技术，或者说基因武器，是直接作用于人的生命。如果这种武器应用于战争，它不仅可以省略上兵伐谋、其次伐交、其次伐兵、其下攻城等烦琐的政治步骤，还可以通过友好援助、合法贸

第九讲
生物国防与基因战时代

易的方式极其隐蔽地进行。这是一种彻底颠覆现有一切战争认识的新事物，但又不是天方夜谭，而是真真切切地存在着，并像伴随着夜幕滚滚压来的黑云一样，向我们聚拢而来。

基因技术已经问世并成熟、广泛地运用于农业、生物医药、食品等领域，基因武器也已经可能在某些国家的武器库悄悄列装，但关于这种武器的信息，却如世界最深海底之下的生态，鲜为人知。至于如何应对这种战争，则更是少有人谈起。它的可怕之处，它的重要之处就在这里。第二次世界大战，从飞机坦克开始交战的双方，谁都没有想到战争是以核武器的使用结束的。而正是对核武器的及早认识，使世界避免了更大规模的毁灭。现在，基因武器的幽灵已经出现，而幸运的是，世界并没有处于整体性的大战状态，这就给世界上一些有责任感的人以理性思考的机会。人们必须回答这些问题：如果基因武器被一些奉行霸权主义的国家所把持，它会不会像当年持有核武器一样对世界其他国家和民族进行战略讹诈？出于恐惧和自卫，其他国家会不会也进行基因武器的研究和装备，就像"二战"后的核扩散一样？我们当然应该警惕如共济会一样的恐怖组织操作多国集团进行人类犯罪，但更加现实而危险的是，在国际恐怖主义猖獗的背景下，基因武器会不会被恐怖分子掌握并使用？

我想以微弱的呼声，尽早地把并不遥远的威胁指出来，让国人、让世界警觉起来，避免可能发生的人类惨剧。

第十讲

智能化时代：正在来临的战争

——机器人军团与无人战区

第十讲
智能化时代：正在来临的战争

战争是人类进化的副产品，与文明发展相同步。每一次血腥的战争之后，人类都痛苦地祈祷和平永驻，但接着到来的还是战争。战争只不过换了新的装束和面具。

核武器在20世纪中叶出现，让大国间依靠机械化大兵团作战达成战争目的的想法，成为历史。随之，大国间战略博弈，也由军事为主转为经济绞杀和政治猎杀。苏联就是在拥有庞大常备军和核武器库的情况下死于"冷战"的。

但是，随着信息技术革命进入人工智能时代以及其他技术的进步，常规战场又以全新面目复活，大国间新型常规战争再次酝酿。比如美国兰德公司就推出《与中国开战——想不敢想之事》；比如一些美国军事学者喊出同时打赢对中、俄的战争，等等。

这是21世纪一个非常重大的历史动向，对此不能不屑一顾。

不死的敢死队——机器人战士和军团已经出现

一切最新的技术和战术都体现在最新的战争中。而本文写作时最新的成规模的战争，只有叙利亚战争。不仅有当今世界第一、第二的军事强国美俄参与，更有中东地区的强国伊朗、以色列、土耳其参与，还有IS等非国家行为体，其他一些国家也以各种形式牵连其间。从最先进到最原始的作战手段和理念，都集于此。因此，当今战争的最新技术和战术一定会在此战中出现。

果然，在众多的战地新闻中，就有这样两条蕴含未来战争的信息：一是以色列派出的DOGO战场机器人敢死队，以360度无死角监控战场，通过激光瞄准器能够做到300米内弹无虚发，而自身却可以承受对方的子弹射击若无其事。这些"不死的战士",毫无疑问将引起格外关注。据称,在机器人应用化研究方面特别重视的美国,正与以色列接触,以分享最新的战争经验。

第二个信息是,在叙利亚战场的另外地方,一个全部由机器人组成的军团所向披靡。这个特殊的军团是俄国人的,由6个履带式机器人、4个轮式机器人、一个自动化火炮集群及数架无人机组成,通过专门的指挥系统指挥。如果说以色列的机器人敢死队属于特种部队的作战范畴,俄军的机器人军团已经是一个立体的常规突击集群的雏形了。

以军和俄军的最新战争实验,昭示的是一个正在发生的趋势:人工智能早已渗透入军事领域,智能化机器人军团已进入战场。随着信息技术发展和其他技术群的融合,机器人战士承担的作战任务将越来越多,最终将代替人类士兵主宰战场。

相比于人类历史上的历史军事革命,这一天的到来才是真正的划时代!

无人类作战既是技术的进步,也是观念的进步

生命的一次性,使人类不得不一直珍视生存,重视战争。而人类生产、生活的艰辛,使之不得不绞尽脑汁,发明替代自身劳作的力量:如使用畜力,发明机器。

人类的智力由此被加速激发。

人们使用什么工具生产,就使用什么工具作战。用于生产的工具叫机器,用于战斗的工具叫武器。于是,在与文明发展同步的战

第十讲
智能化时代：正在来临的战争

争中，人类也同样使用畜力（战马）和机器（汽车、坦克、军舰、飞机）。

如果我们看一部战争纪录片，会发现从古至今，除了人没有变化之外，其他一切都不一样。每个时代的技术和经济形态都给军人提供了不同的装备。战争厮杀的样式随之改变。

今天，21世纪，人类的科技进步到了智能化时代。所谓智能化时代，其实就是为机器装上更加聪明的大脑，让它代替人类去搏杀，以保护宝贵且唯一的生命。

我甚至理解智能化是人类将自己智慧能力的外溢。智慧为人类所独有。现在，人类想把它扩散安装到工具上。如果说以往的电脑还是人类编制好程序，使机器按照原有程序运转；那么现在，新设计的电脑已经具有了初步思考的能力，也就是所谓的智。电脑自己会思考，然后又用自己的思考操纵机器，这就带来了革命。在工业领域，这叫智能化革命，在军事领域，叫智能化军事革命；在工业领域，大量的机器人应用于各个生产和生活方面；

美军MQ-8B"火力侦察兵"无人直升机的资料照片。美军曾在2011年对利比亚的军事行动中使用"火力侦察兵"无人直升机。（新华社/法新）

在军事领域，机器人士兵，则应用于战场的很多方面。

按照历史的逻辑，这是自然而然的：人类既然不愿意从事繁重、艰苦的农业劳作和工业制作，更不愿意从事不仅繁重、艰苦还危险的拼杀任务。在智能化技术支撑下，机器人就这样必然地走上战场。

这不是未来的科幻场景，而是当下正在发生着的事：比如几十年来无人机大量用于空中军事行动；无人舰艇在海上，无人坦克、机器狗、排雷机器人在陆地也早已参与实战。只是，这些智能化无人作战平台在数量上还没有超过由人类士兵组成的作战单位；而且其智能化技术，还不够先进，更多的相关技术群，还没有联结成整体的智能化作战系统。因此，眼下的军事形态还不能称之为智能化时代。

但是，这是量变到质变的必然。智能化时代一定会到来，机器人军团一定会大量出现，人类士兵在前线血肉拼杀的场面一定会由无人机器对抗取代。看看人类的生活领域发生的事情就知道了：在美国，机器人已经出现在电脑聊天室，机器人已经在非常复杂的围棋比赛中战胜最优秀的人类选手；在中国，机器人已经出现在电视主播人位置，在日本电脑已经会写小说并且获奖。说明今天的机器已经足够聪明了。人类士兵都来自民间，同理，民间机器人穿上军装，也是自然而然之事。

其实，今天思考这个问题，不仅有现实感而且有世界性了。2016年6月，任正非说："从科技的角度来看，未来二三十年人类社会将演变成一个智能社会，其深度和广度现在还想象不到。"在他说完这句话不到3年，任正非和他所创立的华为公司，陷入当今唯一超级大国美国的全球性围剿。原因是，他被那个已经习惯了领先世界科技和军事革命潮流的超级大国认为是新的军备竞赛的领先

第十讲
智能化时代：正在来临的战争

者，因此要被遏制。

这个所谓的"新的军备竞赛"，通向的就是智能化时代战争。

5G"新军备竞赛"与"数字化时代的科技战争"

美国《纽约时报》（2019年1月26日）在题为"美国逼盟友在与中国'新军备竞赛'中对抗华为"的报道中宣称，美国过去一年已开始一场秘密的、带有威胁性的全球运动，以阻止华为与其他中国公司参与到互联网控制系统的改造中来。特朗普政府认为，世界正在进行一场新的军备竞赛。虽然这是一场涉及技术而非常规武器的竞赛，但对美国的国家安全构成同样大的威胁。在一个由计算机网络控制着最强有力武器（除核武器以外）的时代，任何主导5G技术的国家，都将在21世纪的大部分时间拥有经济、情报和军事上的优势。向5G的过渡很可能更具革命性，而非渐进性，这种过渡已经以雏形系统的形式在达拉斯和亚特兰大等城市开始……这是第一个为传感器、机器人、自动驾驶汽车和其他设备提供服务的网络，这些设备将不间断地相互提供海量数据，让工厂、建筑工地乃至整个城市更少在时时刻刻的人工干预下运行。这个网络还将让虚拟现实和人工智能工具得到更广泛的应用……美国政府坚信，这场"军备竞赛"只有一个赢家，成王败寇。

2019年6月7日，出席第23届圣彼得堡国际经济论坛的俄罗斯国总统普京批评美国打压华为时说，"在某些圈子里，这被称作正在到来的数字时代首场科技战争。"

在美国发起对华为全球绞杀战之前，世界上已经连续发生无人驾驶汽车在各地投入应用；无人机刺杀委内瑞拉总统（未遂）事件等。在2018年的珠海航展上，我亲眼看到上万架的无人机，在空中任意组合各种图案。我还看到庞大的无人艇在海面灵活变幻队形。

无论是在战略层面还是战术层面，我都看到同一个情景扑面而至——

智能化战争时代正在塑造21世纪新型军队

五角大楼一名高级官员不久前说："第一个在战场上展开能够关闭敌方指控系统的电磁脉冲武器的民族，将改变战争的面貌。"他所说的是将电磁脉冲武器与人工智能相结合的情形。电磁脉冲武器早已存在，而人工智能也已存在。他想象的是"结合"。

这只是未来战争的一个小场面而已。智能化战争的概念，像以往一样又在美国首先被叫响。这个痴迷于新技术武器和好战的大国，总是对新军事时代的到来格外敏感。还在2014年的时候，美国就发布了下一阶段军事发展的战略纲领：时任美国国防部长的查克·哈格尔在"里根国防论坛"上提出一个投资尖端技术与系统的"国防创新计划"，推出以"创新驱动"为核心，以发展"改变未来战局"的颠覆性技术群为重点的第三次"抵消战略"，旨在谋求技术优势抵消主要对手的战略优势，以掌握新一轮军事革命的主动权。美国防务智库"战略与预算评估中心（CSBA）"在发布《迈向新抵消战略：利用美国的长期优势恢复美国全球力量投送能力》的报告中，提出美国借以维持军事技术优势的五个关键领域，第一个便是无人作战。报告称：美军军事优势首先体现在无人作战系统中。由于无人系统

第十讲
智能化时代：正在来临的战争

具备任务航时长、生命周期成本低以及机组人员零伤亡等优势，自主程度日益提高的无人系统将构成美军全球监视与打击网络的核心。目前已形成优势作战能力的系统包括空军的各型无人机、陆军和海军陆战队的无人地面战车（UGV）等。海军的无人水面舰船（USV）和无人水下航行器（UUV）等作战系统仍处于研发试验阶段⋯⋯

第三次"抵消战略"的核心是通过综合集成，创新发展颠覆性先进技术武器，突出作战概念创新，推出"作战云"，重点关注人工智能、3D打印，定向能武器、电磁轨道炮、士兵效能改造、自动化无人武器系统、智能武器、高超声速武器等新概念武器。概言之，就是智能化军队、自主化装备和无人化战争。

这一战略还提出以新技术、新作战概念与新作战样式为基础，造就一支精干、高效的联合部队——即新美军。这支新美军中，人类士兵将大大减少，智能化、无人化系统和兵器将占主导。

美军计划 2035 年前初步建成智能化作战体系，对主要对手形成

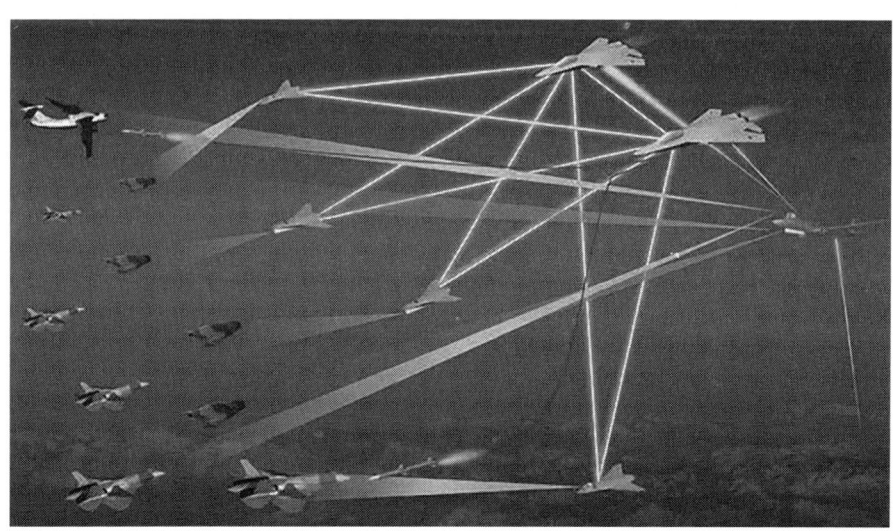

作战云：美军未来作战体系的灵魂

新的军事"代差";到2050年前美军的作战平台、信息系统、指挥控制全面实现智能化甚至无人化,实现真正的"机器人战争"。

2050年——距今30年。这正是任正非提出的智能化社会到来的时间。

如同历史上火器淘汰弓刀,枪炮淘汰战马一样,智能化和机器人军团,将大规模淘汰人类士兵和现有愚笨型工业化作战平台。自拿破仑开辟义务兵役制以来,军队的规模就呈现无限扩张的趋势。但是,现在,物极必反的情形出现了。

当生产线无人值守成为普遍事实的同时,阵地也将成为没有人类士兵值守的前沿,几乎一切直接搏杀的场合,都将(主要)由机器进行。

我看到美国和其他一些大国已经在研究无人僚机。当无人僚机问世的时候,他首先消灭的可能是有人长机——因为更加聪明的智能系统,也会把人从长机的驾驶舱里请出来。

战场游戏化,是必然的趋势和很快就会出现的场景。现在,各种仿真技术已经可以将真实的战斗虚拟演示一遍。而真正的战斗,不过是将已经虚拟过的场景重演一遍。人类生命不能复制,但机器人是可以无穷无尽复制。这意味着什么?

在此,我们需要想象力。

在非智能化战争中,人类士兵作战主要靠纪律约束、规范,靠荣誉激励,作用于内心,以产生战斗力;在智能化战争中,机器人士兵主要靠智能化电脑的运算,以及自身的机械配置,来获取优势。非智能化战争中,决定战争胜负的人和物两种力量中,人的因素占比最高,是决定性的因素;智能化战争中,虽然人仍然是决定性的

第十讲

智能化时代：正在来临的战争

因素，但人力的部分主要体现在智慧上，而物的部分将被嵌入智的元素，成为智能武器。

这已经不仅仅是数学和物理学问题，还是哲学问题。

作为大国战略竞争中生死攸关的关键领域，人工智能概念现在炙手可热。2016年，美国先后出台《国家人工智能研究和发展战略规划》《为人工智能的未来做好准备》，以及《人工智能、自动化与经济》。2017年8月，美国国防部表示，未来人工智能战争不可避免，美国需要"立即采取行动"加速人工智能战争科技的开发工作。同年7月，中国发布国家层面的人工智能发展规划。同年9月，俄罗斯总统普京说"谁成为人工智能领域的领先者，谁将成为世界的统治者"。3个月的时间内，美、中、俄三国，同时谈"智能"，问题的严重性已不言而喻。

2018年5月，白宫科技政策办公室就宣布将组建人工智能特别委员会。美国总统特朗普在2019年2月发布《维护美国人工智能领导力的行政命令》，承诺美国将在人工智能、5G、量子科学以及先进制造业中保持领导地位。

美国智库新美国安全中心在发布题为《战场"奇点"：人工智能、军事变革和中国未来军力》的报告中说：人工智能的出现会从根本上改变战争特征，引起从当今"信息化战争"向未来"智能化战争"的转变，届时人工智能将是军事实力的关键。

我重复一遍：人工智能将是"军事实力的关键"！

人们在什么样的时代，就会有什么样的战争观念，军队相应地就有什么样的形态。不适应者，都被时代淘汰。

因此，思考智能时代的战争，就成为当代军人、思想者和战略家的共同的紧迫任务。智能时代的主要技术特征是运算。从决策到行动都更快。

在一个快字下面，是我们需要继续想象的方面：

为了使军队的协调组织更快，工业化时代分领域作战的陆海空等各军兵种可能被取消，这主要是无缝连接的需要。如同四肢和头脑内脏构成一个人一样，整个军队也变得如一个机器人——机器和人的完美组合体。而如果用一个人或智能机器人的标准来衡量，现在工业化（信息化）的各国现行军队还是一个笨拙的、松散的拼装式木偶。即使如美国网络系统发达的现行军队，也不过就是运转稍灵活的木偶。

如航空母舰、大型有人驾驶空中平台和陆地作战平台，可能将走向消失。取而代之的是各种无人化攻击集群。由此可能将带来常备军团的取消。存续于军队多年的军师旅团的编制可能也将消失。未来军队的最大作战单位，有可能是营。而相当多的人类士兵，可能作为"养蜂人"存在于远离战场的掩蔽物中。这种蜂，有空中无人机蜂群，地面的无人坦克蜂群和海上的无人艇、无人潜航器群。

美国在大力研制脑控武器。这是智能化时代的核武器，或称智能时代的战略武器。这才是真正的兵不血刃和不战而屈人之兵。

大国想着以最节省生命的方式制服别的大国或小国，而小国则同时想着同样的问题，区别只在于目的。以往的历史表明，新技术革命是一把双刃剑，而人工智能这把双刃剑可能更加锋利。核武器的问世，并没有使美国的军事实力更加增强，恰恰相反，它的军事实力被大大削弱和限制了。中国在没有核武器的情况下，连续与它进行了两场大规模战争，并战而胜之。它不敢对同等实力的苏联使

第十讲
智能化时代：正在来临的战争

用核武器。后来，它对实力完全不成比例的朝鲜也束手无策，原因便在于朝鲜用技术非常不成熟且数量稀少的核武器，就让拥有庞大核武库和世界第一常备军的美国，不敢轻举妄动。

可以想象的一个场景是，智能化时代，一些军事小国或非国家组织，将更容易掌握这类广泛分散的智能化武器，进而更加便于实施恐怖袭击。而大国特别是超级大国，反而处于更加被动防御、防不胜防的境地。换言之，游戏化的战争将带来游戏化的政治。本·拉登折腾了美国十年，IS 又折腾了美国近 10 年之久。它们还没有智能化武器，但是，它们利用了当下的网络化系统。如果这类极端组织拥有了智能化武器，并且如本文开头一样，也和现行武器进行了成功结合，那美国又将如何？道高一尺魔高一丈。技术策层面的智能化，无法解决社会层面的政治化问题。我唯一能看到的是当下各种混乱场面将更加令人眼花缭乱。我不一定能看到超级大国的消亡，但我一定会看到它更加烦恼丛生。

关注军事大国技术、国防政策与战争思维

毫无疑问，美国仍然是世界军事革命的"旗手"。美国国防部认为未来人工智能战争不可避免，需要"立即采取行动"加速人工智能战争科技和新一代智能化准备的开发工作，并在 2050 年前将完成美军整体作战体系的机器人化。

美军设想 30 年后自己的军队全是变形金刚、超人和钢铁侠及阿凡达，别的国家当然不会用鲜活的生命跟它对拼。所以，美国不仅为自己，也为世界特别是它的对手们，指明了未来军事发展和战争演进的方向。

美军设想的机器人战士，主要分为作战机器人和保障机器人，这是根据现在人类战士的主要军事职能划分的。作战机器人取代人类战士执行作战任务，首要的考虑是节省生命，第二位考虑，是可以降低军事门槛。比如，2019年6月19日伊朗击落一架美军全球鹰大型无人机。如果这是一架美军的大型有人飞机，几乎可以肯定，美国国内舆论将会汹涌，而美军将会展开报复。但由于"无人"，这一事件最终停留在外交层面。而由于不太容易激发战争开关，所以，无人兵器因此也就成为军事临界手段。第三，由于机器人的"不知疲劳"，可以加大战斗强度，这就必将使人类战士时代的一切战术，都要进行升级和革新。至于这种革新的具体面貌，则要等到大量机器人进入实战后才会"应运而生"，在此之前则只能进行实验室模拟。

以往的事实表明，美军一旦下定决心，在执行层面速度之快，很多情况下是超越计划的。比如几年前美军计划建立100支网络部队，结果建立了133支，而且还在继续建设中。现在，五角大楼已经将人工智能战争确立军事战略核心，美军已列入研制计划的机器人超过100种。美国国防部机器人项目负责人曾表示，在美国陆军的改革中，以机器人士兵取代越来越多的美国士兵走上战场是未来战斗系统中最为重要的项目，也是美军机器人化的关键所在。美国空军和海军及海军陆战队的机器人化，也在紧锣密鼓。除智能化作战平台，美军还同步发展支撑智能化战争的决策和信息支持系统，以及定向能、高超声速、仿生、基因和纳米等新型武器。这实际上已经显露出后智能化时代的特征了——即各种现有技术和战争空间的融合。

第十讲
智能化时代：正在来临的战争

美军计划到 2035 年前初步建成智能化作战体系。对这一趋势感到急迫的，首先是俄罗斯。这是由它第二军事强国的现实，以及不甘落后、不敢落后的心态和传统决定的。

俄罗斯在以往的机械化军事革命、核武器革命中都走在了世界的前列和强国的阵列，在信息军事革命中落在了美国后面，在智能化机器人时代，俄罗斯正在拼命追赶。由于被美军在 20 世纪的军备竞赛中误导并抛在身后，曾经威震世界的苏军轰然倒地。在苏军基础上重新站立起来的俄军，在 21 世纪的新军事时代，正变得更加积极和聪明。能证明这一点的是，当今俄军在其组织层面的新军事变革完成后，正大力挺进智能时代的"无人战区"。

游牧民族的基因，稀少人口和庞大领土的现实和频繁大规模战争的历史，使俄罗斯有一种根深蒂固的重视军事的传统。近现代以来，俄罗斯不愿意落后于每一次技术和军事革命。它赶上了机械化和核及太空革命。现在，俄罗斯已经制定人工智能领域的国家战略，其中，军事领域的人工智能受到特别重视。2016 年，俄军召开"俄罗斯联邦武装力量机器人化"军事科学会议，2018 年俄罗斯外交和国防政策委员会发布《人工智能在军事领域的发展现状以及应用前景》，俄国防部制定 2025 年前俄军无人系统装备计划……这样快马加鞭大刀阔斧，大有后来居上之势。俄罗斯从相对于美军的落后中感到危险。同时，也从机器人战士可以根本性弥补俄罗斯人口不足中看到战略机遇。"冷战"中，苏联是以庞大的装甲集群威慑欧洲，以庞大核武器威慑美国的。未来，俄罗斯将会用庞大的机器军团，对付它认为的敌人。

今天的俄罗斯正在世界军火市场大力销售有人战机和 S-400 等

有人操作防空导弹系统,这在某种程度上是一种清理仓库存货的行为。在俄罗斯的军工生产领域,军用机器人及其支持系统,正在成为优先发展方向。

陆军方面,俄罗斯生产的陆战机器人(主要是无人驾驶履带战车),从一吨到十几吨,已经可以在遥控状态下完成巡逻、侦察、追踪、阻截、攻击等任务;俄军还有快速奔跑的机器人运送弹药给养,还有铲车式机器人可以救护伤员。俄罗斯建立无人军队的设想,正在被实验室的结果所支撑,所缺的只是大规模实战的印证。而叙利亚战争的小实验也在进行中。

海军方面,无人潜航器也正在成为俄罗斯海军战略威慑中的关键力量。2018年,俄海军开始对"波塞冬"核动力潜航器进行水下测试。"波塞冬"核动力潜航器,可携带200万吨当量的核战斗部,足以摧毁敌方大型沿海城市、海军基地和其他设施。相应配套系统也在研发、实验中。

空军方面,俄空天军的航空兵,已经配备了人工智能辅助决策和自动指挥系统;俄电子战部队、防空兵也开始配备人工智能系统。俄罗斯部分导弹已装有人工智能设备,可在飞行过程中发现、甄别并自动转向攻击更大的价值目标。此外,俄军"树冠"太空目标监视雷达等导弹预警系统,也已应用人工智能技术。俄罗斯还在进行机器系统参与军事行动在伦理层面的研究。

在美俄之后,被称为"人工智能积极分子"的日本、加拿大和新加坡,以及印度、巴西、德国、法国等20多个国家接连提出自己的人工智能国家战略。当然,中国也在其中。

有西方学者甚至提出"人工智能民族主义"问题,并将其定义

第十讲
智能化时代：正在来临的战争

为"一种新型地缘政治，因近年来人工智能的迅猛发展而在发达国家中迅速扩张"。论点称"人工智能在国家层面和国际层面引发了新的不稳定……这一竞争独具特色，且不同于以往任何一次，包括在核炸弹和洲际导弹方面的竞争"。

将人工智能竞逐上升到核武器和洲际导弹——美苏军备竞赛的战略高度来看待，足见这次新工业革命和军事革命的浪潮，在西方激起怎样的惊恐和重视。

西方国家是近代工业革命的先行者，也是此次人工智能的先启者。他们已经认识到"人工智能设备的多功能性，能够提升几乎所有后工业化领域和活动的效率（最近的通用性典型就是电的普及应用）"；并基于以往军事经验，推断人工智能的潜力将导致革命性突破：首先是研发出全新的军事技术系统方案，其次是基于人工智能技术，研制更加先进的战区军事报知系统、军事后勤和战斗指挥系统（包括改变各兵种传统的模式，比如，航母从侦察机、甲板炮、引导飞机的运输船成为一个浮动机场，能够非常有效地独立进行军事任务）；更加有效解决核遏制问题（根据古时候牛仔的智慧，重要的是要善于先敌开枪）的可能性。

西方学者不仅谈到"人工智能殖民主义"，还用一种疑惑的眼光看着中国的人工智能何时以及如何成为新的"撒手锏"，并且在杯弓蛇影的心态之下，认为"最多再过十年，中国就会依靠所收集数据的绝对优势，战胜美国的民主制度"。他们还认为人工智能领域的两个世界领导者——美国和中国——拥有完全相反的战略：中国——无论如何继续做"事"；美国——采取一切办法阻止中国做"事"。

政治还是当年的政治，技术和军事已不再是当年的形态。因此，从战略的角度，未来战争是可以判断的，而从战术的角度看，未来战场则只能靠不断的推演，才能大致看清战争之神的真面目。

智能化时代，想象力就是战斗力

由于机器人战争让人类战士走开，这一技术前景正在军人和政治家们的想象和推动中加速到来，不仅未来将面临新战争体系的格式化，以前的战争划代方式也可以被重新修订。比如，我们可以将以往的战争统归于有人战争，热兵器以前的战争可称之为人力战争时代，后面的则可以称之为人工机械化战争时代，以及半自动化（信息化）战争。所有这些已经或正在发生的战争，力这一物理概念，都是其中的决定性概念。无论强胜弱还是弱胜强，都是在这个字上动脑筋。

但是，智能化时代，力的决定性形态将发生根本性的转移。

概言之，想象力将战胜机械力。人虽然不在战场一线直接搏杀，但却会在战争幕后激烈较量。他们用什么？智慧。如果也用力来理解的话，我认为是想象力。我相信，总有一天，想象力会进入新时代的军语。灵感是目前机器人还无法具备、未来相当长时间也难以具有的能力，而这一能力却存在于优秀人类的头脑之中。

20世纪英国科幻作家、未来主义者和发明家亚瑟·克拉克Arthur C. Clarke爵士说：“发现可能极限的唯一方法就是冒险尝试一些不可能的事情。”

美军已经认识到这一点，而美国社会鼓励思想自由、理念创新、

第十讲

智能化时代：正在来临的战争

保护怪论的传统，正在让它在有形的技术优势之外，获得无形的思想优势。

美国陆军开展了"疯狂科学家"计划，以独特的想法激发创造力，来获得关于未来战场的灵感。美陆军训练与条令司令部，在"疯狂科学家"计划中，超越军队甚至国家范畴，倡导实现思想多元化和挑战传统假设，从各种感兴趣的人那里收集关于未来战争的想法、观点和概念，思考新兴技术引发的极端可能，及由此带来的极端变化；将过去的事件与当前和未来的可能性进行比较，以探究或预测军队转型中的激进变化。最为奇特的是，美陆军居然向科幻作家们求助，期望他们创造性的虚构写作和叙事，能为美国陆军带来未来作战的"剧本"。

2016年，美国陆军参谋长马克·米利将军于在芝加哥普利兹克军事博物馆和图书馆发表讲话，承认科幻小说是"我们密切关注的东西"，这是一种帮助军队的工具，用于消除潜在冲突的要求。这年11月，美陆军"疯狂科学家"计划发起以"2030年至2050年的战争"为题的第一次科幻小说写作大赛。收到全球10个不同国家作者的150多部作品。

美国政府通常将具有智力价值的信息（从书籍、电影或其他创造性努力中）称为开源智能。"9·11"事件之后，五角大楼要求几十位好莱坞作家和导演推测，还可能出现其他什么意外袭击事件。这是一个值得很多国家和部门借鉴的做法。一般性的学术研究都被概念名词和逻辑缠绕，很难张开想象的翅膀，而靠形象思维吃饭的"专家"，恰可以更容易模拟不按套路出牌的非正规对手。

美国军方认为，虚构和战争之间长期存在的非正式关系，值得

决胜新空间
世界军事革命五百年启示录

高度重视。美国家安全机构,正在将这种投机研究扩展成更正式和可持续的计划。哈佛商业评论和麻省理工学院技术评论,也注意到了科幻小说的优点。一位叫艾略特(Eliot Peper)的学者说:"探索虚构的未来使我们的思想摆脱了错误的束缚,让我们怀疑是否甚至存在正确的问题。它迫使我们认识到,有时候想象力比分析更重要。"

就在本文写作时,美国陆军的"疯狂科学家"计划正在进行2019年度科幻写作大赛。

第十讲
智能化时代：正在来临的战争

与以往其他征文式的要求不一样。这次战争科幻，加上了特朗普时代的战略背景。其"写作背景"这样写道："美国陆军发现自己处于历史拐点，日益复杂的作战环境的不同，但相关因素正在趋同，形成一种快速变化的趋势，正在迅速改变社会各方面的性质，人的生命，包括战争的性质。要求采取创造性的方法来预测转型和持久趋势，这些趋势将有助于描绘未来。美国陆军疯狂科学家计划正在寻求你的创造力和独特的想法来描述一个尚不存在的战场。"

如果说这些冠冕堂皇的话还没什么值得联想的，在"任务"部分，中国或俄罗斯，就不能掉以轻心了：2030年3月17日，经过数月紧张关系和秘密敌对行动后，多诺维亚国家入侵邻国奥托。多诺维亚是一个富裕的国家，是美国近乎同行的竞争对手（针对某国）。与美国一样，多诺维亚在机器人技术、人工智能、自治系统、量子信息科学、生物增强和基因编辑、天基武器和通信、无人机、纳米技术和定向能武器等颠覆性技术上投入了大量资金。美国是奥托的亲密盟友，由于条约义务和历史关系，美国被迫进行干预。80多年来，美国即将与多诺维亚进行首次交战……

美国陆军对"未来战争科幻剧本"的写作要求，一是预测时间表和战斗前的事件；二是描述战斗发生时的场景；三是战斗结束后的回顾性观察，即经验教训总结。同时，还要考虑三个问题（美国，对手和其他人）：一是2030年部队和士兵会是什么样子？二是哪些技术能够在战场上普及？三是多域作战在2030年看起来像什么？

坦率地说，美国及其军队的侵略性应该受到谴责，但美国陆军的敬业做法却值得欣赏。军队的职业就是打仗，思考、研究、准备下一场战争，是一个职业军人和一支职业军队的基本使命。我也不奇怪它毫不掩饰地把中国或俄罗斯（多诺维亚）作为假想敌。军队就是要有假想敌的，国家亦然。中国古人早就说过"国无外患国恒亡"。

面对一个呼啸而来的新时代，美军在以开放和领先的姿态去迎接，俄罗斯在以一种参与的姿态去拥抱。中国在国家战略层面，也以敏锐和迅疾的姿态投入其中。中国向来是维护和平的坚定力量。经过历史上多次忽视战略性科技发展带来的惨重教训，中国这次在新技术时代中的活跃身影令人庆幸。这样的新时代，要求中国军队和军人特别是军事教育体系，思想更加解放，激发想象力和创造力，在战争思维上尽快切入未来，与时代相同步，与前行者相并肩。

后 记

世界军事变革与近代中国命运的沉浮

一、近代中国三朝的"四合院情结"与英国－美国父子的"开边疆"意识

自1991年喊出跨越式发展，正式开启以信息化为核心的中国新军事变革进程以来，20多年过去了，在此期间，世界军事革命又革新了两代以上。

我几乎是时刻关注着中国、俄罗斯、美国、日本以及互相之间的军演和军事学说。我发现当我们说着信息化的时候，脑子里想的是"复杂电磁环境"和"空天一体"，但真正的世界军事革命引领者的步伐，已经超越我们的思维迈入了新空间：太空和网络。那不再只是作为"现代战争"的背景，而是已成为真切、完备的主战场。

自世界军事领域发生热兵器取代冷兵器的革命以来，凡可以称

决胜新空间
世界军事革命五百年启示录

之为"大战"的大国之间或大国对小国的战争,基本上遵循着永不重复的原则:第一次世界大战的防线战壕,被第二次世界大战的立体闪电战突破;"二战"发生了航空母舰之间的大决战和核战争,朝鲜战争和越南战争发生了空中绞杀战,海湾战争和伊拉克、阿富汗战争发生了空中信息化战争,利比亚出现了里应外合的政变式战争。总之,一场战争一个样,凡是为上一场战争准备的装备、钱财和其他系统,几乎无一例外地一败涂地:法国的马其诺防线,伊拉克的萨达姆防线,甚至苏联的举国决战体系。

这让我惊恐而焦急。这种感觉来自历史深处那凄厉场景的警醒。

农业时代,由于人类活动的空间主要在陆地,与此相对应的冷兵器时代的战争主要发生在陆地空间。在这卷漫长的历史上,中华民族既有汉唐之盛,又有五胡乱华、蒙古灭宋、清军入关、日军入侵等几近灭种之哀。今人多谓"落后就要挨打"。观诸中华历史,若说军事观念落后就要挨打则言之成理;笼统说落后就要挨打则大谬不然——前述中华民族之难,无一不是在"中国"经济文化繁荣时降临的。只是与此同时,统治者胸无开拓大志、地理视野狭窄、苟且贪安自保、军制僵化停滞,而又伴以国民集体性格懦弱。

招致"五大通病"的根本原因,乃在于作为尚未脱胎换骨之农业民族的中华族群根深蒂固的陆地空间意识,我称之为"四合院情结"。

由于"地大物博""人口众多",在整个人类社会都处于陆地空间的农业时代时,在迄今为止编年史记载的21个世纪中,中国领先世界18个世纪。但是,在海洋新空间被开辟后不到一个世纪的时间里,中华民族这种独一无二的民族荣耀便被踏入血泥,全部财富

后记

世界军事变革与近代中国命运的沉浮

被洗劫一空,无论从肉体上还是从精神上,作为中华民族统称的"中国",就被置于任意屠宰的境地。

这是对中国人不开拓人类生活新空间,也不追随其他族群及时进入新空间的残酷惩罚。我因此批判郑和及其身后的王朝。

规律是冰冷的,历史是无情的,它对道义的谴责不屑一顾。

在世界近代史开启的 500 余年历史中,中国堪称是一再失败的国家:它在遭受全世界入侵、掠夺的同时,变换了三个时期,发生在本土上的数百次战争,无不以本民族人口的巨大伤亡和财富损毁做代价。

在同一个 500 年中,英国则是一再成功的国家。它以远比中国弱小、落后的基础,全力进取,不仅自身建立起"日不落帝国",还强暴美洲,生出一个英国之子"美国"。这个纯正英国血统的美国,接过盎格鲁撒克逊人祖先扩张的旗帜,在短时间内完成陆地扩张之后,又在英国开辟海洋空间的基础上,连续开辟出天空、太空和网络空间。今天世界的大部分地域都在盎格鲁撒克逊人子孙的统治之下,并在此基础上征服世界,建立人类帝国——这正是当今世界政治和军事领域的全部真相。

美国历史学家特纳说:"美国人具有鲜明特征的才智应该归功于边疆。每一个边疆的确都孕育着一个新的机会,打开了摆脱过去羁绊的大门。与边疆相伴而生的是新鲜感和自信心,是对过去社会的蔑视,是对过去的约束与思想的无法容忍,是对过去的经验教训的不屑一顾。"

美国前陆军中将格雷厄姆说:"纵观人类历史,那些最有效地从人类活动的一个领域转入另一个领域的民族,总能获得巨大的战

257

略利益。"

从某种意义上说,"英国父子"的帝业,是插在中国衰败尸骨之上的一面历史镜子。

二、旧中国历次错失军事革命和新中国的突然跃起

坦率地说,我认为中国历史上的新军事变革处在一种整体性的停滞状态。它像地球围绕太阳旋转一样,看起来每天都在前进,但始终无法接近眼前的目标。

造成这种错觉的原因,在历史中可以清晰地找到:那就是整个民族缺乏开拓新空间、挺进新空间、掌控新空间的意识,仍然沉迷于"四合院情结"——这只需要对比一下中国和美国的外观,看看各自生产线上都在制造什么产品就可一目了然:美国生产着波音客机、苹果电脑(手机)、互联网设备、空天飞机、电磁弹射核动力航母;中国连100年前工业时代标志产品的汽车尚没有完全国产化。

物质决定意识是一句哲学术语,放大一下,其实就是生活在不同时空的人,具有的思维和意识是不一样的:使用手机的人和在纸片上写信的人思维不一样;使用步枪的人和使用弓箭的人意识也不一样。

有人说,今天中国人也在和美国人一样用电脑、用手机、用网络、用GPS导航、用谷歌卫星,但那是美国人开辟的空间,在那里运行的是美国人制定的游戏规则。所以,斯诺登告诉中国人,美国黑客军团对中国的网络监视已经进行了15年。这几乎就是互联网时代开始的全部时间。从军事的角度想一想:在人家的地盘上,按照人家

后记
世界军事变革与近代中国命运的沉浮

定的规则进行生死决斗，而自己的一举一动早被人家看得一清二楚，自己却不知道别人手上握着什么武器，也不知道四周有多少暗枪瞄着自己……结果会如何？

从晚清到民国的历史证明，这样的决斗，中国赢不了，而且会死得很惨。

蒸汽机工业时代，西方以地理大发现，开拓海洋为人类生活之第二空间，海洋战争从此上演。中国仍然沉浸于自己以陆地和朝贡体系为时空维度的历史空间。

晚清惊慌四顾，睁眼看世界时，海空间已无中国立足之地。集国力建舰队欲自保，不料铁路兴起，新陆军出世，陆地老空间又出新问题。因无先见之明，难得先措之机，晚清临时抱佛脚，焦头烂额，在陆海新变局双重绞杀之下，呜呼哀哉。

本书以两章篇幅，痛批明清两朝对人类新空间开辟之麻木，兼指晚清军事变革尾随而不是超越追赶之愚蠢。

民国乃世界资本主义各列强施暴晚清封建专制之政体，早产之资产阶级革命一婴儿。先天不足，后天失调，自顾不暇，却逢内燃机工业革命时代，人类开辟天空做第三生存、生活空间，战争以空前开阔之地域、空前暴烈之毁伤为特点。中国不仅无法利用欧美日列强狗咬狗之机以自强，反而遭受损失最大、伤亡人口最多，两度的战胜国身份竟难保自身合法权益，不仅未能进入新空间，反而几乎失去中华民族老营的小空间，屈辱窝囊举世无双。

杜黑说："固守过去不会对我们的未来有什么教益，对未来必须从一个新的角度去研究。""胜利只对那些能预见战争特性变化的人微笑，而不是对那些等待变化发生后才去适应的人。"这可以看作对旧中国军事失败历史的根本性总结，同时又可以看作是对新中国初兴时期战略思维和军事成就的褒奖。

"二战"后期，核武问世，第四次新军事革命轰然而至。人类的物理空间与心理空间被贯通。中华民族再度濒临绝境。所幸新中国在铁血中崛起。以毛泽东同志为代表的一代领导人，高瞻远瞩，抗美援朝、抗美援越、对印对苏自卫反击，对战略威胁进行预防性打击，将中华民族的军事思维能力，提升至前所未有之高度。之后，中华民族万众一心，更超越立体机械化时代，快步赶上核武器时代的技术、军事和政治步伐，由百年来任人踩躏之病夫，一跃成为三大政治中心之一。

三、新空间：太空和网络

"冷战"结束，凭借航天技术和电子等新老技术群推动，人类又开辟了太空和电磁信息两大空间。

根据历史规律，世界各大民族或国家（集团），未来命运之盛衰，必将在此两大新空间中角逐、决出。

而自海湾战争至伊拉克战争等20年，世界第五代之空权信息化战争，只是未来新空间之世界大国决战的一个序曲。

我各以一章专论太空、网络空间之战争，并以新"冷战"争合并称呼这两大新空间的战争。

迄今为止，人类的战争都集中于陆海空等三大空间。那是因为人类目前的大部分活动都集中于这三大空间。这些战争可以被称为血火的历史。

后记
世界军事变革与近代中国命运的沉浮

但是，从今以后，主要的战争将向新空间漂移。这是因为世界已经大部分进入信息化和太空化。手机、GPS、网络，已经成为大多数人的生存、生活空间，同时也成为一个国家和民族命运的制高点。

相对于已经成为历史的枪炮、飞机、军舰、导弹乃至核武器的战争，未来新空间的战争正在以新的、与我们现有战争知识完全不同的方式孕育着、酝酿着、进行着。

以往历史表明，中国每一次失去新军事革命的机遇，都是以全部国民财富损失、人口大量消灭、人民被长期奴役、文化被摧毁为代价的；如果未来成为历史，规律也不会有什么意外。

新中国的历史同时也表明，如果高瞻远瞩赶上新军事革命，中华民族将会收获怎样的自信、安全以及战略和经济方面难以估量的效益。希望我们倾听历史的回声，在观念上、战略上、技术上、工业上、经济上，最后是军事上，快速挺进新空间，布局新空间，决胜新空间。

面对牺牲，作为个体中国军人大都有着视死如归的豪迈，但我必须承认，当我想到一个国家和整个民族都将要面对牺牲的时候，我感到了恐惧和急迫。

这是我写作本书的唯一原因。

四、经济建设与军事革命

大多数的国家总是把发展定义到经济，且把经济定位到衣食住行的话题上，但美国却是把经济的话题定义到拓展国家和民族自由活动的空间，把经济上升到文化和价值观，又把文化和价值观转化为心理核武器。

这让我想起一个人的演讲：德国社会学家也是近代思想家的马克斯·韦伯。他在1895年5月的弗莱堡大学就职演讲中，本来是谈《民族国家与政策》，但开篇却谈德国东部边界、经济移民和民族生存竞争，由此引出德国到底"怎么办"的战略设问。当时的德国是后发崛起，西边有英国、法国老牌列强，远一点有美国，东部有虎视眈眈的俄国和实力不弱的波兰。马克斯·韦伯说，德国问题的关键是它不能作为一个只图小康安逸的国家，而是要作为一个有世界抱负的大国求生存。这是他对德国国情的一个基本判断。

本书主谈军事问题，故不在马克斯·韦伯的话题上多停留。我想说的是，德国人是怎样认识经济问题的？怎样理解军事变革的？德国是近代世界军事变革的直接推进者，研究德国人从本质入手，抓纲带目的思维方式，对我们思考今天的世界变化和军事领域的变革，有着重要的意义。

世界上从来没有单纯的经济，经济是政治的集中体现；世界也没有单纯的军事，军事是政治的继续。旧中国在历次军事革命中的落伍，主要在于经济技术形态的落后。农业自足型的社会，皇帝不过是个大地主，军队只不过用来防贼护院；而欧洲国家在近代已经进化到工业商业复合体，强烈的追求利润的冲动，自然会有冒险的行为，能贸易则贸易，不能贸易则战争，权衡仅在于成本，而无关道义。欧洲如此，后来脱亚入欧的日本如此，今天的美国仍然如此。只是在进一步的演变之后，美国已经成为军事工业复合体。战争不仅成为其技术的助推剂，更成为其经济的引擎和移民社会赖以团结的凝结剂。

两次世界大战中，美国打掉了欧洲和亚洲的挑战者德国和日本，"冷战"中又战胜了唯一的挑战者苏联。20世纪有几十个国家的政府被美国更迭，还有更多的国家被威胁。当前，美国的全球大战略是突入欧亚大陆，分割并肢解伊斯兰世界、俄罗斯和中国三大文明体系所代表的政治力量板块，并以欧美文化进行全面改造和统治。这是人类历史上前所未有的，包含了文化、经济、军事和政治等各领域的大博弈。这是观察世界新军事革命和中国新军事变革所必须参照的时代背景。

我要再说一遍，军事不仅仅是军队的事。一个国家的军事变革，是一个国家变革的组成部分。那种试图通过购买武器商品以应对战争的做法，正如晚清政府失败所证明的那样，几乎与军事变革的本质无关，因此也与国家和民族真正的安全关系不大；而与国家的战略目标、体现在领导层决策指导上的国家意志有直接关系。

五、意识形态：从斗争到战争

自1962年的越南战争之后，战争是以20年为一个代次；

自1991年海湾战争之后，战争几乎是以10年为一个代次；

自2011年利比亚战争开始，战争忽然呈现由经济技术形态转向意识形态领域的鲜明特点。

与此同时，随着生物技术的迅猛发展，一些貌似公共卫生事件的生物心理战问题，已经由此生发的生物国防之思，也渐渐浮出水面。这是后天的战争课题。

我又想起了马克斯·韦伯，他说："所有民族真正的历史使命不是给后代留下了多少家产、多少财富，而是留给后代多少自由行动的空间。当我们超越我们自己这一代的墓地而思考时，超越我们自己的坟墓来想这样的问题，激动我们的问题并不是未来的人将如何丰衣足食，而是他们将成为什么样的人。"

　　这一问题的提出要求我们不但要参与对现代、近代、古代中国的反思，也要求我们把世界史当作自己的历史来读。